保祿・薩奇（Paolo Sacchi）——著

胡皇仔——譯

耶穌和他的子民

GESÙ
E LA SUA GENTE

CONTENT

1. 第一世紀的希伯來圖書館

2. 宗教與政治派別

　2.1 概況

　2.2 一些時代思想特徵

　2.3 約瑟夫和三大宗派：法利塞、撒杜塞、
　　　厄色尼

　2.4 耶穌時代的希伯來文化與宗教

　　2.4.1 撒杜塞派思想範疇

　　2.4.2 法利塞派思想範疇

　　2.4.3 哈諾客派與厄色尼派思想範疇

　　2.4.4 撒瑪黎雅人

　2.5 「默示文學」是什麼？

　2.6 匝多克主義的今日意義

　2.7 各派別的共同點

3. 歷史

　3.1 瑪加伯起義

　3.2 阿斯摩乃王朝

　3.3 猶大地區的羅馬人：安提帕特家族崛起

　3.4 黑落德

　3.5 黑落德治下的猶大地區

〈推薦序〉

耶穌意向的歷史性闡述

杜敬一

　　當聖保祿在雅典傳教時，他經常與猶太人和希臘人爭論，並與他們談論耶穌基督。路加在《宗徒大事錄》（使徒行傳）17章18節報導說：「有幾個伊壁鳩魯派和斯多噶派的哲士同他爭論，有的說：『這個饒舌多言的人想說什麼？』有的說：『看來他是個外國鬼神的宣傳者』——因為保祿宣講耶穌及復活的福音。」

　　世界各地的傳教士情況，與保祿的相似。他們將「異邦的訊息」帶到已經具有傳統文化的地方。保祿當時也就讀塔爾索（Tarsus）一所學風鼎盛、有許多老師傳授知識的一所學校，可能已經學習了一些希臘哲學。

　　的確，傳教士必須研究、融入他們所去的地方的許多文化，與這些文化相互交織，以便能夠用易於理解的方式傳達福音信息。

　　保祿・薩奇（Paolo Sacchi）教授的書告訴我們，耶穌也是如此的。耶穌在一個豐富多樣的傳統——即第一世紀巴勒斯坦的希伯來文化——在這種背景下，耶穌以舊約的預言帶來他的信息。對那些聽過他說話的希伯來人來說，很容易直接地感受到耶穌的道理，以及其中的新穎和創新。

　　《馬爾谷福音》報導說：「人都驚奇他的教訓，因為他教訓他們正像有權威似的，不像經師們一樣。」進一步說：「眾人大為

驚愕，以致彼此詢問說：『這是怎麼一回事？這是新的教訓，並具有權威；他連給邪魔出命，邪魔也聽從他。』」（谷1:22,27）。

那些親炙耶穌教導的人，對當時人們討論的許多其他教義，有第一手的知識，對我們來說，情況卻非如此；在第二聖殿被毀之前的一個世紀的猶太教，我們知之甚少。幸運的是，薩奇教授在這本書中，向我們介紹了耶穌的教導的文化背景。

薩奇教授的演講一向簡明扼要，但他發表的眾多書籍和文章，卻是匯集一生研究的成果，脈絡細膩且言語動人；因此，我們得以了解到在耶穌的時代，不同的學派以不同的方式理解和發展以色列宗教：他們彼此之間對許多神學問題有不同的看法，他們也在不斷地討論這些問題。

薩奇教授的研究，揭開了幾個世紀以來隱藏在複雜文化裡的面紗：傳統上，聖經學者們常將新約聖經與後來的「辣彼（拉比）傳統」進行比較，後者是主曆70年聖殿被毀後，唯一留傳下來的猶大傳統。然而在薩奇教授的指導下，我們發現其他希伯來團體的存在，以及他們的道理。不僅如此，薩奇教授還知道如何將他長期閱讀福音書和第二聖殿文學的結果，與耶穌的生平和他對自己使命的認識聯繫起來；薩奇教授所做的這件事，既具獨創性又意義非凡。

首先，薩奇教授將自己置於耶穌和耶穌的子民的這一邊，他為自己和我們密切關注事態的發展、發現事情的演變，並尋求這些事件對當代人以及對耶穌本人的意義。

薩奇教授在某種程度上，將自己置於傳統編纂的神學解釋──這些神學解釋已經出現在新約聖經中，並發展成為接下來幾個世紀的豐富神學，一直到我們這時代──稍微早一些的

時間點；這樣一來，薩奇教授和讀者們幾乎立刻就感受到「這些事件正在發展」的當下張力與奧秘。薩奇教授以一種引人入勝的方式娓娓道來，與讀者分享自己置身耶穌年代的所見所聞。

事實上，最先為這本書著迷的人，正是本書的作者——薩奇教授本人。在他最近出版的自傳中，他寫道：「我沒有打算從文學專業畢業，我也沒有打算在學位論文中與耶穌打交道。當我被應聘到杜林大學、為了研究聖經文化時，研究耶穌和他的環境，變成了我的職業、強加的責任；但很快的，這責任就變成了自願的、持續的，對我的科學興趣至關重要，並且具有不可避免的屬靈影響。」這正是這部獨創作品第二個面向的深度呈現。

當耶穌逐步彰顯默西亞標誌、同時具體展現默西亞行動時，薩奇教授感受到這些行動的所有力量，一種超越時間和空間的力量讓他印象深刻（我相信讀者也會有相同的感受）。前幾章所有充滿熱誠的科學研究，就這樣成為耶穌意向的歷史真實性的證明——讓耶穌的意向涉及到每個人，給每個人帶來希望。

在過去的幾年裡，我遇到了薩奇教授。在他身上——一位年紀可以當作我父親的長者——我找到朋友般的情感與情誼。薩奇教授成了一位非常想了解中國世界的學生，為我卻是一位師傅般的保護情意；他願意與他的學生一起重新發現、耐心地追溯他所知道的幽徑。

（本文作者為天主教聖方濟沙勿略會會士，羅馬宗座聖經學院聖經學碩士、輔仁聖博敏神學院神學博士）

〈推薦序〉

認識耶穌，也就認識了自己

施以諾

　　我本身是一個精神科的職能治療師，我見到這社會上有許多人並不快樂，從某個角度而論，我們可以說：這世上很多人不知道自己的價值，看不到自己的貴重，以至也輕看了自己的生命意義。是以如果人們能更認識自己，意識到自己生命的寶貴，一切都會有所不同。

　　如何更認識自己？這世界提供了我們不少的答案，然而，如果我們能了解上天是如何的珍愛我們，我們就會更體會到自己的價值，也更懂得去尋求自己存在的使命。

　　這本《耶穌和他的子民》就是一本可以幫助我們更了解耶穌的書，本書作者保祿・薩奇是研究古希伯來文、死海古卷的義大利籍國際學者，在第一章「耶穌時代的巴勒斯坦」中，作者談到了耶穌當時的背景，我們可以發現當時的社會結構還真複雜！各種政治、宗教之間的連動是多麼的暗潮洶湧，而上帝卻讓耶穌出生在那樣一個危險的世代，為了要把救恩帶給世人。在第二章、第三章談到施洗若翰（約翰）時，更加點出了上帝對世人救恩的慎重！祂不但把祂的獨生愛子耶穌賜下，甚至還先派了若翰當先鋒。

　　而當第五章，耶穌講到天國時，更讓我們去省思：這世界縱有許多不美好的地方，然而，我們卻都有永恆的盼望，

因為上帝愛我們，為我們預備了永恆的家。

　　而在第十章「進入耶路撒冷」中描述到了耶穌騎驢進城的歷史橋段，細膩的分析了為何幾天後原本歡呼迎接耶穌來到的群眾彷彿消失了，而只見喊著「釘祂十字架」的冷血觀眾？因為許多群眾之所以歡迎祂，是期待祂能在政治上起義造反，顛覆羅馬政權，恢復以色列王朝的昔日榮景。然而，耶穌的使命從來不是這樣，祂來世上的目的不是為了單一一個國家的一時政權，祂降生的格局是要成就世上所有人類的永生救恩，包括今天的您我在內。然而，當時許多的猶太人無法理解這樣的愛，他們認為耶穌不起義造反，要不祂是個假救世主，就是祂是個違背自己使命的救世主。

　　在第十章談到最後的晚餐時，薩奇教授展現了他深厚的舊約根底，甚至分析了當時猶太人的曆法不只一種，這關乎到最後的晚餐究竟是哪一天？禮拜幾？當然，這其實不是最重要的，最重要的是耶穌最後死而復活了！如同作者最後所說的，「這是存在所有人類心裡，面對眼前的空虛，卻又油然生起巨大希望的張力」！

　　耶穌為何要來？因為祂愛世人，珍愛世人，每一個人的得救，在祂眼中都是無比珍貴！親愛的朋友，您常覺得自己的人生不如人、沒有價值嗎？才不呢！如果您的生命沒有價值，耶穌何必來到這世上，經歷如本書所述那樣辛苦的一生？祂願意來世上經歷這些，是因為祂深愛祂的子民！

　　我們都是耶穌的子民，都是祂用重價贖回的！我們的生命值得珍視，值得昂首闊步。祝福大家過得平安喜樂。

（本文作者為作家、輔仁大學醫學院職能治療學系教授）

〈推薦序〉

為了醫治和淨煉而來的人子

張志偉（以撒‧瓦歷斯）

　　此書以淺顯易懂的寫作方式，使艱深及複雜的猶太神學及派別之思想，表達得淋漓盡致，並且深入淺出將其中心思想條理清晰地呈現，以及附有歷史進程的邏輯性，使讀者在閱讀時，可深入其境似地進入第一世紀耶穌的社會背景之中。

　　有別於近期眾多學者著重於新約書卷的希臘羅馬背景來理解其意義，此書作者的研究視域轉移至猶太的社會歷史背景，將第一世紀的猶太社會間不同派別和群體思想所蘊含在第二聖殿的文學作品，連結於耶穌在福音書的身分及使命裡，讓讀者更加地了解耶穌作為「人子」所處的社會具體情境裡。書中雖不同於學術文章般所引用琳琅滿目的註腳呈列，但從作者的論述，可以體會到字裡行間的學識涵養及神學的深度，也感受到書中自有黃金屋的深刻意涵。

　　書中內容提及，耶穌作為一位神聖者，在當時社會處境裡充斥著各種的傳統流派的學說、帝國的壓迫及族群間的敵對意識。人們試圖在這戰亂中所帶來的不安及對立中，尋求和平與和諧，期待天主能夠以天啟式的方法介入歷史，進而援助族群與族群、宗教與政治、國家與國家之間的歷史傷痕。為此，耶穌的臨到不單單涉及宗教救贖的意涵，更是擴及到政權及萬族的和平與醫治，為使世界及萬民在天主的救

贖計畫裡，達致全面的共榮與合一。

　　在耶穌時期的猶太群體社會裡，已充斥著不同的派別，如：法利賽人、撒督該人、愛色尼派人……等等，耶穌在其中尚未肯定任何單一的猶太群體，但唯一認同施洗約翰。雖然耶穌認同約翰的宣講，但並未執意行走約翰的路線；反之，祂走向社會，具體地與群體生活、對話，使約翰所教導完全潔淨的禮儀，實踐在祂自己身上。因為即使施洗約翰宣講聖潔與洗禮，但他確實意識到，能解決人類內在罪行、邪惡及汙穢的問題，只有「將來的那一位」，意即彌賽亞。

　　然而，耶穌有別於約翰所期待的「將來的那一位」，因為祂來不是為了審判，而是為了洗淨、赦免人內在本質的惡所造成的群體分裂；同時也是使聖與俗、潔淨與不潔所引發的對立關係，藉著祂自己的血來取代以水潔淨的禮儀，而進入整全的醫治和煉淨。這種聖俗對立、潔淨與不潔的張力，透過耶穌的身分、教導、言行、死亡和復活，凸顯出祂作為救贖者，是站在上帝與世人之間的媒介，為此祂既是「神子」也是「人子」，是那位承襲舊約聖經所應許的應驗者，同時也是拯救者，更是那將來的審判者。這樣全面理解耶穌的教導、言行、受死與復活，只有站在猶太的信仰背景中，才可以理解天主旨意中的拯救意義。

　　為此，筆者強力推薦此書，其原因在於此書的可讀性高，並且容易理解，適合平信徒、神學生、牧師、神父，甚至是學者閱讀。作為一位聖經學學者，此書根植於猶太背景對耶穌的教導、歷史及身分的摘錄，可作為教學的基本藍圖和架構；對神學生及平信徒而言，此書可作為新約背景的基

礎理解，使讀者更加地認識耶穌作為救贖者的神學意涵。因此，此書是值得珍藏及擁有的著作。

（本文作者為台灣神學研究學院新約學教授）

〈推薦序〉

更早之前的耶穌

法蘭克·阿杜叟

　　如果說我有任何資格為保祿·薩奇教授這本匠心獨運的著作寫推薦序，原因會是我在某種程度上參與了它的誕生。

　　我認識薩奇教授多年，在各種場合聽過他發表的研究與心得，學者們一致讚譽他是聞名國際的猶太教研究大師，專精「古木蘭文獻」和「舊約經外著作」，凡在義大利出版的此領域譯作或作品，大多是他的心血結晶。

　　受過薩奇教授教導或啟發的人一定很清楚，耶穌時代的猶太教並非一元單調的世界；而是不計其數的思想派別百花齊放，讓人不得不承認：名詞複數形式比單數形式，更適用於猶太教。

　　不久之前，學者們想要在耶穌的時代背景中，勾勒出他的形象。他們已不再相信 —— 有時甚至得否認 —— 耶穌周圍只有法利塞人、撒杜塞人，以及所謂的無足輕重的「大地子民」。我還記得當我就讀羅馬宗座聖經學院（Pontificio Istituto Biblico di Roma）時，我的新約聖經教授們時常引用史崔克（Hermann L. Strack）和比勒貝克（Paul Billerbeck）攜手完成的經典名著：*Kommentar zum Neuen Testament aus Talmud und Midrash*，當時教授們一致推崇：這套叢書是認識耶穌時代的思想派別和解釋新約聖經歷史的珍寶。

　　然而，今日對於將史崔克和比勒貝克的著作視作歷史研究的唯一依據，已普遍持保留態度——讓人誤以為猶太教世界只有法利塞人的印象，就是個誤導；在發現死海手抄本和舊約聖經經外著作後，更是大大地改變了這種既定的觀點。可惜的是，目前能有系統地分析、參照死海的新發現去解釋新約聖經、讓讀者了解與耶穌同時期的其他猶太教思想派別的著作，仍然寥若晨星。

　　注意到這種需要，一日我向薩奇教授提出建議：何不應用他對猶太教世界的博學多聞去解釋福音？特別是為了認識耶穌這個人，相較於把耶穌放在只有法利塞人存在的猶太教世界，複數的猶太教世界能更切合實際環境地去認識耶穌、以及他的宣講和行動，這豈不是更佳？

　　薩奇教授反問我一個問題：「一個不是新約學者的猶太教徒，有權評論耶穌嗎？」對此我反駁薩奇教授說，他的《第二聖殿的歷史》（*Storia del secondo Tempio*）文末將視線轉向新約和耶穌的行動後就簡短結束了，為什麼不繼續發展下去呢？

　　薩奇教授也由他處聽見許多與我意見相同的勸進聲，最後他讓步了。我記得他在離開杜林大學教職之後，從菲利內瓦爾達諾（Figline Valdarno）寫給我的信裡說：「就像猶太教徒無權評論耶穌一樣，我也不能；因為我不是新約學者。但是我是個人，只要是人總有權利憑己所能認識耶穌。我的所能在於我受過猶太宗教文化學和古典哲學的培育，以希臘文和拉丁文研讀過包括福音在內的一些文獻。所以，我會試著在包括『古木蘭文件』和『舊約經外著作』的歷史與文化思

想背景上，描繪福音中的耶穌。」我引用薩奇教授的這段話，
是因為這句話能清楚地告訴讀者：何者不是本書的宗旨所在。

　　我們從讀者不必費心尋找的內容開始說起，為的是希望
避開可能的誤導。薩奇教授寫這本書的目的不是為了虔心默
想福音；不是為了評註〈宗徒信經〉或〈尼西亞─君士坦丁堡
信經〉；不是為了重建耶穌生平──特別是現今所有的歷史資
料過於片面，恐無人勇於做此嘗試；在我們手中的這本書，
也不是系統神學一類的基督論。

　　但我能肯定地說，薩奇教授在本書中，以耶穌的生活場
景勾勒出他的樣貌，而我們對此歷史所知更多之後，將會有
另番簇新的視野。這本書完全聚焦在耶穌身上，而不是福音
書中如何描述他；不過，在說明耶穌的相關事件時，仍是依
靠對觀福音的記載，尤其是《馬爾谷福音》。因此，讀者無須
在這本書裡尋找對觀福音中大量呈現的耶穌，那是教會較晚
之後發展的信仰傳統，也是最初幾次大公會議以格言形式確
定的信仰內容。

　　本書處於更早之前的「初生態階段」。我們會看到耶穌具
體鮮明的影像躍然紙上；耶穌不僅高於他所關心、寬恕的芸
芸眾生，也是天主父絕無僅有的獨生子。

　　薩奇教授在書中數次表示：「清晰又奧祕」正是耶穌和他
的行動、宣講的訊息的共同特徵。耶穌顯而易見是個希伯來
人，但是他經常顯露出有別於當代潮流的獨創性。例如薩奇
教授在第六章的說明，我們看到耶穌對「潔淨」的理解，為當
時深受這問題困擾的人們，猶如醍醐灌頂。

　　讀過本書後讀者也會發現，原本對耶穌說過或做過、視

為理所當然的一些言行，其實它們都別具深意。為了證明我
所言不虛，除了耶穌對不潔的見解之外，耶穌讓人驚訝失聲
的治病奇蹟、對罪的解釋、天國的新見解、對當時所有希伯
來人相信或不相信的事，以及對「發誓」的觀點（被今日所有
教會疏忽的教導）等等，某種程度上我們得先改變自己習以為
常的定見。在此我單舉一個例子：原來在耶穌同時代的人們
的諸多期待中，也包括天主將親自來臨。

　　我們對聖經的認識將不斷地擴展。我們注意到的對象將
不只是法利塞人、撒杜塞人和熱誠黨人，還有匝多克派、厄
色尼派、古木蘭派等等。我們甚至能一窺西元第一世紀希伯
來人的圖書館景象，而且福音書寫成的年代，比學者們幾乎
一致的看法，還要更早。我就不舉其他例子了，且留待讀者
在薩奇教授精心交織的斐然書頁中，探索耶穌──這個既饒
富深意又奧祕新奇的樂趣。

　　以我看來，讀這本書還兼得方法論的加值效益。因為它
出自一位不僅精通猶太教文化、亦是古典哲學家之手。作者
經年累月地在他的專業領域中深究鑽研，為文寫作仍不失平
易自然，時而邏輯科學地引據論述。

　　容我再補充一件事。薩奇教授手握的寫作之筆，從原生
地托斯坎納（Toscana）到皮埃蒙特（Piemonte），超過三十
年。他愉悅、開朗、直白的筆觸，洩漏了他對於能夠將自己
在高中及大學時匯聚的學識學以致用，始終甘之如飴。

（本文作者Franco Ardusso，為前義大利北部神學院杜林分校
基礎神學與信理神學教授）

〈自序〉
我的認識耶穌之路

　　我出生在以信仰為生活動力的羅馬公教家庭，從小就常
聽人講說耶穌。

　　對於耶穌，我能想到的最早記憶 —— 確切日期已經模
糊——是我還非常年幼時。我在大橡樹下發現了一排螞蟻，
我沒來由地使勁踩踏牠們。我的母親制止了我，叫我別踩死
牠們，因為「牠們是耶穌的螞蟻」。我馬上停止動作，當然
是因為「服從母親的話」，天曉得螞蟻的主人「耶穌」是誰
呀！

　　往後，在我的認知中，耶穌總是「天主」的同義詞。我
透過要理班的教理課認識他，天主子和天主父都是天主，這
是基本概念；我對天主聖三的了解也不多，或者應該說根本
一無所知。稱呼天主或耶穌，對我來說是一樣的事，因為出
現在世界上的天主的名字，就是叫耶穌。

　　中學時，聖經是我學拉丁文的教材，我很喜歡也很樂意
見到拉丁文能是個活語言 —— 是在生活中應用，而不只是為
了翻譯奇怪的句子。不過，那也是一段我在心裡和過往要理
班所學的知識，進行辯論和對話的過程。確實，福音書裡從
沒寫過耶穌是天主；然而要理課的教導是無庸置疑的，我在
這種宗教情感的驅使下認為，這顯然只是聖經作者的疏漏而

已。之後在大學階段，我還讀了聖保祿的著作，但我不認為那時的自己多懂了多少！

生活看似由一連串偶然事件拼湊而成，事後才知道並非如此。喬治・帕斯夸利（Giorgio Pasquali）成了我的畢業論文指導教授，他給我的任務是整理所有資料後，重寫一篇有關聖經新約文本歷史的文章，這是他以文本流傳的歷史為研究主題，出版的一本知名著作[1]的開卷文。他告訴我那一章寫得不好，因為他原以為聖經新約文本是直接由希臘文寫成，也按照這樣的理解著述。我清楚記得他激動地說：「不是的！不是希臘文！所以必須學希伯來文！」因此我也滿腔熱血、興味盎然地選修了希伯來文課。至少對我而言，耶穌開始有了人的面容，而且等待著被發現。

我在「發現耶穌」的動機中進行論文研究[2]，雖然荒唐卻必須如此：我得從幾部福音中找出原始記載，好能看清耶穌的真實樣貌。然而，之後現實生活的挑戰，讓我必須將耶穌擱置一旁。事實上，不是我擱置他，而是他從我的生存掙扎和對未來的企圖心中消失了。

後來，有人建議我去學西臺語，因為這是在大學謀職的好主意。加上近東歷史使我著迷，所以我繼續上了希伯來文，後來是這個語言打開了我在大學的教職之路。我在不經意間，從語文學跨進了歷史學領域，得以和喬瓦尼・普利埃

---

1. G. Pasquali, *Storia della tradizione e critica del testo*, Firenze, Le Monnier 1952[2].（初版 1934）帕斯夸利從沒看過我的論文，因為他在我完成論文之前就過世了。

2. 這篇論文在 1956 年出版了，題目是 *Alle origini del Nuovo Testamento* (Firenze, Le Monnier 1956)。我由衷感謝喬瓦尼・普利埃塞・卡拉特利（Giovanni Pugliese Carratelli）教授，他的著作特別使我受益良多。

塞・卡拉特利相交往來，這段情誼至今讓我銘感在心。近東
思想和希伯來歷史特別吸引我，於是我試圖在古代希伯來的
環境脈絡中詮釋猶太教思想，以及了解希伯來思想在時代演
進中的發展。

　　死海卷軸和古老經外著作的發現，開啟了史料富藏的世紀
新頁，非常有利於希伯來思想史的研究。分布在古木蘭幾個洞
穴裡的舊約經外著作殘篇，讓人迫不及待想要親眼目睹。古木
蘭文件的出土讓我注意到：原來在基督之前的猶太教中，並不
是只有一種神學路線，而且神學思想也在發展進程中。這些企
尋天主的神學路線和派別多不勝數，而且當中有些立場不同，
甚至有些立場是彼此對立。

　　天主會在末日審判時賞善罰惡，但是究竟誰夠資格成為受
獎賞的義人卻不清楚，天主的正義和憐憫之間的關係也模稜兩
可。天主當真會拯救被揀選的人嗎？天主會拯救遵守梅瑟（摩
西）法律的人嗎？

　　這些都是人類歷史發出的質問。之前，我曾結束我與
耶穌的相遇，但是這一次再續前緣，耶穌已不再是螞蟻的神
祕主人，而是我在羅馬統治巴勒斯坦地區的數個世紀中，搜
集、得知的一切史料的背景脈絡下，一個會說話與行動的
人。

　　從此在我眼中，耶穌散發了異樣光彩：他不再是為了對
人說話而設法取得身體的天主；而是一個對自我身分有著非
凡認知的人──為了忠實地完成他相信天主而接受的使命，
面對死亡。我以往的觀點整個翻轉了。在我的腦海中，許多
古人的身影逐漸淡化，耶穌的身影卻在他們之間鮮明兀立。

被放至邊緣的「耶穌的人性」的這一面,是有待探索的一面。即使福音的記載已經表達耶穌知道自己身分非凡,但對和他同時代的希伯來人而言,他們看到的就是血肉之軀,和他們一樣也吃也喝,和他們用一樣的語言闡述個人理想——差別在於他對自己的使命有新穎的理解。

耶穌徹底了解自己將背負的十字架,出現在對觀福音的中段部分;不僅如此,他的教導也是一條拾級而上、漸次上升之路。在第一階段,耶穌像是單純地作倫理教導,和他的使命無關;這些倫理規範不只對未來的基督徒,而是放諸四海皆準。

到了第二階段,耶穌的倫理教導穿插在主題範圍越來越廣泛的談話中,原本建立在墨守法律觀念和法律字義的倫理基礎,轉移成「愛才是倫理的基礎」——愛天主與為了天主而愛近人,成為所有倫理的總綱,構成人與天主盟約的內容,罪人與十字架上犧牲的天主之間,有了新的位際關係。

我們無法從福音作者們的敘事去判斷:耶穌究竟是在生命中哪個確切的時間點,形成他對自己非凡身分的認知,進而做出如此奧義宏旨的宣講。

馬爾谷的福音開宗明義指出耶穌非凡的身分,但是這些明證在其他對觀福音中,是在過程中逐漸顯示的安排。瑪竇和路加的福音從耶穌奇蹟式的降孕說起——的確,若要表達耶穌非凡的身分,沒有比他從童貞女受孕開始,更讓人清楚明瞭了。

我讀過一些耶穌生平傳記,但那些(而且是占大多數)是在死海卷軸和古老經外著作發現之前的作品,全都無可避

免地有所欠缺、不夠周全。其中一些稀奇古怪的書還讓我有個想法：或許福音書的神學性是遠大於歷史性吧！但是在閱讀這些書的過程中，耶穌的形象如此鮮明強烈——看來必定是他——我邊讀邊在腦海中勾勒耶穌的樣貌。

　　當然，三位對觀福音作者對耶穌最後階段的生活事件有共同的材料，但是在他們的思維裡卻有三種不同理解，極可能是受到他們各自的陶成背景影響所致。我認為受過法利塞派培育的作者——像瑪竇——他看待與評價耶穌的教導與行動的方式，一定不同於來自沿海地區、更準確地說是哈諾客派背景的作者，而馬爾谷正好給我這樣的印象。

　　我知道自己缺少那些畢生致力於新約研究學者的經驗，甚至得承認，將經文視為一個整體，進行分析、編修研究為主的傳統科學方法，我還深受懷疑論的影響。這些方法導致福音作者處於昏暗不明的半影之中，只能充當個編輯者。我在古代研究學系統下養成的思維，更傾向另一種視角。

　　我們有三篇以文字流傳下來的敘事（在此我只討論對觀福音），我們可以用任何現代轉譯模式去解讀：三篇完整敘事各有其為達成寫作目的的主要論點和陳述架構；換句話說，它們是三位作者的三本著作。作者或許採用了文字或口述的傳統——只有天主知道——但是我絲毫沒有接受上的困難。準備成為史學家的人，為了將事件記錄下來而開始收集資料，這是正常程序。而且，每位福音作者將他們所有的資料、耶穌的語錄和事蹟，依照各自設計的架構寫成福音，也是理所當然。這一切在我看來完全合乎情理。

　　耶穌在世生活的最後階段，年代和地理樣態難以從福音

中辨識，一些事件也只能依靠福音敘事的內在理路來判斷，因此免不了留下謎般的疑問，難以確定。

這一類的疑問卻是人文學科中的語文學者和歷史編纂學者，無可規避的課題。他們使用的方法從不給予確切答案，只是提供一個走向不同結果的通道入口。如同耶穌清潔聖殿、驅趕聖殿裡的商販，若望記載這起事件發生在耶穌使命生活的初期，對觀福音的記載卻是在耶穌使命生活的晚期。我接受對觀福音的文本同時，自然也接受了文本的背景歷史──這不是一道選擇題。

所謂歷史，並非與實際發生的事件毫釐不差、毋須重組建構，因為這根本不可能。

歷史能做的，只是給予次序，以及詮釋既有的文獻。其中的變因取決於人。所以，我是藉著研究世代流傳的文本，尋找並描繪耶穌的人類樣貌。

在這本書中，我無意解釋宗教信條或天主教的信仰內容；而是在我多年研究耶穌宣講時代的猶太環境之後，嘗試在耶穌當時的社會脈絡中去認識他。我刻意不以新約研究學者，而是以任何一個基督徒皆能觸及的角度來寫作──剛好這位寫作者對耶穌生活的歷史環境略知一二。

我以常年習慣使用的歷史語言學方法寫作，同時投入許多我個人的濃厚興趣。因此，書裡不會引用當代學者的論述；此作法絕非無視他人的研究成果，而是我希望以首位讀者的身分，解讀福音所呈現和說明的歷史的耶穌：他如何表達他自己、實現使命，直到死亡。

我衷心感謝我的友人法蘭克・阿杜叟，關於我對第二聖

殿時期的猶太教見聞，有助於重新檢視耶穌的生平[3]，他多次
給予溢美之言。

二〇〇二年五月十八日於菲利內瓦爾達諾

---

3. 經文段落採用義大利主教團（CEI）翻譯的聖經版本。不過為了符合希臘文或希
   伯來文詞義，我替換幾個詞彙。關於經外著作（Apocrifi），由我負責編輯、出
   版的五冊《舊約正典第二部分（次經）》（*Apocrifi dell'Antico Testamento*），首二
   冊由杜林（Torino）的 UTET 出版，其他三冊由 Paideia di Brescia 出版，出版年
   份分別為：1981 年、1989 年、1997 年、1999 年，以及 2000 年。關於古木蘭文
   件的譯文，如果沒有特別標示來源，便是我的翻譯。

第一章

耶穌時代的巴勒斯坦

1.第一世紀的希伯來圖書館

在第一世紀的巴勒斯坦，有學識的希伯來人當然通曉自己的語言：希伯來文主要用於文學創作和禮儀，阿拉美語則是日常生活用語。一個人若會說希臘話，他的拉丁文也一定不成問題。先略過西方的語言不說，在一個彷彿置身殿堂、典藏豐富的圖書館裡，其中一定少不了蘊含偉大希伯來文化的藏書。我們將在此列出耶路撒冷圖書館不可少、在其他地方當然也存在的書籍名單；這書單以猶太教和基督宗教等歷史性宗教正典為基礎。

以正典為主的劃分方式顯然很實用，只是這種分類法在耶穌的時代並不存在，因為當時尚未形成我們今日所知的宗教正典。各個教派對一些書籍的互不承認情形，在耶穌那時就已經不是新鮮事了。

如同我們將看到的，古木蘭團體的文件不太可能出現在古木蘭以外的地方；反之亦然，西元前一〇〇年以後在古

木蘭以外的地方寫成的著作，也不會收藏在古木蘭的圖書館裡。現在我們能將西元前一○○年以後寫成的古木蘭主要文獻，收錄在已經完全數位化的耶路撒冷圖書館中，即使它們原本不存在耶路撒冷，一定也存在某個其他地方；就算不知道那是哪裡，至少可以肯定，在死海西北岸發現的古木蘭洞穴中的圖書館裡，有它們的身影。

所有知識份子、猶太經師，都能夠直接進入耶路撒冷數位圖書館查詢館藏；即使不懂閱讀、書寫的人，一樣可以進入使用，因為思想也以口述傳統流通，在古代社會，此現象尤其重要。

現代希伯來語將希伯來聖經諸書合稱為「塔納赫」（Tenak），分別是聖經三分法中的「妥拉」（Toràh，法律書，基督徒的梅瑟五書）、「先知書」（Nebi'ìm，基督徒的先知書和歷史書），以及「聖卷」（Ketubìm，聖徒傳記）；塔納赫是這三部分的希伯來名稱的第一個字母構成的詞彙。基督徒將這些希伯來聖經書稱作舊（亦即舊盟約或第一盟約）經。希伯來聖經三分法中的書群分別為：

(1)妥拉：《創世紀》（創世記）、《出谷紀》（出埃及記）、《肋未紀》（利未記）、《戶籍紀》（民數記）、《申命紀》（申命記）。

(2)先知書：《若蘇厄書》（約書亞記）、《民長紀》（士師記）、《撒慕爾紀上下》（撒母耳記上下）、《列王紀上下》（列王記上下）、《依撒意亞》（以賽亞）、《耶肋米亞》（耶利米書）、《厄則克爾》（以西結書）、《歐瑟亞》（何西阿書）、《岳厄爾》（約珥書）、《亞毛斯》（阿摩司書）、

《亞北底亞》（俄巴底亞書）、《約納》（約拿書）、《米該亞》（彌迦書）、《納鴻》（那鴻書）、《哈巴谷》（哈巴谷書）、《索福尼亞》（西番雅書）、《哈蓋》（哈該書）、《匝加利亞》（撒迦利亞書）、《瑪拉基亞》（瑪拉基書）。

(3) 聖卷：《約伯傳》（約伯記）、《雅歌》、《聖詠集》（詩篇）、《箴言》、《盧德傳》（路德記）、《哀歌》（耶利米哀歌）、《訓道篇》（傳道書）、《艾斯德爾傳》（以斯帖記）、《達尼爾》（但以理書）、《厄斯德拉與乃赫米雅》（以斯拉記與尼希米記）、《編年紀上下》（歷代志上下）[1]。

這些書無疑都名聲響亮，響亮的原因還包括它們的不同翻譯版本彼此有差異。希伯來聖經（即塔納赫）在辣彼（拉比）誦讀流傳後世的過程中，比較接近而且成為中世紀希伯來聖經的格式，之後是現代希伯來人所知的格式。但是還存在另一種希伯來聖經格式，更加接近且之後成為基督徒所使用的舊約聖經，被稱作《七十賢士譯本》。顯然只承認「五書」（Pentateuco）的《撒瑪黎雅聖經》[2]也在流傳之列。新約聖經所引用的舊約經文——姑且不論因為一些經文傳統以致無法分辨原始文本引用的問題——有些經歷史證明是根據希伯來聖經（即今日希伯來人使用的馬索拉文本），有些是根據西方基督徒承認的《七十賢士譯本》；其中應該有一冊原文是以希伯來文寫成。而且，還有第三種聖經文本的存在，也就是

---

1. 這些書在希伯來聖經和基督徒聖經中的排序有時不同。例如基督徒聖經中的《達尼爾》位列第四大先知，《編年紀上下》的排序在《列王紀上下》之後。

2. 撒瑪黎雅人使用的聖經，除了在與耶路撒冷使用的聖經中的「五書」存在一些異文之外，所使用的《若蘇厄》也和耶路撒冷使用的有些不同。這兩冊《若蘇厄》之間的關係仍不清楚。

撒瑪黎雅人使用的撒瑪黎雅文本（見下文），它在新約中至少出現過一次，即當斯德望（司提反）在公議會中回溯聖祖歷史的時候（宗〔使〕七2-4）。根據這個文本，亞巴郎（亞伯拉罕）是在他父親特辣黑（他拉）死後離開哈蘭，為什麼會有這種時間順序的差異？應當是因為當時斯德望腦海裡想的，是撒瑪黎雅的聖經文本。

此外，還可以肯定存在一些天主教稱為「正典第二部分」（libri deuterocaninici）、基督教稱為「次經」（libri apocrifi）的書：《巴路克》（巴錄書）、《多俾亞》（多比傳）、《友弟德傳》（猶滴傳）、《瑪加伯上下》（馬加比一書、馬加比二書）、《智慧篇》（所羅門智訓）[3]、《德訓篇》（便西拉智訓）。

少不了的還有天主教稱為「偽經」（libri apocrifi，基督教傳統使用的詞彙是libri pseudepigrafi）的書。

「偽經」指的是一批在西元前四世紀至西元一世紀間寫成，各地教會以他們的語言誦讀，但不列入任何基督徒聖經正典的猶太著作[4]。一些偽經在世代更迭中持續傳遞，有一些則是近期才被發現。這些偽經（也就是不被列入正典的宗教著作），在死海手抄本被發現之後才得到研究學者的重視。也因此，只有在近期才得以藉著偽經認識猶太教，認識耶穌成長的環境和他生活的年代。在此列出於一九三〇年代確定存

---

3. 不能完全確定耶穌的時代已經存在《智慧篇》。雖然今日多數學者認為這冊書是在西元前一世紀末寫成，但也有其他意見認為這冊書的成書時間遲至西元四十年。若是如此，耶穌在世的時候，《智慧篇》並不存在，而是在新約寫作的年代完成的。

4. 巨著《哈諾客書》（*Enoc Etiopico*）是個例外。《哈諾客書》以完整語言形式寫成，被視為阿比西尼亞教會（Chiesa abissinia）的作品。

在的偽經書目:《阿希加的傳說》[5](*Leggenda di Ahiqar*,原始文本非常古老,現今已經亡佚)、《厄斯德拉一書》[6](*Primo Libro di Ezra*,約西元前四至三世紀)、《守衛者之書》(*Libro dei Vigilanti*,西元前四世紀)、《天文之書》(*Libro dell'Astronomia*,西元前四至三世紀)、《夢境之書》(*Libro dei Sogni*,約西元前一六〇年)、《禧年之書》(*Giubilei*,西元前二世紀中葉)、《哈諾客書信》(*Epistola di Enoc*,西元前一世紀中葉)、《聖經古物之書》(*Liber Antiquitatum Biblicarum*,西元前一世紀)、《十二聖祖遺訓》(*Testamenti dei Dodici Patriarchi*,西元前一世紀)、《西比拉神諭三書》(*Terzo Libro degli Oracoli Sibillini*)、《梅瑟升天錄》(*Assunzione di Mosè*)、《若瑟與阿斯納特》(*Giuseppe e Asnet*;此前三冊成書年代不完全確定,大致可說是西元前一世紀的作品)、《撒羅滿聖詠》(*Salmi di Salomone*,約西元前四〇年)、《寓言之書》(*Libro delle Parabole*,約西元前三〇年)。

此外,應當還有一本記述怪物的《巨人之書》(*Libro dei Giganti*),如今已經遺失,只能從古木蘭四散的殘片中知道它的存在。在前述的偽經中,有五本書被編列成一輯(即《哈諾客書》),分別是:《守衛者之書》、《天文之書》、《夢境之書》、《哈諾客書信》,以及《寓言之書》。今日完整保存的僅剩埃塞俄比亞古典語言吉茲語(ge'ez)版本。本書中引用這五本書時的簡寫方式:「章」以數字表示,英文大寫字母代表

5.《阿希加的傳說》普遍被收錄在舊約聖經的偽經中,不過由於它小說性的體裁,僅供消遣的寫作目標,和其他以宗教為寫作目的的偽經書大相逕庭。

6.《厄斯德拉一書》,亦名為《厄斯德拉》卷三。

該書，隨後括弧該書全名首字母簡寫。舉例來說：「1H（LP）40, 2」表示《哈諾客書》（H）中的《寓言之書》（LP）四十章二節。

　　偽經發展到耶穌時代的第一世紀，著名的有：《索福尼亞默示錄》（*Apocalisse di Sofonia*）；《西比拉神諭四、五書》（*Quarto e Quinto Libro degli Oracoli Sibillini*）；依經節古老程度稱作《哈諾客書》斯拉夫譯本（*Enoc Slavo*），或《哈諾客書》卷二（*Secondo Libro di Enoc*），或《哈諾客的祕密之書》（*Segreti di Enoc*）；《亞當與厄娃的生活》（*Vita di Adamo ed Eva*）；內容帶有強烈教義色彩的《巴路克默示錄》敘利亞譯本（*Apocalisse Sriaca di Baruc*），和《厄斯德拉》卷四（*Quarto Libro di Ezra*）。基督徒對《厄斯德拉》卷四亦有濃厚興趣，聖經《拉丁文通行本》（*Vulgata*）出版的時候，會在書末附上這本書，這種作法一直持續到本世紀初。

　　關於聖經文本和偽經，還應當加上在古木蘭的發現。所謂《古木蘭文本》[7]，指的是在死海西北部地區，自二十世紀中葉以後，逐漸在一些（準確地說，至今十一個）山洞裡發現、大部分為書卷碎片的文獻。這個現代叫作古木蘭（Qumran）、阿拉伯語叫作瓦地（Wadi）的地區，穿過這個山谷時會發現一個小型村落遺跡，猶如一個遠離文明世界的中心。一般會認為住在這裡的人應當是些清貧的牧人或農民，然而住在這裡的是一個有別主流思想的異議團體，他們擁有高度文化、

---

7. 這些文本最初幾個出版都被稱作《死海卷軸》或《死海手抄本》。之後「死海的」這個說法不如「古木蘭的」更為恰當而不再被使用，因為其他手抄本是在整個死海地區被發現的。

豐富智識，和一間偌大的圖書館。

　　西元六六年，羅馬軍隊在維斯帕西安諾（Vespasiano）率領下，一步步占領巴勒斯坦。西元六八年時，一支羅馬軍團抵達古木蘭地區，村落裡的居民放棄家園逃難求生。他們將他們的圖書館藏身在四周密不通風、無法通行的地方。這麼做的意圖很明顯：一旦羅馬軍隊的風暴過後，他們便能回來重拾這些書籍。

　　歷史卻有不同的走向。為了不得而知的理由，村民沒有再回來，而我們得以擁有一座收藏西元六八年之前、全數不是翻譯而是原文手抄本的圖書館。這是何其珍貴的寶藏！在耶穌時代的猶太社會中，存在一個文化獨具特色的團體，我們可以根據第一手資料，重建這個團體的基本信念與宗教生活面貌。

　　西元一〇〇年左右，古木蘭團體離開其他以色列人，獨自生活。在這個時間點之後，其他希伯來人對古木蘭團體的生活一無所知，反之亦然，古木蘭居民的圖書館對於這個時間點之後的其他以色列人的著作也全數闕如。而且，顯然狹義的古木蘭著作──即由住在死海西北沿岸的宗派寫成的著作──也不會輕易地在耶路撒冷發現，卻正好反映出當時代的希伯來文化。

　　古木蘭圖書館保存了希伯來聖經所有書卷，所有西元一世紀前的偽經著作，以及明顯是西元一世紀的古木蘭團體完成的作品。整個希伯來傳統對這些著作全無所聞，如果不是當初被偷偷藏在古木蘭山洞裡──即使僅留殘篇剩卷──恐怕都要散失亡佚了。

具有古木蘭團體特色的主要著作，雖然它們可能從來不曾進入耶路撒冷的圖書館，計有：《團體規則》（*Regola della Comunità*）、《團體規則附錄》（*Regola Annessa*）、《祝福詞集》（*Raccolta di Benedizioni*）、《頌謝詞》（*Hodayot*）、《光明與黑暗之女的戰爭》（*Battaglia dei figli della Luce contro i figli della Tenebra*）、《聖殿卷軸》（*Rotolo del Tempio*）、《大馬士革文件》（*Documento di Damasco*）、《安息日讚美詩》（*Cantici del Sabato*）、《默基瑟德文獻殘篇》（*Frammento di Melchisedechiano*）。

此外，我們還是可能在古木蘭以外的地區發現古木蘭的特殊觀念，因為這些觀念能在不靠書籍的情況下流傳，平常就生活在希伯來人之間的其他團體，也可能分享了這些觀念。

2.宗教與政治派別

2.1 概況

看了以上能夠被閱讀的書目就可了解，耶穌時代的人們生活在一個豐富多元、對宗教抱持強烈興趣的文化裡。這和直到上個世紀中葉——我們發現死海卷軸以前——的想像，截然不同。我們曾經理所當然地認為法利塞人（法利賽人）是猶太文化的最佳代表，因為多數意見傾向希伯來傳統是單一傳統，從我們所有的資料看來，只有法利塞人能對此提供合理解釋。

以往從文獻資料上讀取到的耶穌，圍繞在他周圍的似

乎只有法利塞人和無足輕重的黎民百姓。確實，我們從猶太史學家約瑟夫・弗拉維歐（Giuseppe Flavio）得知，撒杜塞人（撒都該人）並未在人民中占一席之地，他們的神學觀在最後一個西元前，藏身在法利塞派的神學觀裡。事實上，在我們的觀念裡，猶太教和法利塞主義是同一回事。

如今，能夠幫助我們認識耶穌當時的歷史背景的，不再只有與法利塞主義畫上等號的堅固猶太教信仰，還有當時代存在著的多元思想派別。「雅各伯比保祿更像猶太人」，這一類的表達在今天沒有什麼意義；如果真有必要的話，應該將說法改成「雅各伯比保祿更接近法利塞派」。換句話說，現在已經不再主張「猶太教等於法利塞主義」了。

2.2 一些時代思想特徵

為了更接近耶穌時代的巴勒斯坦，必須了解那是個與我們今日極為不同的世界。在那個世界裡，瀰漫強烈的宗教張力，許多幾乎已經組織化的教派，彼此激烈較量。在那個世界裡，存在許多輕易就能挑起人心警覺的生活觀念，其他社會卻無從想像，只有從教會或猶太會堂使用的詞彙中才能得知。這類觀念有如「默西亞」和「先知」、「罪」和「贖罪」、「不潔」和「潔淨」，在今日屬於教會語言，而非社會語言。所以，為了要能領會那個時代的著作，熟悉這類即使今日已經不復存在的觀念，仍屬必要。

耶穌的倫理訊息超越歷史時空的框架，我們每個人都需要以時代的語言和形塑個人的民族價值觀，重新解讀這些倫理訊息。重新解讀並以時代語言講述耶穌，並非歷史學者的

研究課題，而是需要投身不斷開展的行動——雖然我們一般不太容易察覺到，但是這個始自耶穌的傳統，一直延續並朝向隱藏在我們意識中的目標前進。因此，最好先看一眼耶穌所處的世界，這正是本文的起點。

2.3 約瑟夫和三大宗派：法利塞、撒杜塞、厄色尼

在耶穌的時代，以色列有一些同時帶有宗教和政治色彩的團體，大部分人叫它們黨派、教派。提到這些教派時，我會以名字直接稱呼它們，因為在這本書裡，關心這些教派的宗教特徵更甚於它們的政治特徵。使用「教派」沒有絲毫貶損之意，只為表達它是廣納百川的共同體——猶太教當中的一個宗教團體。

劃分耶穌時代的這些黨派或教派（約瑟夫稱它們是異議者〔hairéseis〕，或者是思想家〔philosophiai〕）的方法，主要根據約瑟夫遺世的兩本重要著作：《猶太戰記》（*Guerra Giudaica*），以及《猶太古史》（*Antichítà Giudaiche*）。此外還必須仰賴亞歷山大里亞的斐羅（Filone d'Alessandria）和其他古代作家提供的諸多參考文獻。不過，主要依照約瑟夫的著作來分類當時的神學派別，他將以色列人的宗教潮流約簡成三或四個——必須承認，如此約簡的框架有相當的限度，只能呈現局部概貌。

約瑟夫認為整個猶太教思想只由法利塞人、撒杜塞人和厄色尼人三個派別繼承。雖然他曾提及第四個派別，也就是熱誠黨人（激進黨人）[8]，但是他特別提醒此派別完全不足以和前三個派別相提並論。熱誠黨人就是憑藉他們的信仰與市民

力量，以武力對抗羅馬人，也對抗其他支持羅馬帝國統治的猶太教徒或任何人。熱誠黨在耶穌的時代已經存在（以對西滿猶達斯的描述，他很可能就屬於熱誠黨），隨後人數日漸增多，甚至那場西元六六年爆發、並於七〇年告終，造成耶路撒冷聖殿被毀的猶太人大規模起義行動，正是熱誠黨所為。也因此，約瑟夫同時提供了我們一把無可取代的詮釋鑰匙——即使他出於自己的角度，選擇對於影響力較低的派別，以及在任何宗教派別中都存在為數眾多的差異，省略不談。

　　熱中爭辯是每個教派的共同興趣，各式各樣的分化隨之而生。法利塞派對這種情形留有檔案紀錄，從中可見他們還為辯論制定規則。約瑟夫在《猶太古史》中使用比《猶太戰記》更長的篇幅去講述以色列的教派。由於約瑟夫提供的資料是我們解讀既有的猶太著作主要的參考基礎，《猶太古史》中一些相關的特別篇幅就值得先一睹為快：

　　從久遠的古老時代開始，猶太傳統中的思想學校就三足鼎立：厄色尼派、撒杜塞派，以及所謂的法利塞派。《猶太戰記》第二冊已經介紹過他們[9]，在此仍作些扼要說明。

　　法利塞派過著簡樸生活，毫不高調奢華。他們遵守由教義選取出來、傳遞給他們的善行，他們的貢獻就在於將教義的規

8.「熱誠者」是個希臘文詞彙，譯成希伯來文也有個對應且意義相當的詞彙，指稱那些對法律熱誠，效法丕乃哈斯（非尼哈）的人。根據《戶籍紀》第廿五章的記載，丕乃哈斯殺了一個娶米德陽（米甸）女子為妻的以色列人。天主贊成這個行為，並且「和他締結平安的盟約……因為他懷有對他的天主的熱誠」（戶廿五13）。

9. 可見於119-166。亦可參閱《猶太古史》（13, 171-173）。

定視作首要，切身力行——尊重年長者，不可膽敢忤逆他們。而且他們相信即使一切皆是命定[10]，人自甘墮落的自由也不會被剝奪，因為類似的張力在上主看來有它的好處，在選擇是否接受命定的同時，人能夠趨善或趨惡的意志也得到統一。他們相信人的靈魂不滅[11]，九泉之下的靈魂將依照他行善或行惡得到獎賞或處罰：有些靈魂被指定暢飲永恆之杯，其他的就返回生活[12]。

他們秉持的這些信念在民眾間具有廣大影響力，以至於不論是祈禱或祭獻等所有宗教敬禮，無不從中擷取精神要義，依其指示行禮如儀。所有城市居民都以善盡宗教生活和按教義行事來表達對他們的崇高敬意。

撒杜塞派的教義相信人的靈魂同肉身一起死亡。他們恪守成文律法[13]，而且認為與教導自己的智慧導師辯論是種美德。和其他擁護者眾多的派別相較之下，撒杜塞派屬於小眾。他們幾乎什麼都不做，事實上還會為了職需聽從法利塞人，做出違背自己心意的事；否則他們將很難見容於普羅大眾。

厄色尼派的教義教導一切萬有全在上主掌握之中。他們也相信人的靈魂不滅，而且期待履行正義。雖然他們會向聖殿奉獻，但是為舉行祭獻前的取潔儀式卻和一般習慣作法不同。

---

10. 約瑟夫使用「命定」（destino）一詞表達「上主的旨意」，是個西方讀者也能夠理解的詞彙。
11. 約瑟夫避免談到「復活」，因為「復活」是在基督宗教之前，西方文化的異化觀念。
12. 返回生活：約瑟夫使用「復甦」（anabióo）一詞，與說希臘話的猶太人譯出的希伯來文詞彙「復活」意義不同。Anabióo一般表達「回去活著」；「復活」是暗喻其事。
13. 「他們恪守成文律法」，因為他們不接受口述傳統的律法，與法利塞人正好相反。

也因此，聖殿外院是所有人皆可進入的公共區域，但是厄色尼派行取潔禮的地方還在聖殿外院的圍牆之外，而且只以自己派別的名義獻祭。除此之外，厄色尼派的男人生活風格皆堪為表率，他們無一例外地全數從事農務耕作。和其他自認擁有道德傳統的民族相較之下，厄色尼派確實值得受人尊敬，因為他們對道德生活嚴格的程度，遠非希臘人或外邦人可與之相比，即使是在毫不起眼的時刻，須臾也不鬆懈；而且他們從古老時代就建立的道德觀不曾間或中斷。他們的財富與物資共享，富裕者所取用的並不比相對清貧的人多。以這種風格生活的男人超過四千人。[14]

約瑟夫的概要記載提供了一些檢視猶太教這三個教派對於「天人關係」的基本資料。在約瑟夫看來，「天人關係」就像一張石蕊試紙，可以辨別這三個教派基本神學觀的差異。而且這張石蕊試紙在今日仍然有效，幫助置身古木蘭洞穴文獻的研究學者，找到自己的方向定位。我們知道，撒杜塞派只遵守成文傳統的梅瑟法律，拒絕接受口述傳統的律法。他們相信世界上所有一切皆是人類活動的後果，不相信一個介入歷史的上主（《猶太戰記》對此解釋更佳）。撒杜塞派甚至不相信復活，如同福音書中所見一般（谷〔馬可〕十二18-27；瑪〔馬太〕廿二23-33；路二十27-38）。

厄色尼派的立場正好相反。他們認為人類歷史中的一切全取決於上主，相信人的靈魂不滅，推崇正義，待人如同手

14.《猶太古史》(18, 11-20)；Flavio Giuseppe, M. Simonetti tr.,「I Meridiani- Classici dello Spirito,」*Storia dei Giude*（Milano: Mondadori, 2002）.

足的友愛之情。他們將這些理想全在團體生活中付諸實踐，共享所有資源。初期教會一些基督徒團體也依此理想風格生活。（參宗四34-35）

　　法利塞派可以說是走前述兩個教派的中間路線。他們相信上主引領著歷史與人類事件，但是也堅信人在善惡的抉擇上應負完全的責任。因此，他們認為歷史即是所有人類與上主合作的結果。

　　集合其他古老資料和大部分的新近發現都越加證實一件事：辨別這三個教派 —— 法利塞、撒杜塞、厄色尼 —— 還有一個方法，就是他們對屬於聖經的書卷主張不同。撒杜塞人只承認塔納赫（而且可能不是全部）。法利塞人除了塔納赫，還非常尊重族長傳統，族長傳統流傳下來的規範不在成文的法律書中，但是被同等地遵守。在新約聖經行句間也看得到族長傳統的痕跡；第三世紀初期，族長傳統的口傳律法集中收錄於《米示拿》（*Mishnah*）或稱「第二律法」（Seconda Legge）裡。而厄色尼人，根據約瑟夫的說法[15]，他們在塔納赫之外還有其他書。這些書很可能就是偽經《厄斯德拉》卷四所說的書，它在總結時表示：「這些四十天內完成的九十四本書。因為它們在四十天內被寫成，至高者對我（厄斯德拉）說：『將你先寫的廿四本書公開，不論適格或不適格的人都可以讀。但是最後寫的七十本書則要保留，交給你民族中有智慧的人，因為在他們當中將要升起明智、智慧的源頭，與知識之河！』所以我照著這些話做……」[16]

---

15. 《猶太戰記》2，136和142。

2.4 耶穌時代的希伯來文化與宗教

我們眼前擺著郁如鄧林的浩繁史料，約瑟夫提供的訊息一方面彌足珍貴，因為可作為基本指南；另一方面因解讀材料過於梗概，要確定一本書的作者屬於哪個教派不是易事，反成棘手問題。

為此，與其將它們概括成三個教派，或是三個組織化的團體，不如以三個宗教人文思想範疇來劃分更為合適。尤其是厄色尼範疇，此範疇內的人們因為思想傾向和體系有所差異，而在歷史長河中分化成眾多細小支流。當學者們開始根據足以代表這些支派的特徵描述它們的時候，現代人還得發明新名詞方能予以指述。

我們同時仍會參照約瑟夫的分類法，試著呈現這三個教派實為三個宗教人文思想範疇，並檢視了解它們各自的身分特徵。

■ 2.4.1 撒杜塞派思想範疇

撒杜塞人不只是個教派，也是一個社會階級，他們是在聖殿裡獻祭與照管一切活動的司祭。在撒杜塞範疇中，除了司祭本職的人以外，還有那些必須直接依賴聖殿為生與謀生的人，以及那些在聖殿外但提供司祭活動需要的人。在以色列的土地上只有一座雅威聖殿[17]，因此與聖殿相關的經濟活動

---

16. P. Marrassimi tr., *Quarto Libro di Ezra* 14, 44-48 (Torino:UTET, 1989).《厄斯德拉》卷四約是西元一世紀末的作品。

17. 在耶穌的時代，埃及的萊昂托波利（Leontopoli）城也有一座敬拜雅威的殿宇，但其重要性在希伯來人眼中遠不及耶路撒冷的聖殿。

琳瑯滿目，負責人就是撒杜塞人。他們既是這特別區域的地
主，也就負有重要的社會責任，掌管以色列的經濟命脈。撒
杜塞派出現在歷史記載始於西元前二世紀末。

我們所有的關於撒杜塞人的資料不多，他們在耶穌的時
代已經因社會成見而受到排擠，認為他們總是聽從法利塞人
的支配。人們對於撒杜塞派掌握政治權力的印象越是強烈，
他們的神學就越被拋諸在人們背後的陰影中。總括而言，撒
杜塞派的思想體系中心，就是捍衛傳統。其中有幾個特點值
得注意：

(1)不承認族長傳統，這一點與法利塞人不同。

(2)不接受靈魂不滅及最終審判，也不相信復活。

(3)關於聖殿禮儀，看似符合法利塞人的要求。雖然有跡
可循，但只剩零星片段。

(4)政治上公開支持羅馬人的統治，對服務政權的態度開
放。撒杜塞人相信上主對以色列的承諾，而且這個承諾將以
政治邏輯和途徑實現。所以才會有撒杜塞人與法利塞人唱反
調地擁護阿斯摩乃家族擴張的過往歷史。戰爭和政治謀算在
他們的觀念裡並非特別的事。

(5)不存在確定屬於撒杜塞派的書籍。

■ 2.4.2 法利塞派思想範疇

「法利塞」之名自西元前二世紀末開始出現在史書上，意
思是從世俗中分離出來的人，他們有許多新的觀念、作法和
撒杜塞人不同，而自成一格。

(1)梅瑟法律位居法利塞神學的中心。任何著作只要提出

法律和以法律為人生價值觀的基調，我們幾乎就可以推斷這是法利塞神學。

(2)法利塞人承認族長傳統，視如律法。日後這族長傳統被彙整收錄《米示拿》中（第三世紀初）。

(3)相信人有完全的自由作選擇，因此也負有完全的責任。

(4)相信復活及靈魂不滅。

(5)很可能在耶穌的時代，法利塞人已經看待死後審判是人意識到自己遵守了與違反了法律的行為（《米示拿》中的〈道德篇〉〔Pirqe Avot〕3, 16）。

(6)如何解釋取潔規定並不清楚。西元一世紀末已經存在一種傾向，簡單地按照法律字面行事，缺少深思「不潔」是個事實。不論如何，在耶穌的時代，不潔的事實是在與西方古希臘世界的對照下凸顯出來。法利塞人非常注意飲食、物品和人的潔淨。

(7)關於婚姻，法利塞人實行一夫一妻制。他們許可離婚，也就是根據《申命紀》（廿四1）所說的休妻。不過對於許可離婚的合法理由意見分歧、彼此爭論（見以下第(10)點）。

(8)反對政治力對生活行事的制約，亦即反對阿斯摩乃人和黑落德等人遵守的政策性法律規範。法利塞人相信上主對以色列的承諾，一定程度而言已經寫在聖經上，只要遵守法律就能實現。在耶穌的時代，法利塞人雖然不是羅馬人的朋友，卻也反對武裝革命軍。

(9)相信默西亞的來臨；但是在耶穌的時代，人們普遍期待默西亞來臨，而法利塞人也意識到隨著這個期待而來的風

險：人們期待一個能將他們從羅馬人手中解放出來的默西亞。

（10）從文獻記載看來，耶穌的時代已經存在不同且彼此競爭的法利塞學校。

■ 2.4.3 哈諾客派與厄色尼派思想範疇

此範疇中的派別一如預期地更加容易識別，主要且基本的特徵就是關注「惡的人類起源」，對此還有為數不少的解答。惡不只來自人類出於意志違反上主的誡命並招致懲罰，也來自人類之上的天使犯罪後的影響。罪可以被分門別類（驕傲的罪與性的罪），也可以對應衍生出人類的自由與責任的課題；對應的程度可以極為寬鬆，也可以極為嚴密，取決於它出自哪個團體的立論。

2.4.3.1 哈諾客派思想範疇

哈諾客派之名源自洪水之前的族長哈諾客（以諾），顯然一系列的經外著作作者皆託名於他，流傳至今。我們現今所有最古老的哈諾客派著作是《守衛者之書》，構成《哈諾客書》卷一[18]。哈諾客派的特徵如下：

（1）惡的起源應是天使在創世初期犯下的罪。天使是自由且負有責任的精神體。《守衛者之書》有兩種不同敘述，描述

---

18. 埃塞俄比亞《哈諾客書》之所以被如此稱呼，因為它只以埃塞俄比亞語為人所知。約是西元前四或三世紀至西元前一世紀的五本書的合輯。埃塞俄比亞《哈諾克書》以外的最後一本哈諾客派著作是《哈諾克的祕密之書》（*Libro dei Segreti di Enoc*），這本書的初稿可以追溯至西元第一世紀下半葉。埃塞俄比亞《哈諾客書》五本合輯分別是：《守衛者之書》（指那些不眠的天使。約西元前四至三世紀）、《寓言之書》（約西元前最後四分之三世紀）、《天文之書》（西元前四至三世紀）、《夢境之書》（約西元前一六○年）、《哈諾客書信》（西元前一世紀中葉）。

天使如何犯罪，辜負上主創造他們的本意。其中一種是，身為精神體的天使看見女人的美麗，他們當中一部分決意拋棄天上生活，「想要多少就多少地」娶女人為妻。另一種是，天使負有引導環繞大地的星辰循上主既定的軌跡運行的任務，他們卻隨心所欲地安排星辰運行，造成原本應該給大地帶來積極效應的，反而帶來禍患。這種天上的精神體和地上的人類聯手打造的失序混亂，就是惡的根源。

(2)哈諾客派不承認梅瑟法律。《哈諾客書》卷四之《夢境之書》，關於梅瑟的故事，只說他上了西乃山，沒說他公布法律（1H〔LS〕89, 27-38）[19]，反而說了梅瑟建造祭壇（被理解為聖殿原型）。

哈諾客派的道德觀沒有反映梅瑟法律的色彩，而是反映天象曆法[20]定義的律法規則。這些天象曆法周詳記載關於世界的一切：過去、現在和未來的事；所有的科學，以及所有的律法和每件違反律法的個案受到的懲罰。

關於這些天象曆法的律法引用，我們所知的約有三十多條。其中有些被明確引用，有些只是在一般文件中反映出對這些律法的肯定，像是聲明為富不仁、詐欺者，和偶像崇拜者有罪[21]（1H〔EE〕94, 6-103, 5）。在晚近開始宣講耶穌之後的

---

19. 亦可參閱2B 4, 5。《巴路克默示錄》敘利亞譯本（*Apocalisse siriaca di Baruc*）是西元七○至一○○年間完成的作品，它複雜的神學究竟屬於猶太教中的哪一類仍不清楚。
20. 最古老的天象曆法文獻是1H (LA) 81。
21. 《天文之書》、《禧年之書》（4, 5. 32；23, 32；30, 9），以及《哈諾客書信》皆有類似這些天象曆法的律法觀念的敘述，但是沒有字句不差的抄錄，表達得像是根據需要偶然而興的發明。

文本中，更發展了以愛為中心的道德觀點[22]（2H/B〔西元第一世紀中葉〕44, 4；50, 5-6；52, 7-13。以及對動物的愛：58, 6）。

（3）哈諾客派在最初古老階段，將宇宙構想成一片渾沌、無次序的狀態（見《守衛者之書》），造成這種狀態的主因正是天使們的暴動（1H〔LV〕8在歷史時間層面；18, 15在宇宙層面。但是之後有說明宇宙在此之前井然有序〔1H2, 1〕）。《警醒之書》同期或不久之後成書的《天文之書》也表示宇宙是有次序的。隨後宇宙雖有次序，卻總受到魔鬼的強力干擾（《禧年之書》5, 11-12；10, 7-10）。

（4）哈諾客派承認被巴比倫王拿步高（瑪拿西）摧毀的撒羅滿（所羅門）聖殿，而非他們同時代的另一座聖殿（1H〔LS〕90, 28。亦可參閱《禧年之書》5, 11-12; 10, 7-10）。

（5）可能出於拒絕梅瑟法律的緣故，無從在哈諾客派的著作裡看到任何有關取潔的規定（除了禁食帶血之物，見1H〔LV〕7, 5；《禧年之書》7, 31；1H〔EE〕98, 11和1H〔LS〕89, 73主要記載對付不潔的奉獻）。

（6）哈諾客派初期的資料首先證實，猶太教中持有靈魂不滅也無法再轉世，注定要在死後受天主審判的觀念（根據希臘拜占庭學者Sincello的引述：1H〔LV〕9, 3. 10; 22）。

（7）於是之故，哈諾客派人士相信天堂和地獄實際存在，著作中提及地獄更是時有所聞（1H〔LV〕18, 14; 19, 1; 21, 3; 22, 10-11; LS 83, 2-7; 88, 1-3; 90, 26-27；《禧年之書》7, 29; 22,

---

22. 愛被稱作「憐憫與慈愛」，格式上是以《箴言》卅一章26節為基礎（2H 42, 13）；但是《哈諾客書》斯拉夫譯本的作者觀點非常不同，在這本書中另一個主要道德觀點是「寬容」，這個表達格式最早出現在西元第一世紀中葉的文獻中。

22; 24, 31; EE 99, 11；亦可見LP 61, 5; 62, 15-16）。

　　(8)《寓言之書》所說的救恩，似乎與懺悔有著必然關連。人在死後的階段也能懺悔，不過顯然要在最終審判之前（LP 50; 63; 68, 5；《索福尼亞默示錄》10, 11〔非哈諾客派書，西元前一世紀〕）。

　　(9)至於默西亞主義，在哈諾客派中並不存在。雖然在《夢境之書》書末出現一個神祕人物被視為默西亞，但是這位默西亞完全與眾不同，因為他是個王，而非救世主。這位獨特的默西亞將在大審判之後統治上主的國，帶領人類回復最初的本性（1H〔LS〕90, 37-38）。

　　約於西元前一世紀末成書的《寓言之書》（約西元前三〇年），書中出現一位具有救世默西亞特徵的人物。這位默西亞也獨具特色，他超越凡人，因為上主在創造萬物與時間（創世第四日）之前先造了他；並且他隱密地生活在宇宙中的某個空間裡，從那裡至今保護著義人，當時間終結之時將執行大審判。有三個名號用以稱呼這位默西亞，依序是：義人、被揀選者，以及人子。「人子」這個名號被耶穌用以自稱。日後後加的文本指明這位默西亞是哈諾客，這與基督徒宗派的認知恐有爭議。

2.4.3.2 厄色尼派思想範疇

　　西元前二世紀接近中葉時，猶大地區因為權力競爭，內外戰火興熾到最高點；長達七年之久，大司祭一職無法依照傳統方式[23]選任，哈諾客派陷入重大危機。可能為了協調兩派

23. 有個假設提出那七年間（西元前159-152年）事實上有位司祭，而且可能是厄色尼人。因為「除憶刑罰」（damnatio memoriae）而被消除其名。

觀念,《禧年之書》出現一個哈諾客派人物,以厄色尼派的名字被寫入史冊,並且產生廣大影響。

那段期間成書的《禧年之書》作者顯然是哈諾客派成員,他寫下一個新的神學思想,賦予梅瑟這個人物和法律更大的詮釋空間,但是持續拒絕耶路撒冷聖殿的權威。然而,即使梅瑟法律也僅在歷史平面上被接受,因為真正的法律已經寫入奧祕的天象曆法書(Tavole Celesti)裡,從中能夠得知全部人類歷史。《禧年之書》與厄色尼派有著根蒂淵源,「厄色尼」這個名稱被希臘語作者使用,我們尚無希伯來語對應使用過這個說法的確證。

今日我們很了解一種厄色尼主義的思想,亦即古木蘭洞穴發現的文獻記載的那個派別。古木蘭派是厄色尼派的一個子系,但不代表整個厄色尼派。我們從希伯來裔的希臘語作者處得到的訊息,他們清楚說明厄色尼人是在許多村莊,也在耶路撒冷的居民。而古木蘭派,他們自別於其他希伯來人和西元前一世紀前後的世界,離群索居;他們只是厄色尼主義的一種聲音,也是我們聽聞得最清晰的聲音,正如我們親炙的第一手資料。厄色尼派與哈諾客派有以下幾點基本區別:

(1)厄色尼派完全接受梅瑟法律(1QS 5, 8),藉著消除歧異和矛盾之處與梅瑟法律一致(《聖殿卷軸》記錄了存在一本以《申命紀》為藍本的法典,這本法典避免了所有和經上記載不符的法律)。

(2)厄色尼派——特別以古木蘭派的方式——在接受梅瑟法律的同時,非常重視潔與不潔的分類。厄色尼派在哈諾客派視不潔為惡的主因觀念上,加上匝多克派[24]對取潔的規定。

古木蘭派認為罪與不潔是一體兩面，而人自母胎受孕之初就是罪人，也不潔（1QH 12〔之前是4〕, 29-30）。

(3)古木蘭派發展了唯有恩寵使人成義的觀念（1QS 11, 3），傾向賦予「人對上主召喚的信心」（emunah）明確的觀念內容（1QpHab 8, 3）。而且只憑信心、相信上主仍不足夠，還需要相信一位「公義的教師」（Maestro di Giustizia）。古木蘭派的諸多著作都提到這位公義的教師，他可以說是這個團體的創始者。

(4)古木蘭派和哈諾客派人士一樣使用太陽曆[25]。

(5)和哈諾客派人士一樣不承認耶路撒冷聖殿。

(6)和哈諾客派人士一樣相信靈魂存在，信徒的靈魂甚至已經在永恆中生活。可能因為這個緣故，古木蘭派的抄本裡似乎不見「死亡」的議題。

(7)和哈諾客派不同的，古木蘭派期待默西亞的來臨。他們期待兩位默西亞：司祭一脈的亞郎（亞倫）的默西亞，以及信徒一脈的以色列的默西亞。信徒默西亞的來臨是默西亞時期的辨識標誌，根據《團體規則附錄》（2, 11-12）的記載，上主將親自降生。司祭默西亞將在信徒默西亞來臨時上任，輪到司祭默西亞應當教導與指引信徒默西亞的時候，信徒默西亞有個特別的辨識徵兆：他將以某種奇蹟方式誕生。此外，古木蘭派還有另一個對默西亞形象的觀念廣為人知，亦即天使長默基瑟德（麥基洗德），他是「以神傅抹的（即默西亞）」；而且他有崇高的任務，將使希伯來人痛悔、主持上

24.「匝多克派」的定義見本章2.6「匝多克主義」的今日意義。

25. 關於太陽曆，見本書第十一章。

主的懲罰。很可能也將由他執行大審判，只是由於章節的遺失，使人無法對此斷言。

(8)厄色尼人與古木蘭人特別會以絕對宿命論的眼光，看待不論是左右歷史走向的重大事件，或是個人的生活事件（不似哈諾客派的觀念，古木蘭派認為魔鬼不是墮落的天使，而是上主將魔鬼造成魔鬼的樣子，牠們做的一切事都令上主厭惡。〔1QS 4, 1b〕）。

(9)關於婚姻，厄色尼人並非完全遵守梅瑟法律，而是專注於原則，亦即日後耶穌說的：天主造了一男一女（DD 4, 20及以下）。因此古木蘭派反對多配偶制和遺棄配偶。在西元七〇年革命慘敗之後，他們消失了；據人們所知，此後只有兩個派別存留下來，一個是成為今日猶太教主流的法利塞派，另一個是基督徒宗派。

厄色尼派的教義或許有在西元第八世紀形成的卡拉派[26]神學中倖存下來的痕跡，但是不清楚二者的關聯是由於某個今日已經亡佚的傳統影響，或者僅是因為某人發現了古木蘭派的著作。也可能兩派之間的雷同之處，其實各有獨立起源。

如同先前已經說過，厄色尼派與哈諾客派的著作不被經師傳統重視，而是被基督徒傳統保存下來——雖然經過翻譯。但是那獨特的厄色尼子系古木蘭派的著作，既不在經師傳統，也不在基督徒傳統重視之列。若非古木蘭的圖書館出土，世人對古木蘭派將一無所知。古木蘭派長久以來不為人

---

26. 卡拉派是猶太教的一支宗派，西元第八世紀問世，接受聖經、但是拒絕所有編入法利塞《塔木德》（*Talmud*）典籍中的傳統。卡拉派神學出現古木蘭和撒瑪黎雅人的思想元素。今日卡拉派人幾乎已經全數消失了。

知的原因，應是他們在西元一○○年左右就棄塵絕世，不與
團體自身以外的世界接觸，他們所持的著作當然會失傳，因
為從來不曾對外交流。

　　一如所見，對於「受造物的救恩，上主行動與人類行動
二者的關係」這個基本點上，法利塞主義明顯與哈諾客主義相
悖（與古木蘭主義相去更遠）。哈諾客派（或厄色尼派）傾向
救恩主要取決於上主介入的行動；法利塞主義則認為人藉著
遵守誡命可以自救，因為遵守誡命的行為抵消違反誡命的行
為，履行正義（sedaqah，公義，日後被稱作「善行」）抵消
不義的勾當（*bSukkah* 49b）[27]。

■ 2.4.4 撒瑪黎雅人

　　雖然在史家約瑟夫筆下，撒瑪黎雅人（撒瑪利亞人）算
不上猶太教的宗派（耶路撒冷的希伯來人特別看不起撒瑪黎雅
人）；但因為他們也是雅威上主的信徒，於新約聖經中幾度被
提及，所以在此也對他們作簡短介紹。

　　西元前第五世紀下半葉，乃赫米雅（尼希米）在巴勒斯坦
的希伯來人中，深度重整社會結構：唯有充軍歸來的是正統
希伯來人，賦予他們今日所謂的政治權力（厄〔尼〕下七5）；
其他沒有充軍經驗的都是外邦人。當時輪值當班的司祭長厄
肋雅史布（以利亞實），有子默納協理應繼承父親衣缽，但是
他娶了撒瑪黎雅官員的女兒為妻——一位非希伯來女子。乃
赫米雅命令他們必須二選一：或者離棄這位女子，或者放棄

---

27. *Babylonian Talmud*, Treaty *Sukkah*, 49b. 參閱 A. Cohen, *Il Talmud*, Bari, Laterza 1935, pp. 140-146 和 pp. 266-274。

世襲的司祭職務。默納協因此帶著妻子逃往岳母那裡，引發撒瑪黎雅人與南方的分裂，分裂的態勢隨著時間挪移越發決絕，以至於西元前第四世紀末，在革黎斤（基利心）山上矗立起一座與耶路撒冷分庭抗禮的聖殿。因此，撒瑪黎雅猶太教的大司祭和耶路撒冷的，同樣流著匝多克派血脈，司祭朝代仍然存在。

撒瑪黎雅猶太教的聖經書只有梅瑟五書，和一本與列入猶太教聖經正典有些微差異的《若蘇厄書》。撒瑪黎雅人期待的默西亞是第二梅瑟，他是一位先知。

2.5「默示文學」是什麼？

只要有書籍論及第二聖殿時期的猶太教，都會碰到「默示文學」一詞。這是個古人不識、由現代人創造的新名詞——約莫兩個世紀前，德國學者為了符合當時的研究需要發明的詞彙。他們發現《若望默示錄》和其他同時代的默示文學作品有著顯著的共同特徵，因此誕生「默示文學」一詞，說明具備所有這些特徵的著作屬於默示體裁。但是，在文學層面顯而易見的，在思想層面卻不盡然；雖然是統一的文學類型，思想觀念不會自動統一。許多學者試圖要找出所有默示體裁著作的邏輯觀念最大的公分母，終究徒勞無功。今日的鑑識方法已經算是能在默示文學與神學觀念之間做出清楚區別：文學形式是所有此類著作共有的特徵，然而此類著作傳達的神學內容彼此迥異。

「默示」（apocalisse）的希臘文詞義僅是「揭露出來的」，表達一本書，或是一本書中的某些部分具備的形式特徵。默

示文學的作者，用意不在講述現實或是表陳理念；通常是在大天使的引導下看見神視，之後描述他所看見或聽到的內容，作者見聞中的神視對彼世和此世皆有影響力。由於作者在神視中見聞的真相前所未有，至少部分屬於奧祕，作者必須採用適當語言說出神視內容，避免個人擅自詮釋；因此這些內容有時淺顯易懂，有時模稜兩可，各人能有觀點不同的演繹解讀，進而引發爭議。所有這些著作和它們的內容形式統稱為默示文學。

因此應當避免誤會所有默示文學作品講的都是同一個神學。因為雖然有些希伯來文的默示文學作品被希伯來人視為聖經，也被收錄在基督徒的聖經正典中；但是也有完全不被任何聖經正典接受的。基督徒聖經象徵總結的最後一本書是若望寫的《默示錄》，這本書就毫無疑問因為它的神學觀而與先前所有默示文學書不同。

今日為研究耶穌時代的思想派別，不會再以默示文學作為鑑識判準，因為它只有文學形式的價值。默示文學原是一種寄情寓意的體裁，有些作者藉此描繪末日的總總景象，或是一位作者為了指出埋藏在表象底下的深層意義，而以默示文學手法取代大眾化的散文體裁。

2.6 匝多克主義的今日意義

「匝多克主義」也是近期才被使用的詞彙，至少這詞彙是在近期才有實質內容。從西元前六至五世紀開始，匝多克派從哈諾客派學得重要知識，成為欲了解——可稱為官方，或者更糟的說法，正統的——聖殿猶太教，不可或缺的關鍵詞。

這時期的聖殿猶太教以匝多克主義為代表。匝多克（撒督）之名源自Sadoq，一個在歷史上不可考的人物，但是他被視為耶路撒冷聖殿所有合法司祭的始祖。匝多克主義因此代表耶路撒冷聖殿的司祭群遵循的思想派別。自從西元前五世紀乃赫米雅的改革開始，耶路撒冷就是敬禮上主的唯一場所，也是最古老的聖經傳統傳承之地。匝多克主義是猶太人在出離埃及之後，死海手抄本被發現之前，世人所以為的猶太教。

2.7 各派別的共同點

除了對雅威上主的共同信仰，法利塞、厄色尼、哈諾客與古木蘭等派別，至少在兩個當時活躍的趨勢觀點一致：

(1)首先，罪招致天主的報復，所以百病叢生的社會不只阻礙人此生，也阻礙人彼世的得救。不管合不合理，罪和罪的後果正是第一世紀的希伯人深切關注的議題。然而即使如此，也不會剝奪各宗派依照各自原則信念，從不同視角提出人獲救之道的權利。

(2)再者，耶穌時代的人們普遍期待默西亞的來臨。不過應當強調，即使相同派別的不同作者，各自期待的默西亞形象也能極不相同。換句話說，只有當默西亞真正來臨時，才能揭曉他的實際樣貌。

在這個框架下，聖殿猶太教不至於和其他教派一樣，或者陷入意識形態的僵化，或者對重大社會問題漠不關心。聖殿猶太教也不是單由法利塞派的意識形態控制，或是只熱中制定新教規，或是成日為了梅瑟法律爭執不休的團體。

　　即使只就巴勒斯坦地區而言，不包括自成一套發展系統的亞歷山大里亞城，一個猶太教內的派別已是不勝枚舉，而且各有自己的思想體系。一個教派可能迫切期待默西亞來臨，卻也對他心懷畏懼；可能遵守梅瑟法律，卻又自行其是；可能相信善行使人得救，卻也相信單憑恩寵或單憑正義就能得救；又或者更單純地，只要上主的寬恕人就能得救。

　　歷史給了我們充分的理由，應當放棄對耶穌時代的猶太教刻板的印象；今日對初期基督徒的進一步認識，將促使人們開展新的視野。從歷史獲得的知識純粹是人類的知識，人類知識會隨著每一次的新發現而改變主題，不變的是人渴望認知的本能。

　　這些思想觀念構成耶穌生活與宣講的時代布幕，閱讀新約聖經時，不難發現支持擁護或完全對立的相反立場；就連初期基督徒團體根據耶穌的教導秉持的革新觀念與作法，也是為了解決當時已經在歷史中扎根的問題。

3.歷史

3.1 瑪加伯起義

　　以色列人在出離埃及之後，約莫西元前六世紀末，猶大地區就成為波斯帝國的一個行省，直到西元前三三二年，亞歷山大大帝的軍隊進軍埃及途中入侵巴勒斯坦。波斯帝國轄下的猶大省，除了具備帝國省級的行政結構之外，在宗教文化與地方事務兩方面都享有寬容的自主管理權，分別由

匝多克派的大司祭，以及帝國指派的政府官員領導執掌，後者通常不是以色列人。大司祭（Archieratikè timè）和省長（Prostasía tu laú）是兩個治理猶大事務的權力階層，一個身分是司祭，一個是俗世之人。這兩個權力中心各自執掌的範圍，在今天無法一一界清；唯一能夠肯定的是其一與聖殿有關，其二與民生有關。猶大省不能發展自己的外交關係，但是能自由決定所有內政事務。猶大省的人民能夠保持民族特色，與海外的希伯來人——所謂僑民——維持聯繫。

西元前三三二年，猶大被併入希臘帝國管轄，易主後的猶大仍享有與前朝相當的政治條件。但是當猶大碰上在各項專業技術、行政、軍事和商業組織發展都超越前東方帝國的希臘文化，猶大面臨巨大衝擊，人們在忠於傳統和改變適應新現實的拉鋸中角力。

亞歷山大帝國在它的建基者去世之後，分裂成好幾個希臘化王國，這是一段家喻戶曉的歷史，眾王國各由一位亞歷山大大帝的部將繼承大統。猶大在西元前三世紀期間屬於埃及托勒密王國的領土，成了王國最北邊的省分，與安提約古和塞琉古人的敘利亞王國接壤。西元前二〇〇年至一七三年接連爆發內戰，猶大被收編敘利亞王國治下，成為王國最南邊的省分，從此一道政治疆界隔開了猶大和埃及的亞歷山大里亞城。當時一個僑居亞歷山大里亞已久、已經茁壯的猶太人團體，他們試圖藉著自身的發展，使該城成為猶太教中心；與此同時，他們要和耶路撒冷的猶太教中心維持聯繫也比以往更加困難。

如同之前說過，猶大地區向來享有某種程度的自由，宗

教上更是享有完全自由。但是猶大對全面自由的渴望不曾稍減，塞琉古人統治下的政治現實更助長了這種渴望。西元前一七五年，安提約古四世（西元前一七五至一六四）廢黜了最後一個匝多克裔合法司祭，他是猶太人流亡歸國後首位大司祭若蘇厄的後代。這是深痼惡習每況愈下的徵兆。希望維持匝多克司祭傳統，和即使信奉雅威上主卻傾向向希臘化文化、技術與法律開放的雙方人士，更加水火不容。大司祭職從匝多克人手中被迫交給了另一支派：瑪加伯祖先丕乃哈斯的支派。我想起默乃勞[28]（Menelao）的名字，這個希臘化名字也透露了他的政治立場。一場內戰之火被引燃，敘利亞王安提約古四世支持開放派陣營；王的行為在今天看來脫不了宗教迫害之嫌，因為對傳統支持者發起的戰爭，很難不涉及宗教成分。

　　揮舞梅瑟法律旗幟揭竿而起的傳統派統帥是瑪加伯家族，一場以梅瑟法律之名對抗希臘化開放派的漫長戰役就此爆發，時間是西元前一六七年。

　　這場敘利亞王介入、支持希臘化開放派的內戰，最終演變成猶太人爭取自由獨立的民族戰爭。瑪加伯家的兄弟們逐一戰死沙場，僅存的息孟在西元前一四三年取得民心，掌握軍權，同時讓自己被宣布為猶太人的大司祭。息孟不是匝多克裔司祭，只是敘利亞王國一個目前僅在形式上獨立省分的領袖。為此，息孟不具王的頭銜，卻有相當大的行動自由：大司祭的頭銜向來由希臘君王授予，如今這個頭銜是由人民

---

28. 根據約瑟夫的記載，默乃勞也屬於匝多克支派、相對無足輕重的彼耳加（Bilga）家族。

授予。因著息孟，「大司祭」和「省長」集中在一人身上。息孟是瑪加伯家族最後一人，並非因為家族後繼無人，而是因為以色列傳統上視瑪加伯家族成員直到息孟都是民族英雄，之後的王朝繼承人卻是暴君。以色列傳統同時以息孟為分界點，稱息孟之前的是瑪加伯家族，之後的是阿斯摩乃王朝（哈斯蒙尼王朝）。

3.2 阿斯摩乃王朝

在息孟的長子若望・依爾卡諾一世（Giovanni Ircano I，西元前一三四至一〇四年）的暴政下，法利塞黨成立，而且很快就成為反對黨，與支持阿斯摩乃政權的撒杜塞人（司祭家族的黨派亦於同時期成立）朝野對立。直到息孟之前，猶太人都努力使盟約與法律和諧並行：前者猶如印璽，擔保上主與猶太政權之間的關係；後者僅是以色列人如何與上主保持關係的條文總綱。因著反對黨法利塞人的力行不悖，法律持續受到尊崇；盟約卻不盡然，因為法利塞人不承認阿斯摩乃王朝的合法地位。從此以後，個人遵守法律的意義超越服從政府的框架；這是讓法利塞人即使在聖殿被毀滅之後仍能延續傳統的關鍵之一，遵守法律也不再是為了任何政治理由了。

若望・依爾卡諾的第一目標，就是收復以色列史上達味（大衛）和撒羅滿（所羅門）等偉大君王統治的國土疆域。他戰功彪炳，往北征服了撒瑪黎雅，往南入侵了已經獨立於以色列數世紀的依杜默雅（以土買），強制當地居民歸化猶太教。

西元前第二世紀最後幾年，阿斯摩乃王朝的掌權者首度頂起國王的頭銜（阿黎斯托布羅一世〔Aristobulo I〕，西元

前一〇四至一〇三年）。猶大因此不只實質獨立，終於實至名歸。在亞歷山大・雅乃烏斯（Alessandro Yanneo，西元前一〇三至七六年）為王之下，內戰再次血洗敵對阿斯摩乃政權的以色列人和法利塞人，他們飽受嚴重迫害。亞歷山大・雅乃烏斯死於西元前七六年，他在臨終之際將王權代理交給妻子亞歷山大辣・撒羅默（Alessandra Salome），並建議她捐棄前嫌，善待法利塞人。但是事情如此發展，再為王朝帶來動盪的後果是可想而知的，因為政權與教權又將分道揚鑣，身為女子的亞歷山大辣・撒羅默，不可能同時擔任大司祭。

　　亞歷山大・雅乃烏斯有兩個兒子，長子依爾卡諾二世受到法利塞人支持。亞歷山大辣・撒羅默雖然握有全面政治實權，但是她要擔任大司祭，尤其在依爾卡諾二世看來根本荒謬。亞歷山大辣・撒羅默自己保留大部分政治指揮權，包括外交事務，但是軍事權力卻是交給了二子──由撒杜塞人擁護的阿黎斯托布羅二世。宗教和民政事務則是由公議會主管，法利塞人在當中占多數席次。

　　亞歷山大辣・撒羅默在西元前六七年死後，阿黎斯托布羅二世向其兄依爾卡諾二世提出交換條件：阿黎斯托布羅二世承諾給付依爾卡諾二世大司祭年俸，依爾卡諾二世同意放棄大司祭職銜。如此一來，阿黎斯托布羅二世便既是猶太人的國王，也是大司祭。本來猶大政局應當一路平順發展下去──如果不是依杜默雅總督之子安提帕特（Antipatro）介入、依爾卡諾二世奪取政權的話。安提帕特慫恿依爾卡諾二世奪回政權，一場內戰再度爆發。安提帕特和依爾卡諾二世於西元前六四年包圍了困守耶路撒冷的阿黎斯托布羅二

世。同年，曾經終結與本都國王米特里達特及亞美尼亞國王
提格蘭二世戰事的斯考洛（Scauro），作為羅馬帝國將軍龐
培（Pompeo）的特使，來到了大馬士革，他隨行帶著一支精
銳部隊。

3.3 猶大地區的羅馬人：安提帕特家族崛起

安提帕特、依爾卡諾二世，和阿黎斯托布羅二世雙方
陣營，都派遣特使向斯考洛尋求羅馬的支援。斯考洛先是決
定支援阿黎斯托布羅二世，因為協助受困者抵禦圍困者更加
容易，圍攻者將陷於內外夾擊的戰火中間。安提帕特不得不
放棄圍攻，但是堅持向龐培提出罷黜阿黎斯托布羅二世的訴
求。龐培決意支持依爾卡諾二世和安提帕特，這個決議等同
是支持法利塞黨。情勢立時逆轉，西元前六三年，龐培踏進
耶路撒冷和聖殿。

依爾卡諾二世恢復了大司祭職務，也成為猶太人的「首
領」——但是他必須放棄國王頭銜。阿黎斯托布羅二世則被當
作戰犯帶往羅馬。猶大真正的贏家是安提帕特，他建立了一
種由大司祭領導的保護國制度。安提帕特是黑落德（大希律）
的父親。一如所見，安提帕特家族強行介入以色列的歷史。
希伯來的顯貴們大陣仗地前往龐培營地，要求龐培接受與安
提帕特的協議。他們的人數可能超過千人，全是安提帕特的
朋友，或是合他心意的政權擁護者。這些新形式的富人不屬
於司祭階級，大部分都是地主。他們的財富來自金錢和商業
交易，正是那幾年羅馬風行的騎士階級的猶太翻版。安提帕
特與羅馬統治階級從這一刻起聯手，這是安提帕特——也就

是猶大──與羅馬帝國的政治嵌合點。

安提帕特與龐培的交情，將猶大帶入隨著羅馬帝國歷史興衰的大轉輪中。至此我們到了羅馬帝國第一個三人執政時期，自負的三人各懷心思，為自身權利明爭暗鬥是司空見慣之事。凱撒聯合龐培對抗元老，凱撒攻擊龐培，凱撒陣營攻擊龐培陣營。安提帕特本來效忠龐培，直到龐培在法爾撒路戰役（Farsalo，西元前四八年）潰敗後，死於埃及。安提帕特立刻見風轉舵，向凱撒投誠示好，在凱撒圍攻亞歷山大里亞城的時候派軍伸援。安提帕特總是站在風尖浪口上，而希伯來人不論身處何地──祖國或是海外──只能接受安提帕特的政策帶來的好處。

西元前六三年之後，猶大接連發生大規模革命戰爭。三次是由阿黎斯托布羅二世的武裝游擊隊發起，討伐依爾卡諾二世；此外尚有反抗阿斯摩乃王朝者，他們可能是依爾卡諾二世或阿黎斯托布羅二世家族旁支，在他們看來，阿斯摩乃王朝篡奪了只能由達味後裔繼承的合法王權。《撒羅滿聖詠》（I Salmi di Salomone，西元前四八年後完成）證明了當時這股反對阿斯摩乃王朝之風，以及對默西亞期待的傾向（默西亞來自達味後裔是較古老的聖經觀念）。所以這些反抗者抗議篡奪達味寶座的人，同時也抗議羅馬人和製造社會不義的金主。達味後裔默西亞的眾多任務之一，就是消弭社會中的不正義。社會正義也是耶穌時代的人們深切的盼望。

阿黎斯托布羅二世的追隨者發起的第三次革命是在西元前五六年；然而西元前五二年的那場武裝戰爭，性質截然不同。客辣索（Crasso）在卡萊戰役（Carre，西元前五三年）

戰死的消息傳了開來，皮托勞（Pitolao）將失望的猶太人組成一支大軍，但是他們與羅馬人作戰而且戰敗，三千人淪為俘虜。

西元前四九年，凱撒和龐培終於短兵相接，掀起內戰。安提帕特（自然也連同依爾卡諾二世）因為之前的協議而站在龐培一方。西元前四八年，龐培在法爾撒路潰敗，逃到埃及之後，遭托勒密十二世（Tolomeo XII）派人刺殺。凱撒一路追擊龐培直到亞歷山大里亞，泊船的時候遭遇埃及軍隊。安提帕特已經準備好趁勢解救凱撒，只要他成功獲救，肯定會成為羅馬舉足輕重的人物。安提帕特利用依爾卡諾二世大司祭的權威，成功號召在埃及的希伯來人和所有僑民支持凱撒；他自己則率領一支猶太人軍隊，趕赴埃及援助凱撒。凱撒事後為了感謝安提帕特和希伯來人，賜給他們許多特權：猶大地區的希伯來人免除稅賦；擁有羅馬公民身分的希伯來人免除兵役；以及其他措施，確保希伯來人可以依照他們的法律，享有宗教敬禮與宗教生活完全的自由。

為了感謝安提帕特，凱撒給了他猶大總督（epítropos）的職銜，和依爾卡諾二世相當於「猶太人民的首領」（etnarca，民族之王）平起平坐的地位。但是這種情形簡直荒謬！政治權力讓渡給了安提帕特，依爾卡諾二世就只剩大司祭名義。

安提帕特有兩個兒子，大兒子發撒厄耳（法撒勒），小兒子黑落德。他提拔兩個兒子，立他們為「將軍」（strategòi），讓大兒子管理耶路撒冷，小兒子治理猶大北部；然而二人的所作所為，只像是握有宰制轄下地區人民生死權的軍事將領。耶路撒冷的社會顯貴、撒杜塞人和法利塞人試圖扭轉這種

情況，並從依爾卡諾二世得知黑落德違法將一名反抗者判處
死刑的消息，為此召集公議會。黑落德一身華麗，帶了一名
武裝隨扈赴會。結果黑落德的作為竟然合法！在公議會中無
人敢出聲反對黑落德，除了法利塞經師撒瑪意亞（Samaias），
他不只反對黑落德，也抗議公議會成員，說：「上主偉大，
終有一天，你們希望藉著依爾卡諾特赦權利釋放的這個人，
連同你們自己和國王（即省長依爾卡諾二世），必要受天
譴！」（《猶太古史》14, 174）

　　西元前四四年，凱撒在羅馬被卡西奧・郎季諾（Cassio
Longino）刺殺。卡西奧和刺殺凱撒的共謀之一布魯托（Bruto）
一起抵達巴勒斯坦，意圖募集備戰資金，與安多尼（Antonio）
和屋大維（Ottaviano）率領的凱撒軍作戰。安提帕特與依爾
卡諾二世又轉向卡西奧靠攏，想方設法為他籌措金銀。

　　西元前四二年，卡西奧向西方挺進，留下猶大權力空缺，因
為安提帕特已經被謀殺。阿黎斯托布羅二世的末代子孫——希臘
語名字安提哥諾（Antigono），希伯來語名為瑪塔提雅（Mattatia）
趁機而起，引爆一場新的內戰。依爾卡諾二世將自己的大軍交於
黑落德麾下，這是一個記號，代表依爾卡諾二世也承認黑落德的
兄長發撒厄耳。

　　西元前四二年，龐培軍與凱撒軍在斐利比（Filippi）交
戰，凱撒軍獲勝。凱撒軍的獲勝意味著希伯來人又得適應新
的羅馬政局，這次掌權的是他們從未支持過的一方。當安多
尼抵達東方，迎接他的是黑落德。顯然掌管猶大地區的安提
帕特之後是黑落德，他也如願從安多尼取得之前安提帕特與
龐培的政教協議。

西元前四〇年，帕提雅人（Parti）襲擊巴勒斯坦，安提哥諾站在這一方。當依爾卡諾二世的軍隊被擊潰時，依爾卡諾二世淪為戰俘，安提哥諾咬下他一隻耳朵，使他失格，因為身體不再完整無缺，永遠失去擔任大司祭的資格。

發撒厄耳在這一連串事件中銷聲匿跡，黑落德則走避羅馬，在那裡讓元老院賜給他國王頭銜和一些軍團，為了與帕提雅人作戰，並奪回猶大。西元前三七年，這場遠征結束，黑落德成為名實相符的猶大國王。阿斯摩乃王朝就此結束。新王改朝換代，始終無法化解和猶太人的矛盾癥結，因為安提帕特家族本非希伯來人，而是依杜默雅人。西元前二世紀時，依爾卡諾一世攻取位於猶大南境的依杜默雅，並對當地人民強制施行猶太化。這也是法利塞人拒絕相挺依爾卡諾一世政權的原因之一。

3.4 黑落德

黑落德遊刃有餘地周旋在羅馬的政治鬥爭之中。在安多尼和屋大維內戰駁火之際，黑落德雖然立場傾向安多尼，但也不忘爭取贏家的青睞，確實使得屋大維的領土大大擴張。

黑落德在內政上必須面對法利塞人和撒杜塞人。處理和法利塞人的關係相對比較容易，因為他們反對任何訴諸暴力的解決方式；更重要的是，法利塞人期待一種唯獨藉著遵守法律實現的救恩，那麼救恩也可能經由黑落德而來，因為他總是任由他們遵守和教導法律。

較為棘手的是和撒杜塞人的關係，因為他們輕易就會與阿斯摩乃王朝的後人結盟；他們氣息相連，因為即使阿斯摩

乃人不是匝多克族裔，卻同屬於司祭家族，阿斯摩乃人實際上不是丕乃哈斯後裔。

黑落德雖然是國王，卻不能同時擔任大司祭，因為他不僅不是匝多克族，嚴格說來也不是希伯來人。所以黑落德第一時間從巴比倫召來了原是匝多克族的哈納乃耳（Ananel），任命他為大司祭。此舉是希望重建自西元前一七〇年就中斷的匝多克司祭傳統，敖尼雅三世（Onias III）成了以色列合法司祭最後一人，當時所有阿斯摩乃家族的司祭繼承人全數被殺。

為了拉攏深具政治影響力的撒杜塞人，黑落德娶了依爾卡諾二世之女亞歷山大辣的女兒瑪黎安乃（米利暗）為妻，她是阿斯摩乃家族的人。但是亞歷山大辣成功迫使黑落德改為任命她的兒子阿黎斯托布羅三世為大司祭，而且為了與埃及女王克婁帕特辣（Cleopatra）保持友好，應女王要求送出一些猶大土地。黑落德將哈納乃耳革職，任命阿黎斯托布羅三世為大司祭，但是後來又趁阿黎斯托布羅三世游泳時將他溺斃，令哈納乃耳復職。

黑落德和既非法利塞人、亦非撒杜塞人的農村居民相安無事，他做了許多公共建設，也照顧窮鄉僻壤，人民對他並不反感。黑落德在西元前二五年的大饑荒中，自解錦囊地讓他的妻妾從埃及運來穀糧，應可作為他體恤黎民百姓的最佳說明。

但是黑落德與阿斯摩乃家族後人的鬥爭，導致他必須下令處死自己的妻子瑪黎安乃，之後是岳母亞歷山大辣——他的王國籠罩著一片愁雲慘霧。

3.5 黑落德治下的猶大地區

對於「猶大」能有狹義和廣義的理解。狹義而言，指耶路撒冷行政區，與其相對的有如依杜默雅、加里肋亞（加利利）；廣義而言，則是指黑落德的所有領土。

理論上，猶大在黑落德為王時是獨立的。黑落德是羅馬人的同盟國王，只須遵守帝國的外交政策，肩負防衛帝國東方邊境安全的責任。猶大沒有任何向羅馬進貢的義務，也不在敘利亞省長的控制之下。

西元前三七年，黑落德管轄的範圍包括猶大、依杜默亞、培勒雅（Perea）和大部分加里肋亞；但是撒瑪黎雅，和凱撒曾送給依爾卡諾二世的約培港（約帕）並不包含在列。如此幅員較以往限縮，因為安多尼將海港城約培、南部濱海所有獨立城市及內陸的耶里哥（耶利哥）城，送給了克婁帕特辣。不過這只是一時的問題。當奧古斯都（即屋大維）在阿齊約（Azio）戰役擊敗安多尼之後，就將他送給克婁帕特辣的土地全數收回、歸還黑落德，還加上原本獨立的濱海城市，以及培勒雅以北的外約旦（Transgiordania）；不過大部分十城區（Decapoli）仍維持獨立狀態。

黑落德把王國當作個人遺產留給自己的兒子。黑落德遺囑的執行人是羅馬帝國皇帝屋大維，他基本上按照遺囑全數執行，只有一項例外：屋大維並未授與黑落德任何子嗣國王頭銜，他們只能一視同仁地作為「民族之王」。黑落德的兒子有按照遺囑本應繼承國王頭銜的阿爾赫勞（亞基老），處死洗者若翰（約翰）的黑落德·安提帕（小希律），以及斐理伯（腓

力）。猶大被分割成三或四個區塊，每個區塊各自獨立。阿爾赫勞分得猶大大部分地區——撒瑪黎雅和依杜默雅，而且是王國最富庶的區域；黑落德‧安提帕分得加里肋亞和培勒雅；斐理伯分得耶爾穆克河（fiume Yarmuk）以北的外約旦。希頗斯（Hippos）、加達辣（Gadara）和加薩（Gaza）等城被宣布脫離猶大，併入敘利亞的省級體系。

　　斐理伯和黑落德‧安提帕的（民族）王國運勢綿長，分別持續到西元後三四及三六年，而且國勢相對平穩。反觀阿爾赫勞為王執政卻困難重重，不論是猶大地區的居民或是僑民，幾乎所有希伯來人或多或少都反對他。終於屋大維在西元六年將阿爾赫勞革職、流放高盧（Gallia）。

　　當時在猶大實施的政治管理方式，可能出於各種理由帶給地方政府執政難題。猶大被併入敘利亞省，因此最高治理權屬於羅馬帝國的敘利亞總督。但是事實上，帝國在巴勒斯坦還設有另一位官員，他的行政中心位於臨海的凱撒勒雅，雖然官銜只是地方財政官（procurator）[29]，卻是帝國駐猶大軍隊的實際指揮官：他有職責也有職權徵收稅賦、維持公共秩序。在這種情況下，他當然也有權力判處猶太公民死刑。

　　依照羅馬帝國的習慣作法，猶太人可以保留他們的行政體制和政府機構，其中層級最高的是公議會。公議會之首是大司祭，公議會長的選舉從匝多克主義初期、特別是從瑪加

29. 此羅馬帝國官職最初是司法官（praefectus），從記載歷任官員的拉丁文名冊看出，這也是比拉多（彼拉多）的官銜。縱使有各種不同的名稱，各種名稱指向的內容卻始終如一。對於管理巴勒斯坦地區的羅馬帝國官員，我們一直稱之為「總督」（governatore）。

伯家族起義開始，向來都由執政掌權者決定，決定者也可能
是外邦人。確實在季黎諾（居里扭）擔任敘利亞總督的時候，
他指定亞納斯（亞那）為大司祭，這麼做無非出於政治考量：
大司祭必須是反對阿爾赫勞的人，藉此判斷他支持羅馬帝國
的統治。亞納斯的大司祭任期自西元六年至一五年，之後大
司祭一職由他的家族成員擔綱，其中最引人注目的是亞納斯
的女婿蓋法（該亞法）——耶穌受審過程中，最先被帶到公議
會時，面對的人就是他。亞納斯死於西元三五年。

　　羅馬人極力表達對妥拉最高的敬意。由於希伯來人的法
律禁止肖像崇拜，羅馬軍隊就不將他們的軍旗帶進耶路撒冷；
在猶大鑄造的錢幣上也沒有皇帝人像，只有他的名字。在猶
大鑄造的只能是銅錢；面額最高的錢幣上會有一些肖像，因
為不是猶大造幣廠出產（參谷〔馬〕十二15-16），錢幣混
合流通在所難免。希伯來人還被豁免向皇帝行任何形式的敬
禮，向皇帝行敬禮為東方其他帝國省分卻是習俗。

　　然而羅馬人與希伯來人之間的拉扯張力不曾少過，巴
勒斯坦內部顯著的社會失衡與公共秩序混亂，更加劇了這種
態勢。這是個形形色色的人往來駐足的地方，有許多巡迴的
宣講者，至少頂著先知的名號，變幻出海市蜃樓般的奇蹟景
象，預言下一步上主要介入協助祂的子民，讓人心因此浮動
不安。渴望奇蹟和來自超自然的慰藉、期待神聖力量的啟
示，使得這地區的文學創作和人們的日常生活產出不同果
實，但是極為相似。默示文學因此應運而生，期待天國的來
臨，屆時為富不仁、和與希伯來人民為敵者，將受到正義的
罪罰；同時也激勵許多人相信自己被上主賦予偉大的使命。

　　西元三五年，一個自稱先知的撒瑪黎雅人聲稱，只要人們聚集在革黎斤山上，一批梅瑟時代埋藏的聖殿聖器就會出土。（《猶太古史》18, 85-89）比拉多獲報之後，動用武力殘殺平民百姓。這次慘劇促使敘利亞督導威特里約（Vitellio）直接將比拉多革職。

　　另有一次，在法多（Fado，西元四四至四六年）任內，一個名為特烏達（Teuda）的人聲稱他可以命令約旦河水左右分開。另一個自稱為先知的人——據說是埃及人（宗廿一38；《猶太古史》20, 169-171和《猶太戰記》2, 261-263）——他在曠野裡聚集一批憤世嫉俗的人，向他們保證說：當他們抵達耶路撒冷城門外的橄欖山時，城牆就會倒塌，他們必將輕取耶路撒冷。

　　除了那些宣講奇蹟是凱旋記號的人之外，還有一些宣講世界將徹底毀滅的人。有個在人們腦海中根深柢固的古老傳統說，以色列是個「頑強的民族」。這個民族自認有罪而且必須為罪付出代價，因此在民族的集體痛苦中依然堅忍不屈，就像他們的祖先在歷史中為了罪付出代價一樣。約於西元前一六〇年成書的《夢境之書》預言耶路撒冷聖殿將再次被摧毀，這一次上主將親手重建聖殿（1H〔LS〕90, 28-29）。洗者若翰看見「斧子已放在樹根上了」（瑪三10）。耶穌也說過聖殿要被摧毀的預言，雖然是獨特的末世觀點，但是仍舊是場災難。宣講勝利奇蹟與宣講毀滅的先知都立足同一塊土地、置身相同的環境脈絡；在這塊土地上，期待在最終戰局獲勝，或是終極毀滅，也就各有擁護者。但是，他們雙方都證實了一場駭人戰役已是無可避免的定局。對罪的認同及其後

果，以及以色列的正義是要對抗上主的敵人，這兩種意識使以色列人團結一致，形成共同的民族思維：根據他們對傳統的理解和解釋，對抗羅馬的戰爭是合乎情理的結果。

宗教與政治的衝突張力錯綜交織，在今日或許令人費解，但是在當時確實造成羅馬帝國統治上的困難。這也表示，我們如今說的末世論和默西亞主義，在當時並非只是宗教概念，同時是人們的生活理念，也是政治的行動路線。

耶穌生活的社會環境瀰漫著憤慨的氣息，人們普遍而且堅定地期待上主的介入與援助。

第二章

洗者若翰

1.若翰與罪

　　耶穌與洗者若翰（約翰）的相遇，是我們對耶穌生平
能夠確定的第一件事。耶穌去找若翰的這個行動，說明了耶
穌在若翰身上及其宣講中，發現了某些為自己重要或有意義
之處。耶穌沒有走向古木蘭人，也沒有走向法利塞或其他團
體，儘管巴勒斯坦在他的時代並不缺少宗教上的多種主張。

　　另一方面，耶穌隨若翰在曠野裡相處過一段時間，並和
若翰一樣獨自在曠野裡生活、宣講之後（若〔約〕三22、四
2），耶穌離開了若翰。這個離開的行動說明了，或者由於宣
講，或者由於生活風格，或者直接與目標相關，耶穌意識到
自己與若翰不同，所以返回社會生活，在人群中說話。看見
若翰就能看見與他對照下的耶穌，因為耶穌推舉他，也離開
了他。自此應當可以勾勒出幾筆耶穌的個性特徵，或許也反
映了耶穌如何理解自己所投身的使命。

　　至少可以說，若翰屬於一種陌生的類型，不只我們覺得

特異，對若翰同時代的許多希伯來人而言，他的生活風格絕無僅有。但是尋訪若翰的人絡繹不絕，這證明了他有能力滿足同時代人的期盼，說明了他的特異不只尚可，也確實撼動人心。

若翰身穿駱駝毛皮衫，只吃潔淨的食物：他自己採集野生蜂蜜和蝗蟲。若翰刻意度某種原始生活，因為他相信純潔是通往上主的途徑。在介紹他的精神之後，我們會再回頭談「潔淨」這個主題。

福音書提到若翰，將耶穌與若翰的相遇視作耶穌使命的開端。約是西元第一世紀末，約瑟夫在他集數最多的《猶太古史》（18, 117-119）中也記載了若翰。由此可見若翰即使在基督徒圈外一樣有著非同小可的重要性，他在當時的猶太社會裡也是個舉足輕重的人物，因為連不是基督徒也不是若翰追隨者的歷史作家，都將他留在青史扉頁上，應是認為有必要將他的記憶和教導保存並流傳下去。約瑟夫所寫的歷史，證實了福音的記載。

我們已經從《馬爾谷福音》得知，若翰宣講的是「罪得赦免」（谷一4；路三3）的悔改洗禮。《瑪竇福音》也以一句話說明若翰為何致力宣講「斧子已放在樹根上了」（瑪三10）。罪和腐敗的跡象四處蔓延，讓若翰清楚看見上主的正義即將來到，或許已經來了，所以刀斧已經按在樹根上了！冒犯上主必遭致報復！如果以色列人希望自己和生活的世界得救，就必須懺悔他們的罪過。如果你想救自己的靈魂，如果你想擺脫羅馬人統治的軛，這是唯一的得救之道。這種對當時社會病兆的診斷，即使不是全部，絕大部分的猶大居民都會認同。

在今天，政府會藉著減稅、發放補助、修法等所謂技術性的措施，試圖修補社會性的缺陷，盡力維持社會最大化的平衡與正義。若翰和他同時代的人或許比我們更接近問題的核心與真相：當一個社會完全失衡、充滿暴戾之氣，人的罪惡才是唯一需要解決的問題。每個人都必須悔改，正直地對待上主、與人相處。

約瑟夫在《猶太古史》第十八冊117節中寫道：「若翰是個正直的人，他呼籲猶太人行善事、與人彼此正義相待、對上主虔敬，為此召集他們來接受洗禮：受了洗的人將被上主接納，不是為了獲得罪過的赦免，而是為了使身體潔淨，因為他們的靈魂在履行正義當下已經被淨化了。」（義文翻譯 M. Simonetti, Milano, Mondadori 2002）

約瑟夫這段話向我們解釋了若翰行為的部分意義，但不是全部。約瑟夫認為施洗對若翰而言「不是為了獲得罪過的赦免」，但是「為了使身體潔淨」的意見，有待進一步釐清。在若翰眼中，罪不僅是違犯上主的法律，也對人本身造成打擊和傷害。我相信多數希伯來人都會同意若翰的主張：悔改和正直的行為是唯一的得救之道；但是若翰獨到之處在於他相信，如果只有悔改，就算之後正直行事，也不足以修復和上主的關係。因為我們從聖經中可以看出，若翰施洗的動機有古木蘭思想的背景。因此應當承認，若翰可能堅信「不潔」是真實的存在，罪所產生的現實之物。那麼不潔，和所有髒污一樣，必須有洗潔儀式去除髒汙。

接著，既然有那麼多人都慕名前去尋找若翰，可見這個觀念流傳普遍，而且他是不二人選。一年一度由大司祭為人

民奉獻的贖罪祭（肋〔利〕十六）抵消以色列的罪、也潔淨了
聖殿，但是不排除人的靈魂上仍殘存罪遺留的汙點。循著《依
撒意亞先知書》（以賽亞書）六章6-7節的思想，若翰認為人
若不潔便不能接近上主，而且不潔在某種程度上仍是罪，屬
於罪的領域。天使鉗著赤紅的火碳去除依撒意亞嘴唇上的不
潔，也去除了他的罪：不潔是由於汙穢之物，但是過犯尤其
不潔。

古木蘭派取了依撒意亞的思想，而且特別義憤填膺，認
為不潔與罪幾乎是同義詞。大部分希伯來人會遵守匝多克傳
統，這個傳統以法律規範人在不潔狀態中的行為，但是他們
不認為違反法律會在個別的人身上產生不潔。耶肋米亞（耶利
米）先知不就說了：「你們悔改就能得救」（參閱耶七5-7）。

但是對若翰而言，悔改看來還不足夠，因為懺悔與罪在
人身上留下的不潔無關。人要先悔改，之後洗淨自己，洗淨
得用水。這條需要水洗的得救之道被視為若翰的特點，傳統
因此將他和許多同名的希伯來人區別開來，在他的名字前加
上「施洗者」稱號。洗者若翰，福音作者們就是如此介紹他
的，約瑟夫也說他是「被稱為洗者的若翰」（《猶太古史》18,
116）。

2.若翰的宣講

若翰對來尋找他的人所給的建議，正好說明他的神學
觀。如果多數人認為贖罪日（yom kippur）和在聖殿中舉行的
贖罪儀式不夠，有人會認為，還有以色列的先祖們掙得的功

續庇蔭。一般說來，亞巴郎和其他先祖的功績將澤蔭後代子孫，也就是所有希伯來人都能受惠。但是若翰排除悔改後洗淨以外任何除罪形式的可能。任何代禱、轉求的可能性，都被拒諸門外[1]，每個人都必須為自身的缺陷負責。

　　若翰也給實踐上的建議。不論何時何地，急切尋求接近上主的人，都擔心自己的倫理行為合不合格，向若翰求助的人也不例外，請他給予行事為人的建議。人們一如往常地因為日常生活難以符合理想的法律規範，心裡忐忑不安。就像稅吏深感內疚，卻又無法放棄他的工作；還有像是從軍的士兵，他們完全認為自己主要是以暴力的方式盡工作本分。若翰不鼓吹英雄主義，而是強調合理的生活。棄世絕塵的生活只有他，或許也有追隨他的門徒需要如此。若翰根本無意紓解社會張力，他建議稅吏和士兵打消英雄式捨棄職業的念頭，繼續在與希伯來社會的矛盾中執業、製造與羅馬人之間的裂痕。

　　個人必須負責的罪，為若翰而言不是抽象概念、一個群體的共同責任，而是個人在一個社會環境裡實際的違犯行為。所以他告訴稅吏，不要向市民索取逾越政府機關授予他們權限規定以外的財物；相同標準，士兵們也被告知要對自己的薪俸感到滿足，不可將向任何人強行勒索視為理所當然。在所有這些規勸之上，若翰還說了一個基本的行為準

1.代禱、轉求的觀念在耶穌時代十分盛行（《索福尼亞默示錄》和《寓言之書》）。我支持為亡者（以及亡者為生者）祈禱的可能性。《哈諾客書》斯拉夫譯本持反對意見。文本中通常會作區別的：《厄斯德拉》卷四承認可以為生者、但不能為亡者代禱；《巴路克默示錄》敘利亞譯本認為代禱、轉求是過去的一種特權，如今不再可能。

則：「有兩件內衣的，要分給那沒有的；有食物的，也應照樣作。」（路三11）這是愛近人的誡命，所有基本生活規範的中心。[2]為了得救，一個社會不需要按照烏托邦的理想來打造；只要每個人都扮演好自己的社會角色，在一切生活需要上都以遵守天主的法律來應對就夠了。不過即使如此，也是夠理想化的了。

雖然若翰不是宣講革命思想，可是群眾經常簇擁包圍著他，因為他而群情亢奮，已經引起執政當局的懷疑和忌憚。根據約瑟夫的說法（《猶太古史》18, 118），群眾似乎願意聽從若翰的一切吩咐。然而實際上沒有任何一場動亂可以歸咎於若翰的宣講，表示他從未煽動群眾反對執政當局。

不論如何，爭議仍是存在的。福音作者若望記載了一次猶太人──極可能是法利塞人──與若翰關於取潔禮的爭辯（若三25）。一個法利塞人能夠接受若翰的建議，但是違犯誡命造成身體不潔，卻是難以理解的事。法利塞人與若翰門徒對於取潔禮的問題做了什麼爭論，我們不知道；但是他們雙方對「潔淨」的理解肯定是不同的──非常地不同。還有若翰的門徒因為忌妒進而抗議跟隨耶穌的群眾：「曾同你一起在約旦河對岸，你給他作證的那位，看，他也施洗；並且眾人都到他那裡去了。」（若三26）

門徒之間存在著比較和忌妒的心理。但是若翰宣講的基石之一，正是他確信將有一人要來，而且他要以比水更有力

---

2. 愛近人的誡命是基本規範，如此信念也可見於《本雅明遺訓》（*Testamento di Beniamino*，西元前第二至一世紀）及《哈諾客書》斯拉夫譯本（西元第一世紀的古老修訂B中）。

量的方式施洗。若翰堅信將有一人要為此目的而來。（瑪十一
3 和路七 7, 20）

3.「要來的那一位」：默西亞（彌賽亞）

　　當若翰幾位門徒特意前去詢問耶穌是或不是人們期待的
默西亞時，耶穌一聽就懂了他們的問題，但是在他們的問句
中並沒有出現默西亞一詞：「你就是要來的那一位？」（瑪十
一 3 等節）為什麼若翰的門徒要如此迂迴地問，而不直接說出
默西亞一詞呢？

　　期待上主派遣一位救主來拯救祂的子民，是希伯來宗教
的一個典型特徵。這位救主，我們都稱他為「默西亞」。「默
西亞」一詞發音和希伯來文 mashíah 相同，簡單地表達「受傅
者」。以色列和其鄰近國家皆舉行這個古老儀式：在一位君王
登基加冕的隆重時刻，為他在額上倒油傅禮。在埃及被施行
傅油的對象是法老、大地之神，某些情況下也會為他們的官
員傅油，同時交付他們職務、任務。

　　傅油禮在西台文化世界同樣聞名，儀式的重要價值或
許略有不同，因為他們不只為君王傅油，一般民眾在特別場
合中也接受傅油。傅油儀式的希伯來意義很清楚：上主，以
色列真正的君王，有形可見地藉著一個人的手，傅抹祂在世
上的代表。所以國王可說是經過君權神授的揀擇，被傅油之
後，以上主之名行事──所以反抗君王等同反抗上主。

　　西元前七〇〇年期間，先知依撒意亞宣布有一位屬於當
時在位王朝、獨特的受傅者要來，他被賦予卓絕的神恩，將

要拯救他的子民，使他們履行正義（依十一1-5）。約莫一個世紀之後，耶肋米亞肯定依撒意亞的預言（耶廿三5）。厄則克耳是具體說出默西亞身分的第一人：「我要為他們興起一個牧人，那即是我的僕人達味，他要牧放他們（希伯來人）」（耶卅四23-24，參閱卅七24-26）。厄則克耳對以色列國王沒有高度敬意，他是流亡時期的先知，認為西元前五八七年耶路撒冷被毀的災難是達味王朝的過錯。因此先知的預言被做了微調解釋：達味是默西亞的原型，由此原型發展成今日我們所知的默西亞形象；不過被期待的默西亞始終是個君王。

　　約西元前五二一至五一五年間，以色列在離開埃及後初期就處於一種二元制的統治下。與政治王權平行的是大司祭，雙方皆有受傅者頭銜，而且都接受傅油禮。魯巴貝耳（所羅巴伯）及若蘇厄（約書亞）這兩位受傅油的歷史人物，像以色列歷來所有國王一樣被傅油。歷史事證助長了時間末期將有兩位偉大受傅者的信念，就像有一位受傅者是國王後裔，也會有另一位受傅者是司祭後裔。這樣的信念直到西元前六世紀末都不曾消失；而對兩位默西亞的期待，幾個世紀之後，在一個人身上實現了。不論如何，眾人所期待的默西亞擁有崇高的權威，也擅以武力震懾人心，鞏固自己的聲望。

　　對照這種默西亞預像，魯巴貝耳，雅威的僕人，可說是個例外。根據第二依撒意亞的預言，魯巴貝耳注定將是以溫和統治而偉大的國王，他要被立為萬民的光明（依四二6）。而且依照第二匝加利亞的預言，將進入耶路撒冷的君王，末世時期的君王，即首字母大寫的默西亞，將是溫和且謙遜的（匝九9-10）。

　　隨後的《瑪拉基亞》（瑪拉基書）先知書（西元前五世紀？）結語透露一位拯救者預像，他受上主派遣而來，要在彼此不合的希伯來人間締造和平。書中說這位拯救者是厄里亞（以利亞）先知，《列王紀》記載他在倏忽間被赤焰燃燒的火車載往天上去了（列下二11）。厄里亞既不是君王，也不是大司祭，但是他有比會死的凡人更甚之處，所以上主才將他從地上帶走、帶到天上和自己在一起。厄里亞雖然不是受傅者，不是默西亞，但他卻是救恩的象徵人物：他受上主派遣到世界上來執行特別的任務。

　　以色列對上主主動干預的救恩期待，自西元前二世紀開始有越加強烈的趨勢，而且被期待的默西亞也有了不同特徵。哈諾客《夢境之書》（約西元前一六〇年）敘述在大審判之後將有一位特別的人物要統領世界。這個人因此是王，卻不是救世者：只有他能統領未來世界，使人因天使的罪而敗壞的本性回復最初的純潔狀態。這是個令人費解的默西亞，因為身為君王，他當然可說是受傅者、默西亞；身為末世人物，他也確實是默西亞，但是他要做的工程卻是在另一個世界，一個惡早已經被毀滅、不復存在的地方。

　　對由天主來的救恩期待也出現在《達尼爾書》中，例如有顆巨石從山上滾落，擊碎這世界中的王國（達二29-35）。但是默西亞的特徵為何，或者巨石寓言中的人代表什麼意義，書上沒有解釋。

　　許多古木蘭殘簡都談到默西亞或默西亞們。古木蘭派肯定期待兩位默西亞：亞郎（或肋未）後裔，和以色列（或猶大）後裔，也就是「司祭默西亞」和「信徒默西亞」。《團體規則》

有段話說，團體依照創建之初即定立的規範生活，但是這些規範的效力只持續到「先知和亞郎及以色列的默西亞們」來臨為止（1QS 9, 11）。從其他文本可以推知，司祭默西亞將是末世時期在職的司祭，而末世時期是以以色列默西亞的到來為標記。有別於司祭默西亞，以色列默西亞將是受傅的歷史人物。司祭受傅者要在最後階段帶領團體，以色列默西亞沒有自己的王朝，但他由上主而生，並且司祭要接納他，知道他不是任何一個平泛的受傅者——首字母小寫的默西亞，而是那兩位首字母大寫的默西亞其中之一（1QSa 2, 11-22）。雖然司祭默西亞只是個平民，但是他的尊嚴與權威高於信徒默西亞（以色列默西亞）；以色列默西亞是司祭默西亞強悍的武裝臂膀。

古木蘭派在這兩種人類默西亞預像之外，還有第三個默西亞預像，他是天上的默西亞，天使長默基瑟德。這位默基瑟德看似光明之子的首領，而且他也和兩位人的默西亞一樣有著「受傅者」的頭銜，只不過他是「以神傅的」（11QMelch 2, 17），可能是為了強調他是純粹精神體。但是有個問題尚未解決：這位默西亞相對於另外二位，他的任務是什麼？似乎是他必須執行大審判，而且在任何情況下，都是他必須執行「上主正義的報復」（11QMelch 2, 7）。

若說這幾種默西亞預像都確定具有宗教特徵，那麼《撒羅滿聖詠》（約西元前七五年）的作者期待的默西亞特徵就是政治性的。這些聖詠的作者在阿斯摩乃王朝的逼迫下，必須逃離耶路撒冷。對他而言，阿斯摩乃人無異只是王位篡奪者，因為除非是正統的偉大君王後裔，誰也不能登上達味寶

座。所以誠如所見，聖經記載的偉大默西亞主義並未消失，仍有人期待以色列將從達味後裔出現一位領袖，他要率領以色列與羅馬人及支持他們的希伯來人作戰。

最後一種默西亞預像，他是上主在時間之前已經創造的奧祕人物，肩負在歷史中保護義人，以及在時間末期以上主之名執行大審判的任務。這種預像下的默西亞是西元前第一世紀最後幾年完成的《寓言之書》的主人翁。我們將在之後論耶穌與人子的章節中，對這種默西亞預像再作說明。

我們可以看到，耶穌時代人們對默西亞有不同類型和不同功能與目標的期待。不清楚默西亞是單一個人，還是由多人分擔默西亞的職務；甚至他是被賦予特別神恩的凡人，還是天使一樣的存在，也不清楚。唯一能夠肯定的是，將有人來，把上主的救恩帶給希伯來人；但是連救恩只帶給希伯來人，或是帶給所有人類，同樣不清楚。

4.「要來的那一位」：若翰宣講的默西亞

我們試著摸索若翰腦海中「要來的那一位」是什麼樣子。《馬爾谷福音》記載若翰說自己以水施洗，而「要來的那一位」將「以聖神施洗」（一 8）。《瑪竇福音》（三 11）和《路加福音》（三 16）再加上「以聖神及火」施洗。對照馬爾谷的記載，施洗加上「火」這個元素也帶來了問題。若翰如何看待默西亞？他如何以聖神使人潔淨？又或者，如何以火使人潔淨？在上主的神中淨化是無痛的恩寵，在火中的淨化則是焚燒殆盡。

一般會認為「火＝聖神」這個等式源自基督徒傳統，但是在基督徒傳統中，聖神的火並無毀滅之意；而若翰相信斧子已經放在樹根上了，當要來的那一位來到之後，就要將從穀米分出來的糠秕焚燒殆盡。

由此可見瑪竇和路加的寫作參考兩個傳統：一是馬爾谷傳統，其中有「神」這個字；第二個傳統則有「火」字。我依照第二個傳統的版本，因為它與若翰的警語相符：斧子已經放在樹根上，以及火要燒掉糠秕，這兩句話所在的段落表達一個連貫的主題。而馬爾谷傳統的說法是福音作者從基督徒的視角詮釋若翰，為證明他在若翰身上看到基督啟示開端的神學觀點。再者，馬爾谷傳統對於在聖神內的洗禮隻字未提，為福音作者而言，若翰只是傳報耶穌的先聲。

無論如何，經由聖神而來的贖罪觀念，存在於近期的希伯來傳統中，如同上主將遣發毀滅之火、惡的毀滅者，為預備美好的世界一樣。

罪只能經由上主的神得到補贖的觀念，已可見於古木蘭的《團體規則》中。文件也表示，同一個人在聖神的行動之後，需要身體的淨化（1QS 3, 6-9）。「正是因著上主真理團體的神，所有人類的行為、行為的罪，得到了補贖，如此他才能夠默觀真理之光。因著（建立）在他真理之上的團體的聖神，他所有的罪愆都被淨化。他的罪將在公義與謙遜的精神中得到補贖。因著他在上主所有誡命之前表達謙遜，當清潔的水灑在他身上、懺悔的水使他聖化時，他的身體也將被潔淨。」但是由於和團體的實際需要密切關連，此處對聖神的觀念和福音作者們的並不相同，任何情況下皆是聖神做的補贖與淨化。

同樣在《團體規則》之後的段落也表示：「到那時候（末世時期），上主將經由祂的真理（Sua Verità）淨化人類所有作為，並且藉著他淨化所有人類本質；藉著聖神使人從一切惡的行徑中得到淨化的同時，自人體內摧毀每一個惡的精神。他會將如晶瑩清澈水流般的真理之神澆灌在人身上，（為了潔淨他）從一切令人憎惡的謊言，（在當中）他被不潔之神污染了。他將教導義人認識至高者，教導行為完美無瑕者天使的智慧，因為他們是上主為了締結永恆盟約所揀選的人。亞當的榮耀全（歸於）他們。惡將消散無蹤……」

古木蘭派認為罪在兩個時間點上會被消除：即那關於個人的，和那末世時關於全體人類的。第一個時間點與個人在歷史中得釋放有關；第二個時間點是末世時，惡將被消滅，人要被聖神淨化。但是在古木蘭團體裡看不到火的記載。火是淨化者與毀滅者的預像，反而可見於哈諾客傳統的《寓言之書》，只是它更像末世時期的懲罰刑器（地獄），有煉淨的意思。《夢境之書》也說舊時代要被火焚燬後墮入地獄（Geenna，參閱1H 90, 28）。

若翰口中「要來的那一位」默西亞，必要摧毀惡，顯然也包括惡人，方能使世界得到淨化。所以他警告：「斧子已經放在樹根上了」。伴隨「要來的那一位」到來時的是毀滅。所以若翰呼籲人悔改及受洗，更像是對「要來的那一位」將做的恐怖行動先做防備。當「要來的那一位」來臨時，那些沒有悔改也沒有被潔淨的人就有禍了！「要來的那一位」，他拯救之前必須先施以毀滅；與其說他是救主，豈不更像是嚴厲的判官。

馬爾谷似乎以自己的救恩史觀詮釋若翰，天國隨著若翰的登場已經開始實現，所以若翰與耶穌二人宣講的基本路線不能分歧。若翰為默西亞 —— 納匝肋人耶穌 —— 預備道路，他將以聖神施洗，而非摧毀；被摧毀的正是他，而非惡人。

5.不潔

若翰對於罪會產生污點的觀念，背後有著長久的歷史淵源，根植於傳統對不潔的看法。歷代所有希伯來人都知道不潔的存在，因為聖經經常提到它。耶穌時代人們對罪的討論，集中在它的本質和它對人的影響：如果罪是真實的自然力量，那麼戒避食用一些動物、甚至不與牠們接觸，可說是上主的指示，為防止人作惡；這是一種上主的神聖教學法。

耶路撒冷的司祭們揉合了一個古老信念，自然界中存在一種名為 tamé 的「不潔」力量。這個力量真實附著在某些生物體內，透過一些機會，能夠轉附到包括接觸者身上。這個對人而言的危險力量，特別會附著在爬行動物體內，和與爬行動物形體類似的魚類中，像是所有無磷的魚。更進一步地，人生週期也是不潔的：使產婦不潔的生產、夫婦的性結合、亡者的屍體。作為生命之本的血液最為不潔，所以禁食任何未放血動物的肉。

《肋未紀》與《厄則克耳》先知書的記載，幫助我們了解不潔觀念在希伯來聖經中的地位。厄則克耳教導說：「（司祭）應教導我的百姓區別聖與俗，知道潔與不潔。」（則四四23；參閱肋十10）這是一種非黑即白的二分法：一方面是聖

與俗的對立，另方面是潔與不潔的對立。這種二分法適用於一切事物、生物和生活境況。

聖被視為直接與上主相關的力量，和所有屬於聖的事物，如約櫃、聖殿，以及禮儀使用的物件。古老的傳統相信：凡接觸這神聖力量的人必死無疑。當上主在西乃山（西奈山）上把法律交給梅瑟時，祂吩咐梅瑟去告訴準備衝上山的百姓如何避免因褻聖而遭殃（出十九10-15）。當先知依撒意亞意識到上主在他眼前時，他放聲吶喊：「我完了！」（依六5）烏匝（烏撒）誤觸上主的約櫃，被擊死亡（撒下六6-7）。從這些事例看來，真正接近上主極其可怕。

不潔是一種聖的消融，雖然沒有致人於死的能力，卻必然奪走人的力量。為此緣故，沒有tamé的純潔狀態，對於將置身險境的人必不可缺。聖經記載了一些類別的人特別需要保持純潔：旅人、軍人，以及特別是當班獻祭的司祭，因為他將接觸上主的神聖。當司祭必須面對死亡的極致風險時，他必須盡可能地保持絕對的純潔。

耶路撒冷的司祭制定一切與不潔相關的規定，將這些規定編入法律中，凡是好的希伯來人都應當遵守：避免給生命與社會製造非必要的不潔，例如吃帶血動物的肉；需要依照規定，針對日常生活中的不潔潔淨自己，這些規定可能還是告誡成分居多。例如：生育孩子是件好事；埋葬亡者是不可規避的責任，而且應心懷哀傷。但是性行為和接觸屍體雖然會造成汙穢，卻不可因此拒絕生育、拒絕埋葬亡者；只要按照法律規定取潔就可以了。

本章已經提及，有人會將不潔與過犯連結在一起，罪包

含不潔，削弱人的力量。占老的依撒意亞如此認為（依六7）；
近期的發現，古木蘭派的成員直接認為不潔與罪是等式概
念。他們相信人自母胎受孕時已經是罪人（1QS 12〔之前是4〕
, 29-30），因為不潔已經遍及整個自然界，因此人與生俱來即
帶有罪。唯一使人擺脫這宿疾的解決之道，就是加入古木蘭
教派，讓寓居教派內的上主之神淨化他（1QS 3, 6-7）。這是
個極端方法，但是清楚說明部分以色列人如何將不潔與罪的
觀念連結起來。

　　若翰不似古木蘭派那樣極端，不過他應當知道他們的
教義，並且保留了他們對不潔與罪的觀念。凡是違犯法律的
人，都是被玷汙、不潔、沒有能力也不被允許接近上主的
人。不潔被排除在上主之外，因此他既然是個罪人，罪人即
使悔改後也沒有能力接近上主。為此需要洗禮，洗禮是淨化
的方式，能夠卸下罪人窒礙且可怕的包袱——不潔。這種對
不潔與不潔是罪的後果的觀念，與《肋未紀》不同。《肋未紀》
說大司祭一年一度清潔因希伯來人的過犯與不潔而被污染的
聖殿：取潔的是聖殿，不是個人。對於相信罪使人不潔的人
而言，問題仍然存在。

　　為此緣故，若翰認為有必要提防各種形式的不潔，因為
不潔阻礙人接近上主，阻礙上主接近人。這樣的想法促使若
翰避免吃到他人碰觸過的食物，因為不潔可能隱藏在任何人
與人的接觸中。很難保證一塊麵包沒有被身染不潔的人碰觸
過；野蜜就肯定沒被人碰觸過，一定是純潔的，曠野裡的蝗
蟲也是一樣的道理。一個人獨處的曠野成了若翰最喜歡的、
與上主來往的地方。

　　約瑟夫在他的另一本著作、他的自傳中，簡短談到另一個以純潔生活作為接近上主之道的人物。這人名為巴諾，「在曠野裡生活，以樹葉為衣，以大地的自然生產為食，日夜經常以冷冽的水洗滌為了潔淨自己」(《生平》〔Vita〕2, 11）。

　　但是並非所有猶太教宗派都像匝多克派那樣重視不潔的分量，而古木蘭派比匝多克派還猶有過之。不潔的分量在哈諾客派中輕了許多，他們只是謹慎地不吃帶血的肉。而在像《寓言之書》那樣的書中，不潔甚至不存在。耶穌時代的人們對不潔有著範圍廣泛的意見，也各依己見去符合梅瑟法律對潔淨的誡命。

　　從耶穌聽了若翰宣講之後的行動判斷，他應該完全接受猶大社會已經被惡嚴重侵襲的想法，罪已經成為以色列得救的障礙。然而耶穌應當很清楚，他不能留在曠野裡等所有人來；他必須走向人群，必須克服若翰為了潔淨而與世隔絕的生活侷限：醫生若不接近病人將無法醫病。耶穌的使命和若翰一樣是醫治，但是若翰的方式緩不濟急、不夠完善；而且他以水洗的方式，是否真足以有效去除罪的汙點？雖然赴見若翰的人很多，和罪的覆蓋率比較起來卻微不足道。人和上主的關係持續因為罪的頑劣而受到威脅。

　　另一方面，要克服不潔是阻礙人接近上主的力量這個問題，意味著要度與若翰相同的生活方式，意味著接近上主並非是純潔就可以達成的事實。當然，義人不需要救恩（谷二17），罪人才需要。但是罪人與上主的關係岌岌可危，連懺悔都可能不足以補救，因為還留有罪的印記。或者，更好賦予「潔淨」一個與若翰徹底不同的觀念，如同耶穌之後的教導：

「心裡潔淨的人是有福的，因為他們要看見天主」（瑪五8）。
耶穌認同若翰潔淨之道能夠「看見」天主，純潔使人能夠接觸
到天主，但是「潔淨」為耶穌而言卻有不同的意義，我們將在
第六章詳述。

若翰並未將自己的生活規範強加給來尋訪他的人，這只
是若翰個人，或許還有他的門徒遵循的生活方式。正是這種
純潔，使若翰在其他度相同生活風格的人當中，達到更高境
界。至潔的理想是若翰生活風格的奠基石，使他明顯與眾不
同，然而這種不同也可能成為他與人之間的隔閡。

對耶穌來說，是的，純潔是一條使人看見天主的道路，
但這是一個向所有人傳報和提供給所有人的生活理想。耶穌
對潔淨的觀念，並不阻止他置身群眾之間，耶穌說的純潔是
另一回事。

6.天主子與人子

耶穌去見若翰，若翰此前已經預言過，將有一位比他
力量更大、能力更強的人要來，他連給那一位解開鞋帶也不
配。耶穌現身約旦河畔的人群間，接受浸入約旦河的洗潔
禮。當他從水裡出來時，聽見天上有個聲音宣布他是天主子：
「你是我的愛子，我因你而喜悅。」（谷一11；瑪三17；路三
22）從經文看來，天上的聲音被聽到了，即使不是其他人，
至少耶穌和洗者若翰聽到了。在福音作者若望的描述裡，若
翰見證了聖神從天上降下，停在耶穌身上（若一32）。就在這
一刻，耶穌得到啟示，他被賦予非比尋常的使命，或至少他

對此深信不疑；也是自這一刻，耶穌開始召叫門徒跟隨他（若一 37-40）。

天上的聲音揭示了一個人們未知的事實，為人的耶穌也需要，至少是對他的確認，天上的聲音對耶穌說：「你是」，而非「你成為了」；而且，天上的聲音不是簡單地說「兒子」，而是說「愛子」（figlio prediletto）[3]，這意味著在天主的計劃中，沒有其他兒子與耶穌地位相同。

一個耶穌時代的希伯來人會如何理解「天主子」的含意？「天主子」一詞有其字面上的客觀意義，但是人們也有共識，「天主子」也暗喻那些由天主揀選或特別良善、與天主關係獨特的人。

希伯來傳統中，不是僅有一種實體存有稱為「天主子」。能被稱作「天主子」的有天使[4]、希伯來人集體[5]、以色列國王，不過末項很清楚只有在新王登基的時刻才被稱為「天主子」[6]。義人也可以被稱為「天主子」[7]，事實上從耶穌的時代

---

3. Prediletto 的希臘文意只是「被愛的」，但是它的最高級形式已經說明無可比擬的意思。這個希臘文源自希伯來原文，而希伯來文中，這個字沒有最高級形式，不過根據上下文就可以了解其意。

4. 創六 24；申卅二 8；詠廿九 1、八九 7；達三 25。以及 1H(LV) 6, 2，該處的表達是「天之子」。

5. 出四 22；耶卅一 20；歐十一 1；申卅二 5-6, 18-19；《禧年之書》1, 24-25；《撒雁滿聖詠》17, 26-27。以及在《父親之章》（Pirqe Abot）3, 14（西元前三世紀）裡，希伯來人被叫作「天主子女」，因為他們是被愛的。

6. 撒下七 14，以及一些君王登基典禮時使用的聖詠，它們因此被稱為登基聖詠，如詠二 7（「我今日生了你」），或詠八九 27-28（「你是我的大父……我要立定他為首生子」），或詠一一○ 3 個間接而類似的表達（「曉明之前，我已生了你」）。

7. 《德訓篇》希伯來文本四章 10 節寫說：「上主將稱你（凡愛孤兒與寡婦的）為子」，同處章節希臘文文本寫說：「你將是至高者的兒子」，兩個文本有些不同。《智慧書》寫道：「如果義人是天主的兒子，天主定要幫助他。」（二 17-18）

開始，這個用法蔚為主流，斐羅[8]與《塔木德》[9]皆有所記載。由此可知，這個表達在耶穌時代的希伯來人當中有著廣泛意義，與被指稱對象的本質無關。天使和君王，希伯來人集體與特別是義人，都能以此方式稱呼之。在耶穌的時代，這個詞彙或許特別用來指稱義人。所以福音作者才會加上形容詞「最愛的」，呈現完全獨特的價值；因為福音作者很清楚，單就「天主子」一詞不足以說明耶穌非比尋常的地位。藉著加上「最愛的」，表達耶穌超越所有可能的「天主子」，他是天主最鍾愛的。

天上的聲音對耶穌說：「你是我的愛子」（谷一11和瑪三17），這為耶穌和若翰而言都可能意義重大。為若翰而言這是一個記號，他等待的、不以水而將以更強大力量施洗的那一位，就是耶穌；為耶穌而言，他意識到自己的身分，與身負的使命。

然而耶穌最常用來稱呼自己的是另一個形式——不是「天主子」——是「人子」，就連這個形式在希伯來人聽來也有崇高的地位。如果說「天主子」在基督徒傳統的理解中，高於耶穌時代的希伯來人的理解，那麼「人子」在我們耳中聽來的卑微程度，就低於耶穌同時代希伯來人的認知了。

所以，讓我們旁置「天主子」一詞——也因為耶穌不曾以此自稱——先探討當耶穌自稱「人子」時，他同時代的人

---

8. 斐羅將所有善人皆稱作「天主之子」（《論特殊法》〔*De Specialibus legibus*〕1, 318；《論清醒》〔De sobrietate〕56）。
9. *jQiddushin* 61c：當希伯來人守法律的時候，他們被叫作「天主之子」。《父親之章》3, 14：希伯來人被叫作「天主之子」，因為他們是被愛的。

如何理解？

　　在我們看來，「人子」像是個別號、暱稱之類的，但是耶穌以「人子」自稱，他想表達什麼？

　　耶穌前幾個世紀的達尼爾先知，他談到自己的神視中出現一個人物，先知描述這個人物是「相似人子者」。經文如此記載：

　　我仍在夜間的神視中觀望，看見一位「相似人子者」，乘著天上的雲彩而來，走向萬古長存者，遂被引到他面前。他便賜給似人子者統治權、尊榮和國度，各民族、各邦國及各異語人民都要侍奉他；他的王權是永遠的王權，永存不替；他的國度永不滅亡。（達七13-14）

　　從希伯來文的詞彙和語法看來，所有格「子」在一個名字之前，意義與複合後的名詞大致相等。「人子」這個例子，別具意義的僅在於「人」。所以先知的說法是為了表達一個本來不是人，只是在神視中以人的形象──「相似人子者」顯現。本來是先知預言古老的表述方法，後來成為末世文學以象徵使現實訊息具體可見的共同特徵。當耶肋米亞先知（始於西元前六世紀）要解釋哪些是被上主揀選，哪些是被上主拒絕的希伯來人時，他採用好與壞的無花果來比喻（耶廿四）；當厄則克耳先知要講述巴比倫、埃及，與以色列王國傾頹的原因時，他運用兩隻大鷹和葡萄樹說寓言（則十七）。在先知的神視裡，現實事件被象徵概括轉譯，因為象徵包含作者對事件的理解，又超乎事件的表象範圍。神視中的每個象徵總是

隱藏一些往後才能明白的訊息，由讀者或聽眾將神視中的相關要素應用到對應情境中加以詮釋，也可能進一步發揮再詮釋。

　　而且，神視或至少神視中的要素，經常已經經過作者或作者同時代人的轉譯。有時這些轉譯後的說法，我們會認為「真實性不足」；因此，需要今日的讀者去掀開古老用語的面紗，深究後才能了解其意。我們很幸運，因為達尼爾先知的例子，不論是作者或是他的轉譯者，都清楚說了神視中顯現的是「相似人子者」。《達尼爾先知書》七章27節則說明了：人子是「至高者的聖民」象徵，簡單地說，人子代表「希伯來人」。

　　然而神視中的人子形象力量如此之大，以至於最終被當時一些宗教思想潮流誤以是現實存在的人物。西元前三〇年左右成書的《寓言之書》可為例證，我們在這本書接近書尾部分（1H〔LP〕71, 14）得知，主角人物哈諾客有三個頭銜：「義人」、「被揀選者」，以及第三個也是最崇高的「人子」。書中所說的這位人子彷彿實際存在，他是上主在時間之前、至少是在第四天之前的造物。上主將所有法律隱而未宣之事都交給了他，他在歷史時期中要保護義人，並在最後執行大審判。極可能並非所有希伯來人都相信這號人物的真實性，但是所有人都應當知道這件事。

　　以下是《寓言之書》一些描述人子本質與他受造目的的段落：「在那一刻，人子被召喚接近諸神的上主面前[10]。他的

___
10.「接近」與「面前」經常是施動者補語的說法，強調動作者主動。當施動者是天主的時候。這句話的意思是：「上主呼喚他的名字，亦即使他存在。」

名字面對曉明之初；甚至在天際星辰受造之前，他的名字已被
召喚於諸神上主面前（即被上主召喚）。他是義人的棍杖，義
人依靠他，不致跌倒；他是萬民的亮光，是心靈憂苦者的希
望。所有塵世居民都要屈膝朝拜他、讚美光榮他，歌頌諸神上
主的名。為此，這位被揀選與被隱藏（即他的存在尚未被揭
示）在上主面前（即被上主），甚至在世界受造之前……那時
候（世界終末），地上的君王和在地上統治的強權者，都要因
為他們雙手的作為垂首而立，因為在他們苦惱與受難的日子，
他們無法拯救自己。」[11]（1H〔LP〕48, 2-8）

　　人子的審判將嚴厲制裁世間的權勢者：「這位人子要把君
王和權勢者從他們的家中驅趕出去，將強權者拉下他的寶座；
破除強權者的勾結，粉碎罪人的唇齒；將君王從他們的王位和
國度中推翻，以免他們在交付給他們的國度中被舉揚、被光
榮、被致以敬意。」[12]（1H〔LP〕46, 4-5）

　　另一方面，如果人子的審判如此嚴厲地問責世間強權，那
麼他對所有卑微和受壓迫者應是仁慈憐憫的，至少對那些最終
仍卑微承認自己是罪人的人應當如此，他將給予他們寬恕。

　　現在耶穌以「人子」自稱，三部對觀福音都證實耶穌明
確表示這是他的名號和他的任務，我們再對照前文提及的《達
尼爾先知書》經文段落。在公議會前的審問過程中，大司祭
問耶穌是不是默西亞、天主子？耶穌回答同時再次宣告自己
就是人子：「我是[13]，並且你們要看見人子，坐在大能者的右

---

11. 義文引用翻譯自 S. Chialà, *Libro delle Parabole di Enoc*, Brescia, Paideia 1997.
12. 義文引用翻譯自 S. Chialà。
13. 關於耶穌承認自己是默西亞，參看後文第十章。

邊，乘著天上的雲彩降來。」（谷十四62）這符合達尼爾先知的描述無庸置疑。若望並沒記載耶穌說了這段話，卻更透徹地釐清耶穌的身分與任務：「父不審判任何人，但他把審判的全權交給了子，為叫眾人尊敬子如同尊敬父……聽我的話，相信派遣我來者的，便有永生，不受審判，而已出死入生……父賜給他行審判的權柄，因為他是人子[14]。」（若五22-27）

所以，在耶穌同時代的希伯來人的理解與詞彙中，「人子」是個尚未被詳細區分歸類的人物，只是曾有個先知——達尼爾——談起過這樣一個人物。哈諾客派神學注意到這個人物形象，說他是上主在時間之前的造物、大審判時的審判者。教會則將達尼爾先知神視中的人物視作耶穌的預像。

福音作者若望編寫的經文結構，完美地表達他對這先後兩種解釋的領悟。耶穌是子，而天主將審判的權力交給了子；至於人子，人子是在最終、決定性的大審判中被看見的形象[15]。

對「人子」的信念已經存在，恰當地說明耶穌為何選擇這個名號來向自己同時代的人和全部歷史介紹自己：這是他能夠藉以說明自己，也最接近事實的名號。耶穌之所以能赦免罪過，因為他知道自己的身分超乎人類，並且擁有那著名神學觀所闡述的「人子」的能力。清楚界定耶穌超性身分是日後教會傳統的任務，西元三二五年尼西亞大公會議（Concilio

---

14. 這個字在希臘文中未加冠詞，這是可以解釋的，因為「人子」是名詞謂語，希臘文的名詞謂語前不加冠詞。此外，在福音書中，「人子」總是指一位人物，而不是一個人。《馬爾谷福音》二章28節是個例外，該節經文「人子」確實是指一個人。
15. 天主不會親自主持大審判是哈諾客派的神學觀念。西元前一世紀中葉寫成的《哈諾客書信》（1H〔EE〕91, 15）認為大審判中的審判者是天使們。

di Nicea）完成了這個任務。不過耶穌對自己的本性超乎人類，以及以獨特的方式身為天父之子的自我認知，在福音書的記載中已經昭然若揭。

第三章

耶穌與若翰

1.耶穌離開若翰

　　耶穌曾在約旦河岸停留一段時間，多久我們不知道。根據福音作者若望的描述，耶穌的第一批門徒從這裡開始跟隨他，他們之前已在洗者若翰左右，並持續為人施洗──是他們，不是耶穌（若一37、四2）。

　　之後耶穌轉身離開約旦河與若翰。如今耶穌已經知道自己是「愛子」，他在約旦河岸聽見了天上的聲音對他說：「你是我的愛子，我因你而喜悅。」（谷一11；瑪三17；路三22）若望藉著若翰的口，讓他看似預知耶穌的死亡與復活：「看，天主的羔羊，負載'世罪者！」《若望福音》顯示後驗詮釋的筆法，在死亡及復活之光的照亮下看待耶穌生平事件；而對觀福音，尤其是《馬爾谷福音》，所有神學觀的表達都更加直

---

1. 希臘語 ho àiron 意為「那舉起者、興起者」，推測是譯自希伯來語 nosé 一詞，給人一種將某物舉高於自己的視覺畫面。

接，幾部福音的敘事方式皆是如此。

　　儘管各部福音書存在細節上的差異，一個核心訊息仍從中浮現：耶穌在與洗者若翰相遇之後，首次意識到自己的使命與身分。耶穌懷著這樣的自我意識進入人群中宣講，尤其是為了完成他由父接受的使命，當時他並不完全明瞭自己的使命內容，直到他告訴門徒人子必須受苦的時候，他已經對自己的使命全貌了然於胸。

　　耶穌離開若翰的決定，同時意味著他放棄一種特定的生活風格：放下孑然獨立、曠野和曠野棄世絕塵的一切，這一切原是若翰為了實現理想不可或缺的部分。若翰追求的絕對純潔，在耶穌看來應該是個偽理想，一條並不通往天主的生活之道。耶穌連若翰對「要來的那一位」的說法也不認同。聖經記載的，不是期待一位來毀滅的默西亞，而是強調拯救：《依撒意亞》中讀到，默西亞為王時，將有無限的平安（依九6）；耶肋米亞先知談到一個新盟約，屆時上主要將法律寫在人的心頭上（耶卅一33）。上主預許的是救恩，不是毀滅。耶穌的使命將翻轉若翰宣講中的那位默西亞形象。

2.洗者若翰背景中的耶穌

　　現在我們試著了解耶穌的自我意識是什麼？他如何解釋自己的默西亞身分？了解耶穌如何自我詮釋，以及他可分作兩階段進展的使命計劃，這樣一來，我們對聖經的一些面向的理解會更加清晰的。

　　福音作者已經必須根據他們記憶中的耶穌生平事件和言

談，來解釋他的默西亞身分。對觀福音——特別是《馬爾谷福音》及《瑪竇福音》——的記載，耶穌讓自己的默西亞能力漸進式地發展和展現出來。從耶穌離開若翰的這個行動，輕易就能推斷他並非完全認同若翰的宣講，認為它不夠完備。耶穌走向人群則顯示一種與之前迥異的生活風格，一種對自己與他人的關係的不同理解。

　　若翰曾經宣講悔改和取潔的洗禮，但是這種洗禮在耶穌的宣講中，沒有續存的空間。如果教會重新採用洗禮作法，也已經是以耶穌之名施洗，在意義上不同於若翰的洗禮。福音作者若望在耶穌與尼苛德摩（尼哥德慕）的對話經節中談到基督徒的洗禮：「我實實在在告訴你，人除非由水和聖神而生，不能進入天主的國」（若三5），水的洗禮是在聖神內重生的具體標記：「我實實在在告訴你，人除非由上而生，不能見到天主的國」（若三3），基督徒經由洗禮進入聖神內的生命。

　　若翰主張先懺悔後洗禮的整個拯救系統，耶穌都不接受。他反而提出並實行另一個更巨大的系統。但是對此議題的專門答覆，我們無法溯及耶穌，只能以他之後的言行舉止為主要參照。耶穌將默西亞會藉著消滅罪人來制勝惡的觀念置於一旁，心無旁鶩地致力實現自己的使命，宣講著不斷在他眼前開展的使命；從對觀福音作者對材料的安排上，看起來是如此。耶穌的死亡預告只出現在他宣講生活的某個時刻，死亡被視作他使命完成的必然結果；然而對我們而言，死亡與復活不只是耶穌宣講內容的基本要素，更是基督信仰的存在本質。

3. 閱讀福音時

　　福音無助於重建耶穌宣講的步驟順序，雖然福音都是歷史文獻，敘述發生過的事件。看來基督徒早期傳統——多大程度出於口傳，多大程度出於文本依據，永遠都無法確定——的作法，是將耶穌的生活片段和他的逐一教導，像一片一片的許多紙片，由福音作者適應信仰團體的需要加以編排、潤飾後，向他們闡述耶穌。因此注意力的焦點經常落在個別章節、個別比喻；其中最具獨特地位的是耶穌在世上度過的最後一週的描述。

　　如果在馬爾谷寫福音之前不存在其他範本，那麼他可以說是一般「福音」文體的創始人，其他福音作者能夠或者從馬爾谷、或者從傳統的個別「紙片」汲取原始資料；這些「紙片」有一部分已經被收集成耶穌言論集（專業術語稱作「Q源流」）。這份語錄已經失傳，但是瑪竇和路加的福音證實了它的存在，這兩部福音包含一系列馬爾谷未知的耶穌語錄。

　　另一件事也是肯定的，即當一位福音作者開始寫作時，他對「耶穌是誰」，耶穌一生為他和他的教會有何意義，已經有了自己的答案。同樣可以肯定，福音作者為了寫作必須查找參考資料，使用所謂的「Q源流」。假如有人在明知其他福音文本存在的情況下再寫一部福音，這或許表達了他有不同於第一位作者看待耶穌的視角，覺得有必要說明、解釋自己的觀點，為耶穌作見證；也或許是受到自己教會團體的推動。

　　然而每部福音都有一位作者，不論是託名，或是我們無法辨識以他為名的福音作者確切是何人。福音作者若望與《默

示錄》作者若望是否是同一人？讓我們放下這些必然又沒有確定答案的臆測，以它們的現狀來說。根據基督徒最古老的傳統，四部福音的名稱分別是馬爾谷、瑪竇、路加、若望。雖然有其他歷史作者不採用這些名字，但是無關宏旨，我們的傳統採用這四個名字，重要的是四個名字對應四個人物。福音不是由不同工作者各依所好製作的材料拼湊起來，最後由一位編輯者統整得稍微有點秩序的作品。福音是四本書，只有在孕育這四位作者的生活脈絡中能夠被詮釋與理解。這四位當中的每一位，身上都帶著陶成自己的文化氣質，刻畫著成為基督徒之前的生活歷練，而且每一位都在不同的地方實現自己的使命，也可能是一處接一處地在不同教會間行走。

　　當我們面對福音，尤其是面對對觀福音的敘事時，會得到這樣的印象：內部深層結構交織出一幅神學輪廓，以及對耶穌和諧一致的理解；耶穌的行動與言談，明顯經過作者主題式的連結安排，與今日掌握整個編年順序為前提的歷史重建不同。但是耶穌生平最後一週的敘事，確實呈現某種編年體式的安排。而且關於耶穌的宣講這部分材料，各個福音作者雖有不同編輯手法，耶穌說的第一句話到最後一句話，卻都有著相似的拾級而上、漸次加強力道的聲調，這不是單憑福音作者個人的編輯意向就能辦到的。

　　耶穌在預言自己將受難的言論之後，他產生前所未有的深度自我認知。從耶穌的首次公開宣講，轉向他對所有人做的倫理教導，這些倫理教導出於恆定、不容變異的根基，並且要求寬恕冒犯自己的人；自此進一步邁向愛近人與愛天主如同一體兩面的言論。最後是有關默西亞是天主父的愛子言

論，天主對世界和永生的計劃。如果福音作者們將這些語錄安排在書末，我不認為這是順理成章的結果，而是因為這些語錄可以讓人看出耶穌對自我使命的意識逐步登上高峰。耶穌這種不斷深入又不斷開展的使命意識，可能來自於他們對他的行動和對他的記憶，反思、分辨後的幡然大悟。

　　福音不是歷史性而是神學性的著作，這種說法時有所聞；這時候只要釐清「歷史性」一詞的意義就夠了。如果是按照西方歷史學的標準檢視，部分福音真算不上歷史性；但是以希伯來文寫成的希伯來史書自有其標準，與西方的那套標準不能一概而論。如同馬爾谷的敘述，耶穌生平的初期事件是按照一個特定主題彙整的資料，亦即：耶穌揭示他自己。瑪竇和路加卻是藉著奧蹟性的誕生事件，表達耶穌的本性。所以，他們並未與馬爾谷等量看待他在福音開始使用的資料。雖然他們也知道這些經節資料，但是把它們編寫在別處。馬爾谷從關於耶穌的資料中，選擇那些更能貼切傳達他的認知的片段。在這種情況下，作者的用意顯而易見：讀者有權立即明白書中的主人翁是誰。

　　今日最多人支持的學說，而且經過文本對照強力的佐證，《馬爾谷福音》是四福音書中最古老的一部，接著是《瑪竇福音》、《路加福音》，而後是《若望福音》。瑪竇與路加應該都認識《馬爾谷福音》。除了《馬爾谷福音》，瑪竇與路加還使用另一個資料來源，內容主要是耶穌的言論，學者將它稱作「Q源流」。若望的福音，當然是更晚近的作品，有其許多獨樹一幟的特徵。

　　所有福音作者都有個共識：耶穌的一生必須在他死亡與

復活的背景下去了解和闡釋。關於耶穌有許多要說的事：要
介紹他，也要聽他說的話。我們今日基督徒視為理所當然、
耶穌就是福音作者若望所說的「聖言」──尼西亞大公會議確
認的天主聖三中的第二位──對耶穌的第一批追隨者來說，
其實並不是如此清楚明瞭的概念。若望是在西元第一世紀末
寫成他的福音，尼西亞大公會議更是在此後超過兩個世紀才
召開。耶穌親自揀選並跟隨他的門徒，在他們被揀選時，只
知道耶穌是個非比尋常的老師：他們接受一段新的體驗，這
段體驗仍有待日後反芻思量，但是在他們答覆邀請的這個時
刻，對自己和耶穌的未來，一無所知。若望記載瞎子復明
時（若九6、17），人們問他對耶穌有什麼想法？他能夠回答
的也只有「耶穌是個先知」，也就是天主派遣來的人；除此之
外他一概不知，也無法回答。

　　閱讀福音記述的耶穌生平章節，應該會幫助我們重新
發現耶穌。他從前往約旦河、列身其他雲集的人之間開始，
之後宣講了一條道德誡命，受到欽佩他的人追隨；他在幾
位門徒眼前改變了容貌；他教導富人要進天國比駱駝穿針
孔還難，隨即給予希望：「在人不可能的，在天主一切都可
能」（谷十27；瑪十九26；路十八27），作為整段話的總結；
最終他承諾了他的血要成為盟約之血。隨著持續宣講，他越
加堅定、既全面又深入地實現最終的信念，接受了死亡，成
為天主與人之間的血及生命的連結。

　　如果我們只有一部福音，我們自信能了解耶穌的神學
觀、他對世界和對天主的想法。但是，對於耶穌的思想，事
實上我們擁有不同的解釋版本，每個版本都只帶給我們部分

訊息；只能提供部分訊息這件事，又留下即使想要總和它們都有困難的感覺，希望獲得一個完整全貌也經常不是容易的事。然而這正是由於它們根植於耶穌的偉大訊息。因為耶穌的偉大訊息同時既清晰又奧祕，超越它被宣講時的時空框架。人們能從福音作者傳達訊息的字裡行間得到啟發，進一步形成個人的解釋，然而耶穌的訊息又超越所有個人的解釋。出於人在天主內的信心，對耶穌訊息的解讀，任何歷史中所下的定義都無以完善盡述。

　　只要談到耶穌的宣講，總像在寫一部新的福音，同時又感到不能完全詞盡乎義的遺憾。事實上，我們每個人都有自己對耶穌的理解，這是個人專屬，也因此無法阻止每個人在自己心靈裡寫下他的耶穌福音。耶穌對寬恕的宣講，四部福音皆有記載，但是僅在《瑪竇福音》中，寬恕成為基督徒的行事準則。法利塞人在《馬爾谷福音》中是耶穌辯論的對象；在《瑪竇福音》中，法利塞人是想方設法給耶穌設難的毒蛇種類、是敵人。天主聖神在《路加福音》中有顯著的重要性，其他福音不知其所以然。就連對最後晚餐的敘事也存在差異：雖然四部福音一致承認最後晚餐是確實的，但是若望對建立聖體禮的話和手勢隻字未提。對若望而言，聖體就是耶穌本人，已經在他的生命內，他是自天降下的食糧。對於建立聖體禮的形式，瑪竇說血將為所有人傾流，以赦免罪過；其他對觀福音則不見「以赦免罪過」這句話。耶穌按照希伯來人古老的觀念，以自己的血與天主訂定盟約，至少這一點三部對觀福音見解相同，可是馬爾谷只說「盟約」，另外兩部則說是「新盟約」。

　　顯然對於這個主題差異不算小的敘事中，福音作者們，包括若望，對於事件的發生和意義都是肯定的：耶穌在逾越節的機會上，舉行了最後一次晚餐，他自認是最後一次。我必須說是「在逾越節的機會上」，因為在對觀福音作者的安排下，最後晚餐是耶穌吃的最後一次逾越節 séder[2]，但是若望寫的最後晚餐發生在逾越節之前。不論我們是否意識到這些存在差異，最終仍會依照自己的偏好，眾中選一地側重其中一個證言；即使這偏好也有思考和文本分析的基礎，差異也持續存在著。

　　另一方面，任何史況的重建都無可避免只是單一嘗試，各自有別。認識猶太世界有時幫助我們理解，有時幫助我們合理推論；但是有時候，我們跨出一步仍舊身陷五里雲霧。耶穌在最後晚餐中建立聖體聖事，這是肯定也足以被承認的經文傳統，但是其中仍存在一些問題：耶穌究竟在「盟約」之前，有沒有加上「新的」一詞？如果沒有，那麼「盟約之血」就表達了這個盟約的絕對性，並沒有被另一個「新的」所取代；反之，若是耶穌說的話有加上「新的」一詞，表示他充分意識到自己的所有行動打開了歷史啟示的新階段，這在另一個建立聖體的經文傳統中看不到。

　　我相信即使最古老的《馬爾谷福音》也無法重建耶穌在公開生活中走過的每一步履，那不是福音作者在意的事。不論如何，耶穌在塵世間經歷的事件，有些仍是依照時間順序安排：耶穌僅在與若翰相遇之後，也就是有個特定的時間點，

2. Séder是希伯來語，意思大概是「次序」。「逾越節séder」指的是逾越節餐的禮儀，吃逾越節餐的步驟順序。

才萌發對自己的使命的清楚意識。而耶穌是在開展使命的過程中，決定性地直覺到自己的苦難將不可或缺。在這種意義下才能解釋耶穌使命初期所說的比喻和教導，以及後期的教導。

因此我們可以從福音中看出一條編年的時間軸線，但是這條時間線索僅串連耶穌宣講階段的主要事件，任何人想進一步探究細節都免不了期望落空。文獻沒記載的不能無中生有，但是為此否定文獻價值是因噎廢食。對馬爾谷而言，對其他福音作者想必也是如此，他心中最主要的想望應是了解耶穌的宣講訊息和死亡的意義，並將它們傳遞給信友們與非信友們。馬爾谷擁有一些文本材料（所謂Q源流），不過肯定只是零碎的片段；他也有尚存人世的見證者活生生的證詞。馬爾谷依照自己對耶穌宣講的訊息理解，構想、安排寫作材料；在耶穌的死亡，尤其是死而復活之後，他的宣講在馬爾谷看來具有完全獨特的意義，耶穌的死亡與復活賦予他的宣講獨特的價值。

瑪竇和路加──某種程度上也包括若望──除了初期基督徒傳統流傳下來、零散的文本材料之外，他們還有《馬爾谷福音》可為參考。瑪竇肯定知道《馬爾谷福音》，因為幾乎所有馬爾谷使用的材料，都可見於《瑪竇福音》。

耶穌的苦難與復活，雙雙皆有意義。如果唯獨復活有意義，何必經歷苦難？當耶穌的聽眾聽他講道的時候，一定不知道他會在暴虐下死亡，一定也不知道他會復活。耶穌的首批門徒來跟隨他，相信他是默西亞；卻也正是為了這個緣故，難以理解他的苦難和死亡。為什麼要經歷苦難？是為了

贖罪嗎？僅只於此嗎？瑪竇看來似乎是如此，但是其他福音作者見地更為宏觀。很難用一套公式闡述十字架的奧祕，我們只能越發體悟並承認：天主更加偉大。

福音作者皆強調耶穌對自己將面臨的死亡有自覺。耶穌的宣講和死亡是不可分割的整體事件，一方面它們彼此作證，另方面它們相互說明。耶穌為何必須藉著死亡來證明他的教導？為何只有當預言的結局成為事實，耶穌的宣講才有意義？為何在耶穌受難之後隨即復活？在復活之光的映照下，最大的問題正是如何理解耶穌的死亡。

洗者若翰被視為舊約先知中最大的一位，代表一個時代的完成，而耶穌將若翰的形象與自己連結一起。這位先知以上主之名行啟示行動，預言上主歷史計劃的頂峰。若翰是耶穌的先驅，但不是他的老師，因為耶穌選擇一條與這位最大的先知截然不同的道路。福音作者若望體悟到耶穌的偉大奧祕，所以他不以公教徒習稱的建立聖體聖事作為他對最後晚餐的敘事；為他而言，這是不證自明的事實：耶穌就是從天降下的食糧，他就是道路、真理和生命（若十四6）。這是耶穌死而復活六十多年後，一位門徒將對師傅的記憶反思寫下的最終作品；是已經經過心理功能繁複運作後的反省，不是中性的事件表象。人們捧讀對觀福音同時，就能理解若望的省思。

4.福音成書時間

在我看來，各福音書寫成的時間順序應該沒有錯：最早

的是《馬爾谷福音》和Q源流，接著是《瑪竇福音》與《路加福音》，最晚是《若望福音》。但是若要追問確切的時間點，許多疑點仍懸而未決，而且「確切的時間點」——不只對作者而言——都太無關緊要了。

　　直到不久之前，三部對觀福音都被認為是西元七〇年後的作品。今日，至少知道《馬爾谷福音》是在尼祿（Nerone）皇帝時代成書，所以稍早於西元七〇年。西元七〇年是基本的時間參照點。因為耶路撒冷聖殿被毀於這一年，三部對觀福音記載這件史事是出自耶穌口中的預言，釋經傳統以此為據，主張三部對觀福音肯定都是西元七〇年後的作品。之後到了啟蒙運動時期，理性主義者更將它視為三部福音成書皆晚於西元七〇年的證據，才會讓耶穌說出「史事後的先知話」（profezia ex eventu）。在此應當說明，自西元前一六〇年左右成書的《夢境之書》[3]以降，有關聖經的著作時常載有耶路撒冷聖殿被毀的先知預言。哈諾客派與古木蘭派對此預言深信不疑，在耶穌的時代已經是眾所周知的顯著議題。所以即使如此，仍不足以佐證福音成書的確切時間，因為並不只有

3.《夢境之書》的作者在預言背信的希伯來人（耶路撒冷聖殿的司祭和他們的追隨者）將遭遇的毀滅和地獄之火的懲罰之後，也預視了地獄之火吞噬聖殿（1H〔LS〕90, 28-29）：「我（末世文學的虛構人物哈諾客）站著觀看，直到火焰燃燒那座舊屋（聖殿），屋裡所有橫梁直柱、所有華設麗飾（與上主有關的物品或天使）全被拋出屋外，被烈火包覆。他們將那屋子拔出、拋向地境右方（即南邊）一個地方（火獄〔Geenna〕，原指本希農山谷）。（28）我又看見，直到羊群的主人（上主）帶來一座新屋，比先前那座更加高大，把它放置在那座被火吞噬的舊址上，所有橫梁直柱都是新的，所有華設麗飾都是新的，而且比之前那座舊的、他拋棄的，更加宏偉。全部羊群（那些善良、忠信，倖存的希伯來人）都聚集在屋內……（29）」

耶穌預言聖殿的毀滅。如果必須將判斷對觀福音成書時間的
標準，套用在所有與聖經相關的著作上，那麼肯定不只一本
古老著作，甚至是幾個世紀之前的著作，它們的成書年代都
要拉到西元七〇年之後了。

　　其他用以判斷時間的要素也有相對價值。福音是在教會
團體中寫成的作品，新約聖經相當篇幅，以及福音本身，都
起於並反映作者所屬或相關教會團體的特色或需要。客觀歷
史性鑑別時間的方法，面對聖經這種寫成背景，只會落入惡
性循環。當然，《瑪竇福音》寫於《馬爾谷福音》之後，但是
要確定這一點何其困難。福音書中皆談到迫害，但是即使在
這種情況中，也很難想起說的是哪些迫害。斯德望的時候已
經存在迫害，而且教會內部已經組織化，在《宗徒大事錄》首
幾頁就看得出來。耶穌在與門徒一起度過的公開宣講生活晚
期，他對死亡的自覺，也是由於迫害。

　　總而言之，關於福音成書時間的推測，羅馬聖經學院在瓦
卡里神父（padre Vaccari）時代，使用古典語言學研究方法得出
的假設仍是最合理可靠的。這個假設的基礎在於《宗徒大事錄》
的敘事約於西元六五年結束，作者路加在序言中表示他已經寫
成了他的福音。也就是說，《路加福音》應於西元六五年前完
成。我們已經知道《瑪竇福音》約與《路加福音》同時期，然
而兩部福音對耶穌童年史的敘事完全不同，代表瑪竇並不知道
路加的福音。而《馬爾谷福音》還要更古老。根據這個研究方
法，各部福音的成書時間推估雖然只是假設，但是也不至於脫
離信賴區間太遠。

5.新約聖經的原始語言

　　流傳給我們的福音都是希臘文譯本，多次暴露它只是複製希伯來文版本或阿拉美文版本[4]，兩種耶穌時代的巴勒斯坦居民所使用的閃族語言。閃族語的特徵對希臘文聖經新約的影響不容否認，一般認為主要和《七十賢士譯本》有關。之所以如此認為，因為《七十賢士譯本》遠近馳名，而這個全以希臘文譯入的版本，俯拾盡是希伯來文化色彩。新約聖經正是以這種純粹書面文字寫成。如此形成一些難題，為與耶穌同一生活環境中的人們，要像使用自己母語一樣勤勉不懈地閱讀和通透地理解希臘文寫成的聖經是有困難的。人們會知道希臘文聖經的內容，因為譯出的原文是希伯來文，但是他們不懂希臘文。

　　說明新約聖經中的閃族色彩另一個方法，是承認福音作者也使用希伯來文（或阿拉美文[5]）的原始材料（不論口述或

---

4. 一個普遍且可信的意見指出，阿拉美文是生活口語，希伯來文則是書面語，同期的古木蘭文獻確實呈現這種現象。
5. 福音書寫入少許阿拉美文詞彙，從它們的發音可以辨識。例如 talita qumi（「塔里塔，古木！」見谷五41），或是耶穌在十字架上喊出《聖詠》的話：Eli, Eli, lamma sabachtàni（「厄里、厄里，肋瑪撒巴黑塔尼！」見瑪廿七46，或谷十五34），耶穌當然和群眾說阿拉美文。然而，如果看福音作者使用的敘事語言，會發現希伯來背景可能更加明顯。「謝主曲」（Magnificat）確定是希伯來背景，其中一些關鍵詞彙「仁慈」（misericordia）、「回憶起」（ricordarsi）、「誓許」（giurare）和三個人物的名字：若翰（Giovanni）、匝加利亞（Zaccaria）、依撒伯爾（Elisabetta）有著相同字源。若將路加自己所寫的序言和福音開始時的敘事兩相對照，也看得出這種情況。最初四節經文以極為高雅的希臘文寫成，被納入希臘文學偉大序言必學經典之列；但是第五節的連接句：「*在猶大王黑落德的時候*」，卻轉換成典型的希伯來語句。

文字傳統）。這第二種推測的支持者絕對是少數，他們的論據是一致同意：耶穌和他的門徒都沒說過希臘語。所以源流的起點必然是希伯來文（或阿拉美文）。希臘文無疑是後起的強勢語言，至少在西方不得不如此，因為那裡即使有少數希伯來人，仍然沒人懂希伯來文或阿拉美文。但是為在巴勒斯坦希伯來人占絕對多數的教會而言，他們會讀希臘文聖經，包括相關耶穌的希臘文新作，這是無法想像的事。東方的教會在最初四個世紀，因為西方的教會強勁競爭下消散，可能希伯來原文的新約聖經也隨著他們一起消散了。

第四章

耶穌的自我認知

　　耶穌在巴勒斯坦地區宣講，行走於加里肋亞和耶路撒冷之間，在那裡完成了他的使命。若想重建耶穌步履走過的所有地方，無非緣木求魚。綜合所有福音敘事得知最可能的情況是：耶穌在約旦河的洗禮經驗之後，便由北往南方移動——從加里肋亞走向耶路撒冷。因此，我們放下按照耶穌停留處的先後順序寫作的念頭，聚焦在他如何向人們介紹自己，以及他的教導內容。

1.耶穌如何談論自己：首度自陳

　　耶穌的聽眾們都會注意到他獨特的說話方式：他說的話不是為了發表一篇言論，而是宣布和定斷式的語句，不容辯駁的真理。群眾都對他以權威教導而印象深刻，他具有獨特的權威。眾人覺得耶穌有權威，必定是由於他的說話方式，追根究柢後，這權威當是出於他對自己的認知與理解（谷一22）。

在《瑪竇福音》裡，耶穌的言論經常以「我實在告訴你們」起首，這種起首語具有權威性，通常附魔者和堅持原則與意識型態的激進者，也會用這種語氣說話。福音作者有可能誇飾了，不過他們是為了在耶穌生活的片段和說過的比喻中消除疑慮。

福音作者若望在他的序言開宗明義地道出耶穌的本性：「在起初已有聖言，聖言與天主同在，聖言就是天主。」（若一1）這是他對耶穌的詮釋，也是基督徒的信仰宣認。《瑪竇福音》和《路加福音》在耶穌公開生活的敘事之前，講述他奇蹟性的誕生；同樣都屬於在已經信仰耶穌的前提和傳統下，是信仰團體的內部敘事。

《馬爾谷福音》有別於此，他為了自己和其他人，試圖從耶穌說過的話、做過的事中，釐清耶穌究竟何許人也。為了達到這個寫作目標，馬爾谷將所有傳統提供給他的資料放在福音的開端；換句話說，他編輯了耶穌的身分介紹。想當然耳，所有敘事中的點滴都必須在當時巴勒斯坦地區的文化中理解，而不是以今日的眼光去審讀。

馬爾谷早在他福音開始的第一句話就表明他對耶穌身分的關注：「天主子耶穌基督福音的開始」（谷一1）。我們先前已經說過「天主子」名號的意義，在希伯來人眼中看來，與我們不盡相同。馬爾谷採用這個名號，只是為了表達耶穌與天主父之間完全獨特的關係，很難說與我們今日對這名號的理解一致。但是它們都是馬爾谷的證言，如我們今日的說法：這是馬爾谷的神學。在表明耶穌天主子的身分之後，馬爾谷緊接著耶穌在約旦河的敘事：當耶穌接受洗禮，剛從約旦河

上來時，就聽見天上有聲音說：「你是我的愛子，我因你而喜悅[1]」（谷一11）。此次這番話不是馬爾谷說的，而是直接出自天主。由此可知這不只是耶穌，也是洗者若翰和一些人的共同經驗。

馬爾谷於是搜尋自己的記憶或記事卡，有什麼可以證明耶穌與天主的關係、他非凡「子性」的事蹟。當見證者為此相同目標提供他們的親身經驗時，他們的見證所具的說服力量，千言萬語也望塵莫及。而這些發生在耶穌生平各個時刻的事蹟，對馬爾谷來說，都是為了讓人了解他為何必須在福音開始就破解耶穌身分的憑據，人們才能相信他所言不虛。如此一來，耶穌身分的奧祕，在人們眼前逐漸明亮清晰。

2.「你是天主的聖者」

《馬爾谷福音》始章就記載了一個附了邪魔的人，對耶穌當面喊叫說：「我知道你是誰，你是天主的聖者」（谷一24）。邪魔由於牠的特性，能夠看見人不知的事而說出這些話，旁人也都看見、聽見了。「天主的聖者」這個表達帶有聖經氣息，但是不曾在舊約聖經中出現，在新約他處經節中也找不到。「天主的聖者」已是意味深遠的表達，福音的敘事更加強它的力道。它因此成為唯一而無可比擬的對耶穌身分的描述。

形容詞「神聖的」只用於表達天主，或與敬禮天主相關

1.「我因你而喜悅」的表達，根源於《依撒意亞》四二章1節，希伯來文文本「上主僕人」的詩歌。

的物件，或為服事天主而負有使命並被授予專門職務的人。
厄里叟（以利沙）是「天主的人」、「是位聖者」（列下四9）。
耶穌是「天主的聖者」²，從福音上下文看來，也不能將這個表
達解釋成是指示耶穌的天主性；能夠肯定的是它代表了耶穌
以完全獨特的方式，在天主神聖的氛圍中行動，因此堪當被
稱為「天主的聖者」。但是讓人不解的是，耶穌卻命令邪魔不
要說話。

3.耶穌，隱密的那一位

　　同樣在耶穌行動初期的敘事中，馬爾谷記載的另一個事
件，說明耶穌的身分本質超越人類。那是痳瘋病人得治癒的
奇蹟，雖然其他對觀福音對此事件也有記載，但是不似馬爾
谷將它安排在福音中如此醒目的位置（谷一40-44。參閱瑪八
1-4；路五12-16）。在這段敘事中，耶穌沒有刻意隱藏自己的
能力，之前他已經先治好了伯多祿（彼得）的岳母，也說了：
「讓我們到鄰近的村鎮去，好叫我也在那裡宣講，因為我是為
這事出來的。」（谷一38）

　　這位耶穌，在眾目睽睽之下宣講和醫治病人，卻對被治
癒的痳瘋病人提出和之前對邪魔相同的要求，耶穌警告他：
什麼也不可告訴別人。如此讓人產生疑問：莫非這個與奇蹟

2.「上主的聖者」在《聖詠》一〇六首16節中，指的是亞郎。首字母大寫的「聖
　者們」（Santi）是天使，首字母小寫的「聖者們」（santi）可用以稱呼希伯來
　人（「聖民」，達七27）。《宗徒大事錄》說耶穌是「聖僕人」（四27），這句經
　文之後隨即說明他是「你的受傅者」。

相隨的要求是個記號？也就是說，不可說的原因不是因為耶穌的行事作風，而是這些行動有不尋常的價值，因為做這些事的耶穌是「隱密的」——耶穌以某種方式宣講自己是「隱密的那一位」。但是耶穌為何要宣講自己是「隱密的那一位」？在當時的文化思維中，應當存在對「那位隱密者」的圖像和概念。

　　耶穌要求的這件事，為我們似乎沒有意義；但是耶穌在醫治事件之後，緊接著「什麼也不可告訴別人」的命令，卻有文字傳統的流傳，瑪竇和路加才有參考依據，在他們的福音裡也寫下相同的敘事。要了解耶穌的動機，必須先探究和他同時代的人們的想法，才能知道「隱密者」有什麼特別意義。換句話說，需要先研究了解，耶穌認為自己的身分是「被隱密的」，或者更直接地說，他是「隱密者」，才是實際要表達的內涵。

　　哈諾客派傳統為我們的問題提供了答覆。在哈諾客派的傳統裡，「隱密者」是天上默西亞的一個特徵。我不確定是否有早期著作能夠證明這一點，不過我想起受傅油的君王達味，他在很早之前就表示自己是那一位。但是在耶穌的時代，哈諾客派傳統堅信存在一位天上的默西亞，而且他是隱密的。耶穌時代的人們不作他想，認為哈諾客就是默西亞型的人物。在古老的《守衛者之書》中已經可以讀到：「他是隱密的，而且無人知曉他在什麼地方。」（1H〔LV〕12, 1）而且他在同書此處前一章，也就是天使墮落的事件之前，就已經是隱密的了。最接近耶穌時代的經外著作《寓言之書》（約西元前三〇年）描寫這位隱密者：「他是被揀選和隱藏的」（1H

〔LP〕48,6）；他有三個專屬名號：義人、被揀選者，以及人子；明白肯定他是在星辰以前被創造的（1H 48, 3）。他的任務是支持義人，作萬民的亮光（1H 48, 4），所有地上的居民都要敬重他（1H 48, 5）。

為此目的，上主才會在創造世界之前，將這位義人、被揀選者、人子，隱藏起來。這位「隱密者」要向所有義人啟示上主的智慧（所以，尚無人知曉）。1H 48, 10明確說他是「上主的受傅者」，亦即上主親自為他傅油，完全卓絕的傅油方式，他是默西亞，首字母大寫的默西亞。這位默西亞的權能披靡古今所有世代（1H 49, 2）。他的主要任務是擔任世界終末時的審判者：凡在他面前不自悔的人，必要喪亡。在此有個重點應當提醒，《寓言之書》的作者沒有說這位隱密者就是「哈諾客」，這個名字直到書末才出現（1H 71, 14）[3]。換句話說，人們所知的是有位在時間之前就被創造、極崇高的人物，他是普世的審判者，有個專屬名號，首字母大寫的「人子」。所以，讀者所理解的，當然也是作者已經理解的那位隱密者，是人子，而非哈諾客。

一位隱密的默西亞，這樣的觀念不見於古木蘭的文獻中。雖然古木蘭文獻記載了一位隱密的智慧者，他要向被揀選的人們漸次顯示自己（參閱1QS 9, 13和19）。關於《格林多前書》二章6等節，我認為可以看出古木蘭和原始教會的基督徒神學觀之間的關聯：「我們所講的，乃是那隱藏的，天主奧祕的智慧，這智慧是天主在萬世之前，為使我們獲得光榮所

---

3. 將哈諾客視同人子，可能是哈諾客派的編寫添加物；而且這本書甚至可能不是哈諾客派的原創著作。

預定的……可是天主藉著聖神將這一切啟示給我們了，因為聖神洞察一切，就連天主的深奧事理他也洞悉。」

耶穌著實無意隱藏自己，他已經表明「宣講」是他的使命，他正是為此出來的（谷一38）。但是，正如達味的傅油禮顯示他早已是受傅者；《寓言之書》的人子奧祕將隱藏，等待他完成普世審判的任務；隱密的智慧者要在歷史中慢慢地揭示自己；同樣地，耶穌現在是隱密的，因為他的身分只有在他完成任務的時候，才會清楚顯明出來。另一方面，在馬爾谷的敘事中，所有人都見證了耶穌的權能；所以耶穌的命令不是希望自己不為人知，而是他表達自己就是那位「隱密者」，人們該如此認識他。

4. 耶穌，人子

馬爾谷在他福音的第一部分還插入另個片段，這個片段最能清楚闡釋耶穌的身分特質，即是耶穌治癒癱子的事件（谷二1-12；瑪九1-8；路五17-26）。這處福音章節描述耶穌在葛法翁，他所在的屋子裡的庭院擠滿來聽他說話的人。從敘事中可以得知當時還有一些座椅，擺成臨時準備的客廳，耶穌就坐在中間。蜂擁而至的人群實在太多，以至於他們必須出手阻擋湧向耶穌的聽眾。幾個男人帶來一個躺在我們今天叫作擔架上癱瘓的男子，眼見要穿過人群接近耶穌根本不可能，於是他們選擇另一個雖然困難、但是更保險的作法：他們攀爬上到庭院的屋頂[4]。他們堅信耶穌一定會治好他們的朋友，只要他們能讓耶穌看到、注意到他。

我們跟著馬爾谷的敘述繼續看事件發展：

耶穌一見他們的信心，就對癱子說：「孩子，你的罪赦
了。」當時有幾個經師坐在那裡，他們就在心裡忖度說：「怎
麼這人這樣說話呢？他說了褻瀆的話；除了天主一個外，誰能
赦罪呢？」耶穌憑自己的神力，即刻認透了他們私自這樣忖
度，遂向他們說：「你們心中為什麼這樣忖度呢？什麼比較容
易呢？是對癱子說：你的罪赦了；還是說：起來，拿你的床
走？但為了叫你們知道：人子在地上有權柄赦罪——遂對癱子
說[5]：我給你說：起來，拿你的床，回家去吧！」那人遂起來，
立刻拿起床，當著眾人的面走出去了。（谷二5-12）

這段耶穌治癒癱子的經文，是耶穌公開生活最令人不安
的事件之一，而且觸及文化深層意識。眾人皆知耶穌所使用
的「人子」一詞意義為何，完全不需要多作解釋。這是個為所
有聽眾，不論鴻儒或白丁皆耳熟能詳的表達。福音書皆沒有
解釋「默西亞」或「先知」的意思，因為它們都是猶太文化的
指標性詞彙。耶穌行了治癒癱子的奇蹟，目的不是為了證明
人子確實存在，而是為了顯示人子也有在地上赦罪的權柄。
顯然人子在其他地方——「在天上」是理所當然——有赦罪權

---

4. 第一世紀巴勒斯坦的典型房屋構造。參閱 Principe S., *bhsr*: *Nel cortile*, Torino,
   Edizioni Didaskaleion 1998.
5. 「耶穌遂對癱子說」，複述之前「耶穌遂向他們說」。這種複述句型讓人想起後
   來的添加。另一方面，此處的添加一定非常古老了，因為《瑪竇福音》和《路
   加福音》中也有。這個複述句在福音作者看來也很自然，可以強調耶穌對誰說
   話：有對經師說的話，也有對癱子說的話。

柄，耶穌藉此行動記號證實人子在地上也有相同權柄。所以耶穌改變對話主體，以「我給你說⋯⋯」起始這段敘事的第二部分。

　　我不認為當時在場的人知道《寓言之書》的神學觀，但是他們至少知道「人子」意味著大審判者，那位非凡而且真實存在、能夠判罪也能夠赦罪的審判者。可能他判罪比赦罪的多，但不論如何，他能夠赦罪。假使人們連這層意義都不懂，那麼耶穌等於說了無用的話（我們不都是將人子當作耶穌的專屬名號，期望死後重新開始的得救）。耶穌沒有為了引發聽眾興趣而談論一個新奇的人，而是實現一個特別標記，說明罪在地上立即得到赦免也是可能的。聽眾當中有人相信唯有透過實際功績才能抵免罪惡，也有像《馬爾谷福音》記載的經師一樣的人，他們堅持在任何情況下，只有天主能夠赦罪。

　　當然，沒有人能夠看見癱子的罪被消除，但是耶穌明白說了罪已經得到赦免，他再加上一個可被感知的記號：癱子立刻痊癒，回家去了。疾病通常都被視為罪的後果與懲罰，人們自然會將耶穌治癒疾病當作他能有效赦罪的證據。此後耶穌離開了，奇蹟事件的寓意只有在時間中沉澱後才透徹清晰，在馬爾谷眼中尤其如此。瑪竇和路加就不像馬爾谷那樣重視這起事件，因為耶穌的超性身分是昭然若揭的特徵，類似的情況可說是理所當然。

　　《寓言之書》和耶穌之間有所關聯是肯定的，但是就此推測耶穌事先知道《寓言之書》也過於勉強。更恰當的解釋應該是：《寓言之書》證明了在希伯來人的觀念中，有個存在天上的人物，他的特徵與耶穌相符。所以當所有福音作者使用「人

子」一詞時，他們不需要再作解釋，因為「人子」一詞的意義無人不曉。人們懂得「人子」的意義，就如他們懂得「默西亞」和「先知」的意義一樣。耶穌時代的以色列有多個首字母大寫、指稱具有救恩能力者的名詞：大司祭、先知、受傅者（即默西亞），之後還必須加上一個：人子。

5. 耶穌，人子與天主子

所以在馬爾谷的認知中，耶穌是天主的聖者、隱密者、人子。耶穌顯然更愛以這最後一個稱號自稱，因為更能表達他的多重任務與能力。而且如此一來，確實引發人想進一步探究的效果：耶穌能夠藉此表達當他說「我」的時候，他是真實的歷史性存在，生活在人群中的一個人；但是他也能藉此表達指示那位末世的審判者。耶穌不厭其煩地自我說明，卻給讀者留下異樣的印象，因為總是有雙重寓意。

若望透視未來地寫道：「就如父是生命之源，照樣他也使子成為生命之源；並且賜給他行審判的權柄，因為他是人子。[6]」（若五26-27）這是若望的神學，這些話不是耶穌說的，但是若望應當對「人子」的形象和觀念知之甚詳，為此才能寫出天主賜給了子審判的權柄。

---

6. 參閱第二章註 14。

第五章

耶穌宣講天國

1.耶穌的宣講環境

　　想要了解一個人的言論背後的想法觀念，就必須融入、或至少試著融入他的思維模式。即使我們有研究對象親自寫的第一手資料，想要完全透視他的思維模式也不是一件容易的事；如果只能以間接的方式還原一個人的思想行誼，問題就更大了。但是令人稍感放心的是，這種情形還算普遍。對於許多、可能是絕大部分的歷史偉人生平，我們所能取得的，都是經過他人詮釋後的資料。

　　關於耶穌，我們對於當時在巴勒斯坦流傳的人文思想有相當程度的了解，這些人文思想不論是出大眾或是小眾支持，都是他們共同的資產。耶穌也在這些思想背景的烘托下，顯出他的獨特性。

　　這些思想可說有層次之分，最深層的思想構成民族全體的共同意識，越是淺層的思想面上，存在越多意見分歧、齟齬摩擦。當時在任何一個希伯來人身上，都同時並存這穩

定與變動的思想層次。所有人都同意的唯一一點，就是有個天主存在，祂揀選了以色列，在歷史中向他們自我啟示。其他在淺層面的議題，人們眾說紛紜。並非所有人都相信末世存在，隨著不相信或相信衍生出不同的倫理價值觀：人只在這個世界行動，或是人在這個世界的行動攸關他能否進入天堂。但是總括而言，以色列最大的敵人就是罪，因為罪招致天主的懲罰。

就算一個人由衷相信末世，問題依然存在，因為天主將如何施行大審判、審判的標準為何？如果癥結在於罪，而消除罪是可能的，那麼除罪的方法又成了開放性的問題。天主既是正義也是仁慈，二者肯定皆是天主的特質，它們的遇合點、平衡點在哪裡？既肯定無疑，又不可思議。

許多人相信，將出現一位以天主之名發言的先知；另有許多人，迫切地期待默西亞的來臨：其中有人滿懷希望，也有人深懷恐懼。無人敢斷言默西亞來臨的意圖為何，尤其是他會用什麼方法實現自己的使命？拯救以色列，或是傾覆地上所有人類？他將發起戰爭、從羅馬人手中解救以色列，還是從惡的桎梏中釋放所有人？多數人認為這種解放最為慘烈。此外，並非所有希伯來人都被視為真正的希伯來人：或許有些希伯來人曾經向異教人妥協，他們就被視為異教人。對於默西亞的身分本質概念也不一致。他是西元前第一世紀的依撒意亞、耶肋米亞先知，以及《撒羅滿聖詠》的作者所以為的默西亞、以色列的君王、達味的後裔？還是《寓言之書》，以及一些古木蘭文件所說的，一個形上的存在？具備人類稟賦的默西亞定義似乎與此形上的默西亞不符。當洗者若

翰的門徒去問耶穌是否就是默西亞的時候，他們並未使用這個名稱，而是迂迴地問：「你就是要來的那一位？」（瑪十一3）以色列有許多尚未定調的開放性問題。

　　耶穌和他的思想就得在這些問題之間了解，但是這對我們來說也只是部分難題，因為今日更大的難題在於人們是否理解罪是社會的關鍵問題。我仍然相信罪是關鍵問題，只是我們今日有不同的表達。問題不再是罪──罪的觀念是以有個審判與懲罰的天主存在為前提──問題在於不正義，今日尤其從社會階級差異凸顯出來。我們也使用比任何國家分析社會內部更全面的方法，去檢視世界中的惡。使患者、也連帶使他身邊的人受苦的精神疾病，以某種方式將罪的觀念內在化和普及化，將其理解為普遍的現實惡。社會的不正義和精神疾病不斷地在人類生活擴大領域，最終取代了原罪的概念。西元第一世紀末默示體裁的《厄斯德拉》卷四分析說道，人內有著cor malignum，一種人類靈魂與生俱來的惡，造成人大量、幾乎全然的痛苦和不幸。人因此成了自己的受害者，無法對自己的存在感到喜悅、無法接近天主，反而更樂於否定或漠視祂。由以上所述可見，即使今昔觀念表達方式不同，人類的痛苦和溢流的惡並無二致。

　　現在我們更直接地被警告，如「腐敗」或「欠缺友愛團結精神」的惡就是生活的日常，不過這樣的觀念總是與罪的觀念不同。罪預設了人冒犯天主的前提；如果沒有在教會或猶太會堂裡敬禮的天主，或是與祂無關，「罪」也就毫無意義。當時耶穌面對而意圖改變的狀況，今日依舊如昔。這使我們能夠體會耶穌，對於他的世界和他的遭遇能夠感同身受，但

是同時也讓我們產生一種印象：耶穌似乎徹底失敗了！耶穌
在十字架上，用盡最後一口氣呼喊：「父啊！你為何捨棄了
我！」（谷十五34）我們試著回溯耶穌走向這個結局的過程，
我們會知道，以信仰眼光看來，它不是失敗；就連以講究實
際的歷史眼光看來，它都不是失敗。

2.宣講初期

　　耶穌在離開洗者若翰之後就開始他的宣講；馬爾谷則是
描述耶穌在若翰被監禁（谷一14）之後才開始宣講，不過這
應該是馬爾谷按照他的神學觀所做的安排，為了表達耶穌的
宣講是直接延續洗者若翰的行動，然而延續的方式極為不同。

　　三部對觀福音作者都同樣強調耶穌的宣講初期。馬爾谷
將自己對耶穌的理解放在耶穌口中，由耶穌親口說出他在歷
史中展開使命之際已經有充分的認知，所以他一開場就宣布
「時期已滿」（谷一15）。瑪竇是將耶穌的山中言論安排在他的
宣講初期，其中包含基本的道德守則。路加是以耶穌在納匝
肋（拿撒勒）會堂內宣讀一段《依撒意亞先知書》後的註解（路
四16-21）作為起點：耶穌來為實現那段先知預言。

　　這部分關於耶穌宣講初期的介紹，我仍根據馬爾谷的敘
事，因為他主要且詳細地描述了耶穌的行動。若是為了介紹
耶穌的倫理教導，《瑪竇福音》則是優選；路加的著述則可說
是西元第一世紀的一種聖經注釋典型，古木蘭圖書館保留了
許多相同類型的文件。

　　馬爾谷將耶穌宣講初期的幾個主題，結合在耶穌一段言

簡意賅的話裡：「時期已滿，天主的國臨近了，你們悔改，信
從福音吧！」（谷一15。參閱瑪四17和路四23）

2.1「時期已滿」

　　耶穌的言論循這四個極簡的短句展開。第一個句子：「時
期已滿」，代表了一個總框架，耶穌在其中生活、行動。「時
期已滿」的意思，多少類似我們今日說的「時機成熟了」，
差別在於我們對這句話的理解與第一世紀希伯來人的理解不
同。當我們說「時機成熟」的時候，無非是我們對一連串事件
發展進度的判斷。「時機成熟」純粹是針對歷史時間而言，不
考慮一個參與人類歷史的天主。這就像昔日與今日人們對罪
和腐敗的觀念，它們說的幾乎是一樣的事，但是前者的前提
是天主存在，後者則無。當古代以色列人聽到一個時間成熟
了的說法，會將它視作來自天主神聖意志的記號。當時人們
普遍認為：歷史時間由天主掌控，分作數個時期，每個時期
在與其他時期的關係中，有其獨特意義。前後時期的過渡（專
業說法是：從一個時空〔eone〕過渡到另一個），將出現代表
其特色的歷史轉折，伴隨許多證明其特色的記號。重要事件
的發生，同樣有它們所屬的「時期」。

　　在《多俾亞傳》裡，多俾亞午邁的老父托比特（Tobi），
在臨終前囑咐他的兒子前往美索布達米亞的瑪待（Media）生
活，因為曾有先知預言他們現處的城市將遭受恐怖災難：「撒瑪
黎雅和耶路撒冷也要變成荒地，天主的殿宇也要被燒毀……。」
（多十四4）即使人有選擇的自由，歷史跨出的重大步伐都是
上主天主的先見安排。耶穌意識到隨著他的到來開啟了一個

新的時空，也就是一個新時期。

那麼，耶穌在那個時刻想到了什麼聖經記號和特別的先知預言？我們顯然不得而知。但是耶穌說過的話與行動，表達了整部聖經都是指向他的預言。耶穌生命裡的個別時刻與個別事件固然可以單獨抽取出來檢視與反省，但是他的使命的最終意義，卻唯有透過聖經才能被理解，得到全面價值（參瑪五18，見下章）。整部舊約聖經就是新約聖經的預言，日後成為古代教會共同的教義資產。

2.2「天主的國臨近了」

「天主的國臨近了」[1]這句話，是一個表達新時空的特徵說法。歷史真的抵達轉捩點，因為天主的國就要來到人們這裡了。

不論何種出身的基督徒、甚至無神論者，所有研究耶穌的人都一致同意：耶穌宣講過天主的國。這是個有些浮泛的觀念，就像在說「天主與人類」一樣；不過也正因為它含意甚廣，反而像漫射光一樣投向耶穌的一切活動：既照亮又模糊它的輪廓。

首先應當說明，上主天主統治以色列的觀念就和以色列本身一樣古老，然而「天主的國」卻是不折不扣由耶穌新創的名詞[2]。這是耶穌一定說過某個新穎之事要發生的明確指標，指向一個需要被賦予新名詞的新的現實，在他同時代的人們

1.「天主的國臨近了」源自希臘文的翻譯，文法上是可行的，不過指的是耶穌宣講時的整個環境。這句話的阿拉美文在聽眾聽到後的理解，應是「正準備來」。

舊有的認知上產生裂口，射進簇新的亮光。假設耶穌時代的希伯來文化對「天主的國」圖像的理解與今日大致相同，那麼耶穌當初提出的這個新名詞，內容是什麼？人們聽到後又作何感想？這應該是我們最難以確定之事。

　　顯然耶穌想要藉著「天主的國」這個新名詞，在天主為王的觀念已經是長久存在的深層文化意識之後，表達一個與天主統治有關的新的現實。耶穌宣布一項偉大革新的用意是明顯的，但是如果只是單純宣告天主為王，而且祂將要來臨，卻不解釋這個王國的內容有何新處，那麼，人們是無法理解的。

　　有鑑於天主長久以來都是君王，能有新穎之處不外乎兩點：或者是統治方式不同，人與天主將有新的關係；又或者是國擴展的範圍領域不同。不論哪種情況，這兩種假設並不互相排斥，反而彼此整合。

　　「天主的國臨近了」這句話，多少意味著人們至此仍在天主的國境外。應當承認還有一些不屬於天主國、悖逆天主的情事存在。這為聽眾並不難接受。

　　有個古老的觀念認為「陰府」（Sceòl）或許在上主權轄之外，至少在眾人的想像中是如此。經上有例，約伯在獲得上主許可的撒殫[3]設下重重試煉而精疲力竭之後，他乞求上主讓他藏身陰府中，因為上主的憤怒不達及陰府。（約十四13）

---

2. 瑪竇已經將這個表達放在洗者若翰口中，他的說法是「天國」（瑪三2）。可能若翰說法的背後，反映的是耶穌的思想；否則的話，就應當使耶穌也使用若翰的典型說法，因為耶穌如此看重它，天主的國是耶穌教導的核心。不論如何，應當強調「天主的國」這個說法，在耶穌最早說的比喻裡處處可見。

就連少數以色列傳統視為虔誠的國王之一的希則克雅（希西家），他飽受病痛的折磨，寫詩寓情向上主表達：如果他死了，就無法再讚頌祂，因為死者的世界與上主的世界不再有瓜葛。希則克雅寫說：「『陰府』不會讚頌你，死亡也不會稱揚你；下到深淵的，不會再仰望你的忠誠。」（依卅八18）到了《禧年之書》（西元前第二世紀下半葉），撒殫已經是魔鬼的專有名詞，撒殫統治一個國，專門與上主的國作對，而且牠的國正是因為上主妥協才得來的。

馬斯特馬（Mastema），眾精神體的使者，來（站在撒殫一方，向上主）說：「上主，造物者！留下他們（惡的精神體）當中某個人聽從我的（撒殫的）命令，讓他們做所有我告訴他們的；如果一個也不留給我，我將無法按照我的意思向人類的子女施展我的能力……」上主對馬斯特馬說：「他們當中十分之一將聽從牠的（撒殫的）命令，其他十分之九要墮入詛咒之地」……（《禧年之書》10, 8-9）

古木蘭人也認為，黑暗之王──魔鬼有牠自己的王國，並且有計劃性地反對上主、攻擊祂的信徒。他們通常叫魔鬼貝里雅耳（彼列），牠不是普通邪惡的精神體，而是魔鬼班的頭兒，牠是有策略、有組織的黨羽的首領。牠領導牠的王國，是個王。

---

3. 《約伯傳》中的「撒殫」不是一個專有名詞，只是表達一種功能，即在地上四處巡行的天使向上主報告人類的惡行。直到後來，「撒殫」才成為魔鬼眾多名字之一，也因此成為專有名詞。

[19]光明之源來自於善，黑暗之源（來自）於惡。[20]光明之王的手，管理所有走在光明之道的正義之子。黑暗天使[21]的手，掌握所有走在黑暗之道的惡的子女。正義之子的迷失，完全（取決）於黑暗天使。所有他們的罪惡、他們的過犯、他們的褻瀆、他們的反叛行徑，全是牠的統治（造成的）[23]依照上主奧祕的意願，直到牠的結局（來臨）。人類所有的不幸與他們的悲傷時期，都（取決）於牠的敵對統治。[24]所有屬於牠黨羽的精神體，無不企圖使光明之子跌倒；但是以色列的上主和祂真理的天使，要協助所有[25]光明之子。」（1QS 3, 19-25）

　　我相信對於馬爾谷安排耶穌首度登場、對於天國的宣講：「天主的國臨近了」這句話的最佳詮釋是若望的福音序言，以當時希伯來文化普遍存在的思想觀念作的陳述。耶穌是天主聖言，這說法出自若望，而非耶穌。但是存在兩個相互對立的現實、兩個國、光明與黑暗的說法（若一5），卻是對耶穌這句話唯一可能的解釋。這句話也傳達一個訊息：即使光明與黑暗兩個國彼此對立，天主仍是宇宙間唯一且真正的主宰，因為宇宙由祂創造。所以，當聖言──亦即有形可見的耶穌──來到經由他受造、原本屬於他的世界上、人群之間時，他們卻沒有接受他（若一11），因為他們如今受制在撒殫的威勢之下。

　　如果不承認世界對耶穌而言是黑暗、屬於撒殫的國，也就無法理解耶穌對那正在接近、快要到來的天主國的宣講。雖然天主的國具普世性，但是現在仍有某些事物處於天主國

的領域之外，而現在天主的王權逐漸接近，就要重新治理人類。不過天主並非獨自前來，祂是帶著祂的國，朝向人類擴展。天主的威能在任何地方都能行使，因為天主的威能遠非撒殫所能企及，而現在被傳報的訊息說：接受這訊息的人就屬於天主的國，就是天主國的臣民，享有臣民的權利。天主即將以創造或開始創造的方式行使祂的權利，祂在人類之間的國新穎別緻。人類與天主的關係將要轉變。為了了解這人與天主的新關係構成的內容物為何，需要從頭至尾地讀過所有福音，因為耶穌的宣講只有在他死而復活之後才得到滿全的意義。耶穌說話當下的聽眾不會明白這一點，但是他們都為自己所聽到的驚奇不已。

天主沒有以一次性的奇蹟在世上擴展祂的國，天主的行動從遙遠的往昔已經開始：耶穌之前的歷史有梅瑟和眾先知作先驅；之後是耶穌親自隨著時間推移展開行動，自宣布天主國來臨的那一刻起，直到最後晚餐、十字架上的犧牲與復活。在宣講與十字架之間、宣講與復活之間的時間區域並非空白，耶穌對天主國的解釋講道充滿了這段時間區域，而且是攸關天主國來臨的根本階段：點燃了領悟過往歷史的亮光，也說明了未來耶穌要接受且不刻意迴避的死亡事件。

2.3「天國就在你們中間」

如此一來，耶穌能夠在他宣講期間就說天國已經在人們中間（參路十七21）。天國此時的臨在方式，與隨著耶穌復活開始的臨在方式不同，是已經臨在、正在發展中的天國，如我們今日所說的：具有生命力，正在、且未來持續實現的現

實。「如果我是仗賴天主的手指驅魔，那麼，天主的國已經來到你們中間了。」（路十一20；參瑪十二28）這句話的重點不在於魔鬼被驅趕，而在於耶穌之所以能夠驅魔是因為天主的權能。

天主的國臨在世界上，意味著天主也臨在世界上，因為王與他的國同在。而且這樣的觀念也存在耶穌同期的希伯來文化中：法利塞人認為全屬荒謬，為其他希伯來人卻是具體的盼望。對此最古老的文獻記載可以追溯至《聖殿卷軸》[4]：「他們將是我的人民，我也將永遠屬於他們。我要與他們同住在一起直到永遠。我將以我的光榮聖化我的聖所……」（RT 29, 7-10）

《禧年之書》（西元前第二世紀下半葉）的作者表示，天主告訴梅瑟寫下祂所說的一切話，而且這些話具有永久的效力：「直到我（從天上）降下，我將世世代代與人同住一起……直到我的聖所在他們中間永遠建立起來，直到上主顯現在眾人眼前，眾人都要知道我是以色列的天主，雅各伯子孫之父。」（《禧年之書》1, 26）

最頻繁出現期待天主有日降來世上與人們長久居住在一起的著作是《十二聖祖遺訓》（西元前一世紀）。《肋未遺訓》中讀到：「……直到我來住在以色列中間」（Tlevi 5, 2）。《納斐塔里遺訓》（*Testamento di Neftali*）中有：「天主將顯現、住在世上的眾人之間」。不過形式最為完整的，要屬《西默盎

4.《聖殿卷軸》的寫作時間很不確定。我個人認為它已經相當古老，但是雖然有近似的跡象卻無法完全肯定，因此缺少判別成書時間的要素。不論如何，《聖殿卷軸》必定是早於西元前一五〇年的作品。

遺訓》（*Testamento di Simone*）：「到那時，閃要受光榮，因為上主天主，以色列的偉大者，將在世上顯現，為了經由自己拯救人類。」(6, 5)

因此，天主親自降來世界上也是以色列普遍期待的選項之一。「天主的國臨近了」，類似的宣講不至於太讓人驚奇，因為人們可能理解成天主要親自來到世界上。有人或許認為耶穌實現了這個期待，至少他的信眾是如此；但是對於耶穌宣講的訊息：「天主的國臨近了」，人們卻各有解讀。人們對於締結天主與人的約定一無所知，對自己的死亡與復活也毫無概念。

我在這裡先提出一些想法，之後會作更多的發揮，這些想法如同指北針引導我的寫作方向。

耶穌傳報了天主與人的新關係。這種與天主的新關係，讓人能以不同的眼光看待他的天主。從這一刻起，罪在天主與人之間的離間力量，不復以往。善依然是善，惡依舊是惡，但是天主看待罪人的態度卻有不同以往的轉變，罪人也能夠繼續尋找天主。這是耶穌宣講的基本定調，在耶穌最終接受苦難和死亡就完成的事實。這是他與天主立的約：罪雖然仍在世界上滋生蔓延，耶路撒冷的聖殿也沒有一塊石頭留在另一塊石頭之上，但是天主的國，天主與人的新關係，將延續不絕直到永遠。新的天人關係並非建立在遵守道德法律的基礎上，人即使違反倫理道德，仍是天主愛與尋找的對象。

耶穌傳講的法律，是對人無階級之分的愛，一個知易行難的理念。不論如何，天人之間的新關係以約為證，持續有效。天主的國是完美的，沒有惡的立足之地，只在來世才完

成。「我實在告訴你們：我決不再喝這葡萄汁了，直到我在天主的國裡喝新酒的那天。」（谷十四25）這裡所說的天主的國，指的是天上，天主的國恆在之處。

耶穌的天國言論，需要在洗者若翰的宣講，以及人們對以色列及世界深重的罪識感背景下理解。罪摧毀了以色列，因為它招來天主的義怒。但是惡所統治的國不是天主的國。即使是罪人，所有人都能夠爭取進入天主的國。從西元前第二世紀末開始，撒殫就被視為牠的國的統治者。現在天主向世界塵寰宣告祂的王權，也驅逐——亦即開始驅逐——撒殫。

為耶穌而言，撒殫的國是真實的存在。當一些法利塞人指控耶穌以魔鬼之名驅魔的時候，耶穌回答：「凡一國自相紛爭，必成廢墟。現在，如果撒殫驅逐撒殫，是自相紛爭，那麼他的國如何能存立呢？」（瑪十二24-26）這是耶穌的宣講主軸。

聽了耶穌這些話，我們試著解讀他說天主的國「臨近了」的意義。這句話的意思是國已經開始，但是尚未完成，因為天主的國是個事實，完成要在未來，現在是過程中的未完成形式。確實有人將希臘語énghiken譯作「已經存在」；事實上當動詞énghiken是完成式時，表達一個行動後的結果甚於表達行動本身。因此，天主的國的臨近，意為國的圓滿實現如今已經發軔，所以能夠說天主的國已經在這世界上。

2.4「你們悔改，信從福音吧！」

如同「時期已滿」和「天主的國臨近了」這前兩句話彼此緊密相關，也相互啟發，「你們悔改」和「你們信從福音」這

後兩句話也是如此。

耶穌步武洗者若翰的宣講軌跡，若翰曾經宣講悔改的必要性，但是只有悔改似乎又不足夠，因為罪的後果在人身上留下污點遺漬，阻止人和天主向彼此靠近。就像冰川流過山谷留下刮痕，過犯也會在人身上留下印記，使人與天主持續疏離。

耶穌認為悔改是人能接受「天主的國」的主要時刻。接受天主的國則是洗禮的新形式，對觀福音解釋這是在聖神內的洗禮，《馬爾谷福音》清楚地說：「他要以聖神洗你們」（谷一8）。

接受天主的國就是耶穌以命令句型所說的：「你們信從（天主的）福音吧！」「你們悔改」和「你們相信」不能被看作先後兩個時刻，好像得先悔改之後才能相信，而是同時發生、兩個疊合的行動。

3.「福音」之意

根據馬爾谷的意見，首先使用「福音」一詞的人正是耶穌自己，而且他也以希伯來文和阿拉美文的這一詞彙表達自己的宣講。「福音」即是好消息，而且是來自天主的好消息，因為它是「天主的福音」（谷一14）。耶穌以天主之名、身攜來自天主的福音。聖經經文清楚呈現好消息就是天主的國和它的來臨，而且這個國不會像若翰疾聲呼喊的那樣消滅惡人。

我們現在試著了解當時的人如何理解「福音」一詞。「福音」一詞通常在希伯來文詞彙中使用besoràh（阿拉美文

詞彙besortà），表達「好消息」的意思。但是希臘文選擇用euanghélion一詞，轉譯閃族語言。這樣的轉譯基礎讓人意識到希臘文在當時的重要性。希臘文中的euanghélion經常是複數形式，不是常見詞彙，但是自荷馬（Omero）以來就有記載，表達帶來好消息的人應得的獎勵。到了耶穌的時代，euanghélion已經被用以稱頌因為在位皇帝之德而開啟一段幸福時期。這是以宗教力量加固帝王權位的作法，經常只是支持一個特定的政治人物。奧古斯都就曾經神化自己，宣稱他的euanghélion已經實現，或者很快就會實現，一如人們可在他的親戚、亞洲省總督保羅・法比歐・馬西莫（Paolo Fabio Massimo）西元前九年所獻的銘文中見到的。銘文的內容是一首對奧古斯都開創新局的讚歌：「人們將不再懊悔自己的出生」。奧古斯都的生日就被視為新時代的開始，值得慶祝的一天（銘文中介紹了在亞洲使用的儒略曆，天時正好配合慶祝這新的時代）。所以奧古斯都的生辰之日（西元前六三年九月廿三日），就是世界因著他（tôn di'autôn euanghelíon）得有euanghélion的初始之日。

　　這類帝王的宗教觀，其實源自希臘帝國時期的宗教左右朝野的力量。當時的帝王可以將「恩主」（euerghétes，自然是指黎民百姓的恩主）或「救主」（sotèr）的頭銜穿戴在自己身上，它們原都是直接指涉天主（theòs）的稱號。這種氛圍使得euanghélion披上厚重的宗教色彩。第一世紀的地中海世界對此類宗教力量知之甚詳，即使希伯來人並不接受，也不可能一無所知。加上希伯來人長久以來殷殷期盼默西亞——以色列救主的來臨。異教人對統治者帶來幸福時代（felicitas temporum）的觀念，不可否認與希伯來人對默西亞的期待存在某種相似之處，提高了特定文化詞彙轉譯成其他文化詞彙的可能性；經過轉譯的詞彙儘管仍與原譯出詞彙意義相同，人們對它的觀感與評價卻已經產生差異。

besoràh 或 euanghélion 的詞義應該從舊約聖經中理解；但是，如果這個詞彙在西元第一世紀具有特別意義，那麼就應當回到當時的情境脈絡中，去探究它的時代意義。

耶穌帶著天主的 besoràh，進入一個數世紀以來，人們知道並且急切等待這個訊息的社會環境中。自西元前第二世紀以來，希伯來人期待默西亞的信念越發強烈，而與古代希臘世界的思想觀念完美地雜揉融合。但是希臘皇帝的宣報不能與耶穌的宣報相提並論，因為耶穌的宣報通傳天主，本身具有絕對價值，這個名詞被以單數形式使用就證明了這一點。L'euanghélion tû theû——天主的福音（谷一14）——具有豐富多元，卻也是單一、唯一的特性。它不是所有天主善意安排的總和；若是如此，這些安排每隔一段時間注定要落空，被新的 euanghélion 所取代。耶穌的言論進入當時群眾不難理解的觀念中，即使他們不見得能輕易接受。耶穌說的「時期已滿」，意思是聖經預言的救恩已經來到。生活在法律和先知傳統中的群眾，心知肚明這句話代表什麼意思。人們對於天主將介入改變歷史的這個時期的期待，是當代的顯著特徵，而且有人認為這個時期即刻馬上要來[5]，有人認為這是由上主決定的奧祕時刻[6]。耶穌的宣講明顯透露一個訊息：這個時期的特徵就是天主的國或天國[7]的實現。從天主開始、向全人類乃至全世界，即使是漸進的方式，仍是天主國的實現，天人關

係就此改變。

4.「天國」的比喻

　　比喻體裁自古以來就是希伯來文化的一部分，不是耶穌的發明。但是耶穌經常講比喻來表達他的思想，成為新約聖經的特色，重點不在於文學體裁的創新，而在於跳脫既有的觀念思想。

　　寓言一般而言，都是講述者將自己的思想編成一個具形的故事，使聽者從中領悟道理或判斷優劣是非。納堂（拿單）先知與達味王（大衛王）的對話就是個經典例子。納堂先知以寓言方式，使達味的良心正視他謀殺巴特舍巴（拔示巴）的丈夫烏黎雅（烏利亞）一事。納堂說：有一個富人搶奪了窮人唯一的羔羊來招待自己的客人。達味回答：凡是做這種事的人都該死。納堂先知放下寓言故事，回到現實中，對達味說：那個富人就是你。達味在聽虛擬的寓言故事時做了判斷，所以他必須誠實地承認自己的作為確實如同寓言中的人物。寓言使達味意識到並分辨自己犯下的錯誤。

　　耶穌說的比喻則和這種模式相反。耶穌比喻中的故事是

---

5. 達尼爾先知計算了從現在起至默西亞來臨時的週數（達九24-27）。《夢境之書》的作者認為上主的大審判近在眼前：默西亞將在惡不存在的未來世界中為王（1H〔LS〕90, 16ss）。

6. 參閱《撒羅滿聖詠》17, 21。

7. 由於即使是通稱（天主，而非雅威〔Yhwh〕）也避諱直呼天主的名字，有人（如瑪竇）就以「天國」（regno dei Cieli）代替「天主的國」（regno di Dio），但是二者意義相同。

具體的事實，但是為聽眾屬於未知的領域，因此必須在他們空白的概念中投射實境畫面，來幫助他們理解，產生對新事實的想像。

耶穌的言論是在對話的情境中進行：他在聚集的聽眾間說話，他們不是他的追隨者，他則希望撒下引發其他理解與反省的關鍵思想種子。耶穌肯定曾經多次且長時間地與群眾對話，不過傳統上只保留了這些對話最具特色的部分：比喻的形式。

「天主國」的整體概念即使被充分理解，也不容易被定義。馬爾谷已經注意到要了解天國比喻的困難度，瑪竇也採用，因此總結評論說：「耶穌用許多這類的比喻對群眾說話，按照群眾所能聽懂的給他們講道。若不用比喻，他就不向群眾說什麼；但是私下卻給自己的門徒解釋一切。」（谷四33-34；瑪十三34-35）可惜福音作者只給我們留下比喻的內容，而不是耶穌自己對比喻的解釋，僅有的例外少之又少。各人可能依各自的理解而對天主國感到親近或疏遠，但是所有人都無法透視它神祕的光暈；追隨耶穌的人只能藉著對耶穌的話全然信服，以跨越個人理解和天國真相之間的距離。

在世上的天主國不能與在天上的相比，如此可能造成這是兩個國的觀感，但是耶穌說的天主國卻是唯一的國：已經開啟或將要開啟的天上世界，與地上的世界有著絕對的延續連結。福音作者若望嘗試對此說明：黑暗中有一道皓光，黑暗並不接受它。這是說，耶穌不是來將光明帶入黑暗中，而是光明仍是光明，黑暗仍是黑暗（若一5）。若望說，凡進入光明的人就成為光明，同一光明在天上如同在地上一樣灼耀。

　　若望的解釋引起一些問題，因為天上與地上不再有界分，耶穌的門徒已經身處光明中。這為密契性地解釋耶穌的訊息開闢道路。保祿，或某個他的門徒，在耶穌死而復活之後，著述寫下基督徒已經被復活、坐席在天上。這不是對奧祕的想像，而是對基督徒生命極致光明的闡釋：「（天主）使我們復活，在耶穌基督內使我們同他一同坐在天上」（厄二6）。

　　世界上的人能夠生活在另一個幅度中，這樣的觀念為以色列並非新鮮事，一些古木蘭文獻已經有此表達。所以這個派別裡的成員，就像是一小部分，奠基地上的天上聖殿裡的一塊磚，與眾神聖天使同為一個團體。如此方能說，信眾已經經過死亡進入生命，以若望的話來說，即是：他將不再死，因為已經出死入生（若五24）。耶穌並未尋求不切實際的免除死亡，而是完全接受死亡只是許多痛苦的其中之一；基督徒即使知道死亡有天必將來臨，仍然生活在天主的國裡，在地上猶如在天上。

　　所以我們來探討一些耶穌說的比喻：如果天主的國，也就是天地人的新關係，能夠以各種比喻闡釋其義，意味著它有多種面向，聽眾無法完全了解，而我們也必須將自己置身聽眾席間。不僅如此，比喻是將思想觀念以具有情節的場景畫面表達，而圖像畫面傳達的訊息又比思想觀念來得範圍廣泛，只不過即使是現代人，習常做的也是思想觀念的內省、交流。再加上福音作者為後世流傳的只是一部分比喻；耶穌說過的比喻，應該比我們現在所知的數量多許多。

　　天主的國只能被人局部理解，不只因為它的根源超越人類範疇，也因為它尚未完成，還在發展、走向人們未知的目

的地，是一個過程中的事實。

　　我們首先來看芥菜種子的比喻：「我們以什麼來比擬天主的國呢？它好像一粒芥子，種在地裡的時候，比地上一切的種子都小；但是當下種之後，生長起來，比一切蔬菜都大，並且長出大枝，以致天上的飛鳥能夠棲息在它的蔭下。」（谷四30-32；瑪十三31-32；路十三18-19）天主的國尚且微小，但是注定隨著時間推移而增長，直到成為提供庇護與憩息復甦之所。但是需要多少時間？耶穌以芥子比喻天主的國，芥子生長需要一季，天主國的增長是否像蔬菜一樣快速？不可能。這比喻主要比擬的不是天主國與植物生長的速度，而是起初之微小與終末之偉大。並且，天主的國顯然會給（或將給）相信且接受它的人復甦的力量。

　　同樣意味深長的還有酵母的比喻，不過馬爾谷省略了這個比喻，我們採用瑪竇的敘述：「天國好像酵母，女人取來藏在三斗麵裡，直到全部發了酵。」（瑪十三31-33；參路十三20-21）與芥子比喻不同，酵母的比喻表達一物滲透另一物，對後者產生潛移默化的力量。這是隱喻的弦外之音，天國透過與人心靈的融合，慢慢地使人轉變，就像天國在歷史中的延展一樣。比喻中有許多細節問題仍不明朗，像是麵粉產生哪些變化，也就是人因天國的影響之後產生什麼變化？酵母被藏入麵粉中，只與局部麵粉接觸，表達有人收到天國訊息、有人則無，這是什麼意思？即使有人收到天國訊息，最終仍以他自己所了解地去接受，以人自己所了解地接受天國又是什麼意思？在人類與歷史中的天國，真是既確定無疑，又難以窮其奧祕的存在。

天國是奧祕，正如天主的恩惠，而且耶穌沒有明白揭示它。但是另一方面，酵母和芥子的圖像都適合用來對人說明，不論是對個人、社會群體和它的歷史，都幫助人對天國有更清晰的認識。天主的國具有在時間與空間中發展的「社會」幅度，比喻中的圖像也說明了這發展、朝向完成的趨勢，可以理解天國是已經存在、朝向圓滿實現的事實。因此耶穌的天國比喻為聽眾是個邀請，不是定義清楚、固定不動的概念，因為除了天主，無人是天國的主人。說明耶穌談論天國的方式同時，可以了解耶穌說的天國正在接近，但是也已經存在，只是仍在完成的過程中。

不論如何，耶穌的天國言論包含這種無法定義的特性，與他同時代的希伯來人完全能夠理解。既然耶穌強調了「那日子和那時刻」連天使和子都不知道（谷十三32；瑪廿四36），表示這個奧祕為人有保留的必要。

神聖旨意的奧祕是古木蘭派與哈諾客派的思想主調，哈諾客派更相信將有一位釋奧的啟示者[8]。不論奧祕是否被解開，天主的奧祕一直都存在是不爭的事實，牽涉的不僅是世代的祕密，最終還有天主的國為每一個人的意義，因為任何人都是歷史中的存有，而天主的國要在歷史中完成；只不過

8.《守衛者之書》（西元前四世紀）中的哈諾客啟示罪的起源，並宣告一些由天使洩漏的奧祕本來應該是隱藏的（1H〔LV〕9,6）。他親眼看見上主的秘密，但是卻以「肉身的舌頭」向人類說明，意味著他的說明不會觸及這些奧祕的底蘊（1H〔LV〕14,2）。《哈諾客書》斯拉夫譯本（後基督徒時期）第一句話就表示哈諾客是個知道奧祕的人，他是「至高、上智、至大、永恆不替與全能天主國生命的觀看者」（2H 0,2在此，天主的國代表那惡無法立足的未來偉大時代）。天的本質是「無以言喻」的，因為它是「無法丈量的光明」（2H 0,6）。

天主的國完成的時刻，和它對整個受造界的影響如何，還是個未知數。「進入天主的國」不是說要知道天國的所有內容，而是人必須相信天主，一如耶肋米亞先知所說：「凡信賴世人是可咒罵的；凡信賴上主是可祝福的」（耶十七5、7）。以色列的天主自古以來，至今仍透過耶穌自我啟示，如果缺少對祂的信仰，耶穌的訊息將無法理解，因為天主的啟示並非一次全部到位。保祿深知箇中道理，知道啟示並非全部而完整，所以他說：「因為我們現在所知道的，只是局部的；我們作先知所講的，也只是局部的」（格前十三9）。終極啟示是為了那身處天主國已經完成了的人，也只有那時才能知道。現今對啟示有限的認知，依靠對天主的信仰來補足；另一方面，對天主國的期待會激勵加固信仰與誠心盼望的力量。這是一種良性循環，人賴以生活，無須解釋。

我們關於「天國比喻」這部分的說明，很適合以一個只有馬爾谷記載的比喻作為結束。因為這個比喻語意的不確定性，最貼切也最能表達天主國的奧祕和力量必然經過發展臻至圓滿完成的特性：「天主的國好比一個人把種子撒在地裡，他黑夜白天，或睡或起，雖然那種子發芽生長，至於怎樣，他卻不知道。因為土地自然生長果實：先發苗，後吐穗，最後穗上滿了麥粒。當果實成熟的時候，便立刻派人以鐮刀收割，因為到了收穫的時期。」（谷四26-29）

雖然天主的國已經在人類歷史中實現、朝著完成發展，人仍須奮力爭取天主的國：「由洗者若翰的日子直到如今，天國是以猛力奪取的，以猛力奪取的人，就攫取了它。」（瑪十一12）

即使天國的內容無法明確定義，耶穌還是給了那些接受他的訊息的人建議。所謂悔改，一般都以回頭轉向某個特定物為先決條件。這為耶穌同時代的希伯來人會如何理解？有人會理解成「遵守梅瑟法律」，有人會認為應對友人更寬厚，也有人會更加堅定遠避和異教徒──也就是羅馬人──做交易。

所有耶穌說的天國比喻裡，找不到任何他必須受難死亡的說法，耶穌是在宣講過程中意識到自己的受難死亡無可避免。為了天國的完成，還缺少某個要件，這是單靠人獨力悔改做不到的。

第六章

耶穌的教導：
世界觀與人觀

1.世界

耶穌從未明白說過天主創造了世界，因為世界從何而來不是當時希伯來人關心的問題，它是既存的事實。耶穌希望的是深入探究受造世界的意義。

聖俗有別是當時普遍存在的觀念。神聖事物屬於天主，不是任何人都能使用；神聖以外的事物屬於人，雖然它們也是恩惠、被給予人的，但是已經屬於人，任何人都能使用。這種聖俗之分可見於：進入聖殿的必須是希伯來人，且須有一定程度的神聖性。接著在聖殿裡，只有司祭能夠接近祭台，而且只有大司祭能夠進入聖殿最神聖壯嚴的全聖所。大司祭一年只進去一次，為了奉獻贖罪祭。天主的名字則是不能直接被呼喚，因為呼喚天主的名字相當於直接觸碰祂、使用這個名字。在耶穌的時代，人們連天主名字的代稱雅威（Jhwh，耶和華）都不寫，更喜歡寫成四個點。「天主」是雅威的通稱，不過也由其他名號代替，像是基督徒也沿用的

「主」（Signore），或是首字母大寫的「祂的名」（il Nome），
或是直接說「那地方」（il Luogo）。

1.1 萬有皆為聖：耶穌對發誓的教導

因為這種聖俗有別的世界觀，想要找到人對天發誓的固
定格式就有些困難。這是個開放性的問題，而耶穌提出的解
決之道卻出自和他同時代的人們不同的世界觀，至少與我們
所知的法利塞派和古木蘭派的世界觀相異。

> 你們一向聽過古人說：「不可發虛誓！要向上主償還你的
> 誓願！」我卻對你們說：你們總不可發誓：不可指著天，因為
> 天是天主的寶座；不可指著地，因為地是他的腳凳；不可指著
> 耶路撒冷，因為她是大王的城市。也不可指著你的頭髮誓，因
> 為你不能使一根頭髮變白或變黑。你們的話該當是：是就說
> 是，非就說非；其他多餘的，便是出於邪惡。（瑪五 33-37）

令人疑惑的是，這個誡命並沒有被任何基督教會依照它
的字面意義遵守。耶穌甚至沒有提到是哪個經典上提到對天
主發的誓；他只說了對不同事物發誓時的態度。顯然耶穌很
清楚，對天主發誓是已經解決了的問題，該討論的是對與天
主有關的事物發誓的問題。

對天主發誓之所以被略而不談，想必當時眾人已經心知
肚明這是該避免、不可做的事。耶穌要表達的只是：既然知
道應該避免對天主發誓，就不應該對任何事物發誓，因為所
有一切都是天主的。耶穌這種不容置疑的信心，只能是出自

他明確地知道人與世界，以及世界與天主的關係為何。

　　耶穌這番言論不會給整個希伯來世界額外加重負擔，在我們看來，它非常接近第八條關於發誓的誡命：「不可妄發虛誓」。如果現代人會理所當然地認為法庭是發誓的場所，以前的希伯來人可不會認同。希伯來證人在作證之前不會被要求宣誓，甚至不必刻意提醒他《肋未紀》十九章12節的誡命：「不可奉我的名妄發虛誓，而褻瀆你天主的名字：我是上主。」耶穌的言論無關乎作偽證、發虛誓，因為人人都知道這麼做應受譴責，沒有評論的必要。耶穌的言論另有關注點，即是誓言本身，擔保某事真實無偽之人的誓言亦然。

　　「發誓」起初是人在生活中與神聖連結的一個行為，同時可說相當危險，是在必要且特殊的時刻才能做的事。發誓是拿自己賭咒，如果一個人對事實作偽證，或懷著不良企圖起誓承諾，神聖上主將怒不可遏地施以報復。所謂許願也是一種起誓，負有完成誓願的責任，例如許願換得恩惠之後必須還願。也類似曼佐尼筆下的路濟亞向天主承諾：只要能讓她逃離因諾米納多，她就不嫁給倫佐。[1]

　　《民長紀》（十一31-40）記載了依弗大（耶弗他）在上主面前許願說，只要上主讓他的敵人敗戰，他就會將回家之後第一個出家門的人祭獻給上主。依弗大戰勝了，當他凱旋返家時，第一個出家門迎接他的是他的獨生女。依弗大記起了他起過的可怕重誓，悔不當初，卻不能對誓願稍減折扣。他為了還願做了祭獻，甚至祭獻了自己的獨生女。依弗大的故

---

1. 譯註：曼佐尼（Alessandro Mazzoni）著名小說《約婚夫婦》（*I Pomessi Sposi*）的主角人物與故事情節。

事屬於以色列久遠以前的古代歷史，當時還可能以人獻祭，神聖的力量被視為獨立於上主的存在。這是存在宇宙間的力量，眾神在其間活動，眾神高於神聖力量。一份古老記載說到，當雅威上主準備降到西乃山上與希伯來人締結盟約的時候，吩咐他們將一切區分聖與俗，上主的臨在將聖化整座山和希伯來人的營地。根據這份古老的記載，看不出來上主會選擇取消能夠致人於死的神聖力量，這種快速的解決之道。上主選擇的最簡單方式是——根據《出谷紀》廿四章11節的描述：「上主沒有下手」殺害上山的七十位長老，這七十位長老在看得見上主臨在的山上還「能吃能喝」。

根據較晚於上述經節成書的《申命紀》記載，人只能向雅威上主發誓（申六13、十20）。《申命紀》針對的問題是禁止偶像崇拜，有人向以民的上主以外的神發誓。發誓是因為除了起誓的人之外沒有其他證人，所以籲請天主親自作證；這種起誓不僅合法，更加強誓言的可信度。

到了耶穌的時代，情況又有所不同：令人堪憂的不是偶像崇拜，而是褻瀆「祂的名」，亦即褻瀆天主的名；所以發誓同時也是個問題，因為它要求天主的介入。

我們已經可以追溯到基督宗教之前，發誓的問題在整個猶太宗教中的某種發展趨勢。

在厄色尼環境下、成書年代不明的《大馬士革文件》（9,8-10）可見：「對於發誓，為此寫道：『你無法憑己力實現正義[2]』，任何要求他人在野外發誓，而不是在審判官面前，按照

2.《撒慕爾紀上》廿五章26節。

他們的法令發誓，這就是憑己力實現正義（禁止的事）。」

　　因此，為了審判，審判官能夠要求人發誓；在這種情況下出現名符其實的動詞「發誓」，其他情況則會被淡化成「承諾」。在這個文本裡，未出現寫成《大馬士革文件》的團體自己成員起誓的內容。

　　在同一文件第十五欄開端，我們發現一個為特例推論原則的誓言格式，寫道：「人不得使用字母alef lamed，或字母alef dalet（字母alef與lamed一起，指示天主；alef dalet等於Adonay，指示上主）來起誓；但是（使）青年（即成年人）以詛咒的盟約[3]起誓時，（也）不可提到梅瑟法律，因為祂的名（il Nome）寫於其間。的確，如果他發誓（向天主），之後違背，就褻瀆了祂的名。但若是審判官令人以詛咒的盟約起誓，之後（起誓者）違背（誓言），是有罪的。如果他認罪並賠償，就不背負罪愆，也不至於死。」（DD15, 1-4）

　　要是我沒錯懂這段文字的內容，我認為意思應該是這樣的：禁止在生活中漫不經心、隨口起誓；但是在審判官面前不僅可以、甚至應該發誓，只是不能以天主之名和法律之名發誓，僅如成年人一般地宣發詛咒的盟約誓詞。發誓禁止要求天主干預，不是因為發誓本身褻瀆「祂的名」，而是立誓者若未遵守誓言，就有褻聖的危險。

　　更加激進的總是出自那位於古木蘭的哈諾客派團體。《團體規章》（5, 8）寫道：「（成員）應以有效方式發誓，將致力於遵守梅瑟法律對他的一切規定，全心全靈，遵守其中啟示給

3.「詛咒的盟約」，成年人必須向團體宣誓他們的信仰。參閱《申命紀》廿七章。古木蘭發現的文件《團體規章》有個對加入派別後又背叛的詛咒清單。

匝多克子孫的一切，司祭們謹守盟約並尋求祂的旨意……」

《頌謝詞》（*Hodayot*）也提到同樣的基本誓言：「願我擁有深明祢慈愛的恩惠，藉此宣誓，我將致力不犯罪、不得罪祢。」（1QH 14, 17）

古木蘭的成員至少必須做過一次宣誓，就是當他被接受加入團體的時候。不過那既不是對天主、也不是對法律，甚至不是對詛咒的盟約發誓，而是對自己宣發誓言。顯然在古木蘭人的思維裡，整個世界因為天主——而不是因為人——都可視為神聖。雖然整個世界都是天主的受造物，卻也夠俗化，所以能夠宣誓。值得注意的是，在這些情況下所使用的動詞都與發誓的動詞不同，而是與我們所使用的「承諾」一詞更加接近。但是它無論如何也等同於發誓，因為用來指示承諾者手勢的名詞就是宣誓。

如果我們再看發誓觀念的史料記載，約瑟夫在耶穌之後不久寫成的《猶太戰記》（2, 135）顯示：禁止發誓是厄色尼神學的基本原則；這本書中記寫著：「他們（厄色尼派成員）所說的每一句話都比誓言強而有力；他們不發誓，因為他們認為那是比作偽證更糟糕的事……。」緊接著在139至142節寫道：「然而，在接受共融之糧以前，（信徒）會讓他們（向宗派成員）宣發重誓：首先是對神聖天主的虔誠，再者是謹守正義的待人之道……藉著宣發這些誓言，確保宗派的加入成員忠誠無偽」。

對照這兩段文字敘述，約瑟夫觀察到厄色尼人禁止發誓，只有在候選者被團體接受之前得先宣誓。從古木蘭文件看來，我們也能夠肯定，候選者加入團體前也不是向天主或向任何屬於天主

的聖物發誓，即使在約瑟夫的時代亦然，他們只是宣發自己的誓願。

　　所以我們已經從拒絕任何可能褻聖——也就是褻瀆天主聖名，即使是不直呼祂名號的發誓——過渡到排除任何可能要求天主介入的承諾階段。

　　《瑪竇福音》的記載，透露一些法利塞人對發誓的觀念：「『誰若指著聖所，（起誓）無效；但是誰若指著聖所的金子起誓，就該還願。』又昏又瞎的人哪！究竟什麼更貴重？是金子或是那使金子成聖的聖所？」（瑪廿三16-17）又接著寫道：「『誰若指著全燔祭壇，起誓無效；但是誰若指著那上面的供物起誓，就該還願。』瞎眼的人哪！究竟什麼更貴重？是供物或是那使供物成聖的全燔祭壇？」（瑪廿三18-19）

　　法利塞人並不否認發誓是合法行為，但是希望不要直接對著天主發誓，也不要對著過於和天主相關、亦即可稱為神聖的事物發誓；但是對著為起誓者來說是聖的，又不會太過導致褻聖的事物發誓，則能被接受。聖殿比聖殿裝飾神聖，祭壇比供物神聖。以天主的名號宣發的誓言無效，因為那指是褻聖的行為。

　　耶穌對於人能否發誓、如何發誓的立場更為嚴格。他接受天主不能被要求介入誓言的原則，但說明這是因為人不可對任何事物、甚至拿自己來起誓。

　　耶穌的教導將世界的意義推向極致，因為整個世界都屬於天主，世界是神聖的。如此觀念與受造界中不存在不潔之物的觀念完美地畫上等號——所謂的不潔只有罪。另一方面，正因為一切事物皆潔淨且屬聖，再沒有誓言容身之地。

當一人為了任何事由要發誓時，他只能是向天主起誓，因為連我們人也是屬於天主的。所以拿自己來起誓也在禁止之列，這卻是古木蘭團體所使用的最重大的承諾方式。事物俗而不潔的觀點，在耶穌眼中消失無蹤。天主與人之間再沒有任何藩籬分野，強調了人和整個自然界一樣，全都屬於天主。

1.2 萬有皆為聖：耶穌對不潔的教導

耶穌的世界觀能夠衍生多重含意的議題討論，其中之一就是耶穌對「不潔」的說明。我們已經看到「聖與俗」、「潔與不潔」在猶太思想史中特別活躍醒目。我們也看到在耶穌的時代，難以清楚定義不潔之物，是一個問題。梅瑟法律規定了屬於潔和不潔的事物，卻對如何判斷不潔的本質隻字未提；之後在哈諾客派的觀念裡，似乎除了血之外，不存在不潔之物。我們以下藉著《馬爾谷福音》第七章（1-30節）的敘事，探討這個主題。

法利塞人和一些從耶路撒冷來的經師，聚集到耶穌跟前。他們曾看見他的幾個門徒用不潔的手，就是用沒有洗過的手吃飯──原來，法利塞人和所有的猶太人，都拘守先人的傳授：若不仔細洗手，就不吃飯；從街市上回來，若不先沐浴，也不吃飯；還有其他許多按傳授應拘守的事：如洗杯，洗壺，洗銅器等──法利塞人和經師們就問耶穌說：「你的門徒為什麼不遵守先人的傳授，而用不潔的手吃飯？」

耶穌對他們說：「依撒意亞論你們這些假善人預言的真好，正如所記載的：『這民族用嘴唇尊敬我，他們的心卻遠離

我。他們恭敬我，也是虛假的，因為他們所講授的教義，是人的規律。』你們離棄天主的誡命，而只拘守人的傳授。」

又向他們說：「真好啊！你們為拘守你們的傳授，竟廢除了天主的誡命。梅瑟原說過：『你該孝敬你的父親及你的母親；』又說：『咒罵了父親或母親的，應處以死刑。』」你們卻說：人若對父親或母親說：我所能供養你的，已成了『科爾班』[4]，即『獻儀』，那麼就准許那人不必再為父母做什麼了：這樣你們便為了你們所傳授的遺教，廢棄了天主的話；並且你們還行了許多其他諸如此類的事。」

另有一次，耶穌又叫過群眾來，對他們說：「你們都要聽我，且要明白！不是從人外面進入他內的，能污穢人；而是從人裡面出來的，才污穢人。」

耶穌離開群眾，回到家裡，他的門徒便問他這比喻的意義。耶穌就給他們說：「怎麼連你們也不明白嗎？你們不曉得：凡從外面進入人內的，不能使人污穢，因為近不到他的心；但到他的肚腹內，再排泄到廁所裡去嗎？」他這是說一切食物都是潔淨的。

耶穌又說：「凡從人裡面出來的，那才使人污穢，因為從裡面，從人心裡出來的是些惡念、邪淫、盜竊、兇殺、姦淫、貪吝、毒辣、詭詐、放蕩、嫉妒、毀謗、驕傲、愚妄：這一切惡事，都是從內裡出來的，並且使人污穢。」

耶穌從那裡起身往提洛（推羅）和漆冬（西頓）境內去了。他進了一家，不願任何人知道，但是不能隱藏。當下就有

---

4. 在實際作法上，給聖殿的奉獻相當於給父母扶養費。

一個婦人，她的女兒附了邪魔，一聽說耶穌，就起來跪伏在他
腳前。這婦人是個外邦人，生於敘利亞腓尼基；她懇求耶穌把
魔鬼從她女兒身上趕出去。耶穌向她說：「應先讓兒女們吃飽
了，因為拿兒女的餅扔給小狗是不對的。」那婦人卻回答說：
「主，是啊！可是小狗在桌子底下，也可吃孩子們的碎屑呢！」
耶穌對她說：「為了這句話，妳去吧！魔鬼已從妳女兒身上出
去了。」她一回到自己的家裡，看見孩子躺在床上，魔鬼已出
去了。

　　《馬爾谷福音》第七章集合了三段敘事：首先是法利塞人
因為耶穌的門徒沒有依照傳統規定先洗潔雙手，「用不潔的手
吃飯」，而質問耶穌對先祖傳統的觀點；再者是耶穌對潔與不
潔之問的教導，構成本章軸心部分；隨後是耶穌為異教婦女
行的奇蹟。

　　這三段敘事都集合在論「不潔」的主題下，敘述的順序
與事件發生的時間順序無關，但是它們有共同的主題。馬爾
谷也說明了耶穌遇見法利塞人，和他對潔與不潔的教導，是
「另有一次」的事；與敘利亞腓尼基婦女的相遇是在外邦人的
土地上，肯定也是另一次事件。

　　在第一個敘事中，耶穌的門徒沒有洗手，也就是沒有取潔
就直接吃飯。一些法利塞人要求耶穌對此解釋。法利塞人的質
問與其說是責備，更好說是主題辯論的開始。門徒們所吃的食
物肯定根據法律是潔淨的，所以問題僅限於門徒沒有先洗手就
吃飯。事實上，梅瑟法律並無規定吃飯前要先洗手，這是先祖
傳統的律法。法利塞人很清楚，並非所有希伯來人都接受之後

被收錄在《米示拿》的先祖傳統；他們只是想知道耶穌的立場為何。耶穌說口傳律法沒有價值，甚至暗示口傳律法是超越梅瑟法律底線的新發明，並舉例說明。梅瑟法律強調子女要孝敬父母：在實行上，一方面子女要敬重父母，直到他們能夠掌理整個家庭秩序；另一方面，在一個不知道什麼是退休和養老院的社會裡，子女不可拋棄老邁的父母。

再者，當時一定也和任何時代一樣，存在子女和父母難以共處、甚至無法一起生活的問題。為了這種情況，口傳律法有了「科爾班」的規定，即是將應當供養父母的孝親費，奉獻給聖殿作為獻儀。這使子女的良心得到平靜，但是也可能被濫用。為此，耶穌說，口傳律法允許調整梅瑟法律的同時，也違背了它的本義。耶穌並且引用《依撒意亞先知書》的經句加重他說話的力道，斥責所有聽到這些話的人：「你們離棄天主的誡命，而只拘守人的傳授」。和法利塞人的辯論在此結束。

耶穌藉著此次或另一個相似的主題辯論機會，為「不潔的本質」這個古老問題提出新的解方。如同我們在第二章已經說過，不潔是個開放性的問題，而且各界對不潔的意見觀點眾說紛紜。耶穌說：「不是從人外面進入他內的，能污穢人；而是從人裡面出來的，才污穢人。」藉著這些話，耶穌表達自己與否認不潔存在的立場有別，而是排除不潔可能存在事物中，或是能夠透過事物進入人內、使人污穢。

受污染的人被視為無法接近天主，從洗者若翰的宗教觀即可見一斑，必須保持個人絕對不受玷汙才能越加接近天主地生活。當司祭必須服務祭台時，也要保持最潔淨的狀態。

口傳律法額外加上進食之前的取潔規定。耶穌說，沒有人會因為接觸物體成為不潔，也沒有任何食物會使人污穢。馬爾谷因此總結耶穌的話說：「一切食物都是潔淨的」（谷七19）。這是他對耶穌言論的詮釋，乍看之下只取其部分意義，可能馬爾谷只想對當時仍全是希伯來人的初期基督徒說，他們能夠吃所有被視為不潔的食物。伯多祿即使在耶穌死後，仍然保持只吃潔淨食物的習慣！《宗徒大事錄》十章14節記載伯多祿說：「我從來沒有吃過一樣污穢和不潔之物。」

澄清了既非物體也非食物使人污穢，還需要說明究竟什麼使人污穢。人的靈魂內存在一些惡，某個時間點會具體成為惡念，之後順從惡念做出惡行。惡念與惡行則真正使人污穢。人生處在不潔的狀態下並非幻想。是人違背了天主的旨意，失去接近天主的資格；人本身必須淨化才能重拾他的天國地位。

沒有不潔之物，只有不潔之人。耶穌這種對待不潔的態度，應與他對發誓的見解一起了解：人不可對著任何存在物發誓，因為不論如何，他藉以發誓的對象都屬於天主，最終仍是訴諸天主。在這種所有事物與生靈具有同等尊嚴的世界觀底下，沒有任何受造物是可有可無地消極存在。

耶穌採取的是釜底抽薪的解決之道。早在耶穌前約二個世紀左右，一位住在亞歷山大里亞城的希伯來人亞里斯提亞（Aristea），以希臘文寫了一本書，書中就表達與耶穌對自然萬物相同的觀點。他的著作最後被以《亞里斯提亞書信》（*Lettera di Aristea*）為名納入歷史中，書中143節寫道：「普遍而論，一切萬有依照自然原理都是一樣的」，亦即自然

本質無所謂潔與不潔之分。但是亞里斯提亞同時保留了梅瑟法律對區分潔與不潔的規定，書中148節寫道：「立法者（即梅瑟）意圖藉著不潔的動物勸誡被賦與智識的人應當是正義之人，不可以暴力或假借自己的強勢壓迫他人。」亞里斯提亞想到掠食性鳥類，因為牠們吃帶血動物的肉而被視為不潔，於是他接著說：「在那裡，連碰觸這些禽鳥都不可能，如何能不竭盡所能地放棄所有導向惡化的習俗呢？」

　　耶穌同時代有位辣彼哈尼拿‧本‧多沙（Hanina ben Dosa），他排除不潔的真實存在。近西元七〇年時，另一位偉大辣彼若翰‧木‧匝凱（Giovanni ben Zakkai），他接受哈尼拿的意見，但是也支持應該遵守梅瑟法律。自然物間既無污穢，也無潔淨；但是有誡命寫在聖經上，人應當遵守。

　　一如所見，耶穌的立場是在觀念面上與眾不同。耶穌根據聖經接受不潔的存在，但是排除不潔存在事物或動物內。只有人會因為違背天主旨意而使自己不潔、成為不潔。罪並不在人之外、也不是單純的違背行為而已（僅止於行為、人性不受影響）。就像一個不潔的希伯來人不能進入聖殿，同樣為耶穌而言，罪人是受玷污的，無法做的不是進入聖殿，而是不能與天主親近地生活。

　　耶穌對不潔的教導，其中一個重要影響就是不能再將外邦人、異教徒視為不潔，雖然基督徒要體現箇中道理是個緩慢的漸進過程。馬爾谷在耶穌針對潔與不潔的主要言論之後，緊接著記載耶穌在外邦人的地方行了奇蹟，並支持一位異教婦女，顯示當時視外邦人、異教徒為不潔的問題，也存在信仰基督的團體中。

　　希伯來人與外邦人的關係，經常因為從流放時期開始就
視外邦人為不潔而錯綜複雜。一本耶穌同期左右寫成的希伯
來文小說《若瑟與阿斯納特》（*Giuseppe e Asnet*）中寫道：虔
誠的若瑟「從不與埃及人一起吃飯，因為這使他感到厭惡」；
所以埃及客人「給他另一張桌子」（《若瑟與阿斯納特》7, 1）。
我再舉伯多祿生平一次事件為例。希伯來人對於進入外邦人
的家多有顧忌（宗十），當耶路撒冷的基督徒聽說伯多祿「同
外邦人吃了飯」（迦二12，以及參閱宗十一3），便責備他。
這是個實際生活上很難不違反、一個知易行難的理想化規
定，但確實蟄伏社會意識中[5]。

　　所以耶穌曾經去過外邦地區，行為本身本來不構成任何
理解上的困難；但是他走進一個屋子裡，馬爾谷沒說是希伯
來人或是外邦人的家，這細節成了重要關鍵。馬爾谷接著寫
說：耶穌「不願讓任何人知道」。這句話在我們耳際響起，今
昔意義大不相同。我們已經知道，「被隱密的」是耶穌時代
的希伯來人熟知的默西亞特徵，雖然只有部分人承認，但其
中一定包括馬爾谷。耶穌也願意在外邦地區、為外邦人，如
默西亞一樣行動。耶穌已經在希伯來人的地區宣講天主的福
音，他十分清楚自己正是為了這事而來（谷一38），但是之後
又命令那些知道他身分的人不可對外透露，他在外邦地區應
該也希望隱密自己的身分。

　　耶穌接受這位婦女進屋和他說話，事實上她是跪伏在耶
穌腳前；耶穌接受了她的懇求，並為了她，一位外邦婦女，

---

5. 唯有自耶穌的時代開始，大經師辣彼們才開始針對外邦人的不潔類型進行辯論。

施行奇蹟。雖然他是隔著空間距離行奇蹟，避免進入應是外邦人的家[6]。對於外邦人，我們一方面有著開放態度，另方面又在進入家門前躊躇遲疑。似乎耶穌也認為希伯來人與外邦人之間有所差異。這差異究竟為何？或許能從耶穌對那位婦女說的話來了解。耶穌說：「應先讓兒女們吃飽」。如果說，兒女們應「先」吃飽，那就表示「之後」所有人都有食物可吃，只是應有先後順序。耶穌的生活、行動和教導，一切也都循序漸進。那麼，正如耶穌的使命生活是漸進的過程，門徒們的使命生活也應當如此。

1.3 受造界之美

　　猶太文學裡，有關受造物之美的主題屬於罕見。耶穌勸告人事奉天主而非錢財的方式之一，正是欣賞受造物之美。耶穌在申明人不可能同時事奉兩個主人，不能事奉天主而又事奉錢財之後，說：「為此，我告訴你們：不要為你們的生命憂慮吃什麼，或喝什麼⋯⋯關於衣服，你們又憂慮什麼？你們觀察一下田間的百合花怎樣生長：它們既不勞作，也不紡織；可是我告訴你們：連撒羅滿在他極盛的榮華時代所披戴的，也不如這些花中的一朵。」（瑪六25-29；參閱路十二27）

　　耶穌此番言論的重點在於勸戒人莫過度執著，首先放棄不義之財，接著放棄富裕榮利，這些都能藉著欣賞天主受造物之美的能力來實現，從而擺脫財富與權力營造的假象。

---

6. 可見另一百夫長的僕人得治癒的奇蹟記載（瑪七5-13；路七1-10）。在這個奇蹟事件中，耶穌也沒有進到外邦人的家裡，看似出於百夫長的個人意願，因為外邦人承認自己的不潔，不配參與救恩。

2. 人和人的靈魂

耶穌的人觀基本上與他同期多數希伯來人相同。人是身體與靈魂的形式。人的某個東西——我們能稱之為靈魂——在人死後受天主審判，而他或者在天堂，或者在地獄。乞丐拉匝祿與奢華富家人（路十六19-31）就是在這種人觀背景下說的比喻，人聽了就能懂。包括那位問耶穌該做什麼才能獲得永生的富人（谷十17-22），也說著和耶穌同樣的言語：永生為他們二人，皆是語言就能說明與理解的觀念。但是我們的問題在於：相信靈魂不滅與相信復活是什麼意思？二者的確切關連是什麼？事實上，這兩個觀念的區別為我們並不是那般涇渭分明。我們多次在經外著作中發現，作者所說的究竟是前者，或是後者，並不清楚。可能作者也不覺得有區別的必要，因為無法想像不具肉身的靈魂。

《索福尼亞默示錄》（約西元前第一世紀中葉的作品，也就是耶穌時代左右）面對這個問題，提出他的解釋：書中的主角人物觀看者，他在遊歷天上世界時看見了天堂，而且驚奇地看見人都有身體。「他還看見一些人有頭髮，便問他們（導覽的天使）說：『在這地方也有頭髮和身體嗎？』他們回答：『是的！上主給了他們身體和頭髮，如祂所願。』」[7]現代的專業說法可能如此解釋：天主在人死後立刻給了他身體的復活。

當說到歷史中的先知回到世界上時，人們看見的他們就是有身體的天上居民。就像如果厄里亞能夠回到世界上來，

7.《索福尼亞默示錄》10，12-14。義文版參考 P. Sacchi (a cura), C. Gianotte tr., *Apocrifi dell'Antico Testamento* vol. III (Brescia: Paideia, 1999).

那是因為他在天上也活著，而且顯然是與自己的身體一起活著。此外，聖經對厄里亞到天上之迅速的說法，似乎他是直接升天。經外著作有豐富記載，所有關於天上經歷的描述，都預設了天上居民——天使或人——能夠被肉眼看見，能像活在世上的人一樣說話。很難斷定是否有些經外著作的敘述只是文學假設，我相信不是。因為當時人普遍認為活在天上的靈魂與他們在世上被看見的一樣。

　　不過，還是有差異，至少在專業用語上是如此。古木蘭文件對「聖徒」的觀點較為屬靈，而經外著作的聖徒形象則強烈屬實。史家約瑟夫提到人死後的生命時，總是講靈魂，不曾講復活。對此他解釋說，不想因為一個為外邦人過於刺激而無法接受的話題，招致他們的厭惡。雖然這只是個解釋，卻也顯示約瑟夫能夠不談復活，仍不至於背離他的同胞的思想。反而當保祿站在公議會前，欲分化為了審判他而團結起來的勢力時，他聲明自己是法利塞人，是「為了希望死者的復活，現在受審」（宗廿三6）。約瑟夫繼續他的話題，解釋因為撒杜塞人不相信復活，也不相信天使、不相信靈體。雖然沒觸及靈魂不滅的問題，但它顯然包含在復活的問題中；如此一來，保祿就達到分化不相信精神世界存在的撒杜塞人的用意了。靈魂不滅與復活這兩個詞彙互為表裡，而且不只是口頭交際的語言，就像約瑟夫證實的那樣。

　　撒杜塞人否認精神世界存在，並非受到希臘思想影響後的發明，而是古老希伯來殘餘的觀念。這觀念起於他們看到人死後的黑影下到陰府，希伯來文稱作sceòl的地方，不會立即受到任何審判。陰府裡的黑影處於無足輕重也無能為力的

狀態,《依撒意亞》書中寫道:「陰府不會讚頌你,死亡也不會稱揚你;下到深淵的,不會再仰望你的忠誠。生者,唯有生者能讚頌你……」(依卅八 18-19)

《訓道篇》(約西元前三世紀)也看得到這樣的觀念:「你手能做什麼,就努力去做,因為在你所要去的陰府內(所有人的生命都已終結的地方),沒有工作,沒有學問,沒有智慧。」(訓九 10)在希臘時代,陰府甚至不是一個真實地方的名稱;人的黑影確實下降,「陰府」成了文學上「死亡」的同義詞,亡者的國在約伯說來是「毀滅」(約廿六 6;廿八 22),或說是「沉默」(詠九四 17、一一五 17)。

靈魂不滅的思想是在流亡後歸國時期(即自西元前五世紀開始)才開始流行,《守衛者之書》(西元前四至三世紀)已有記載,並且很快就與復活觀念結合(參達十二 2)。到了西元前一世紀,幾乎所有希伯來人都相信靈魂不滅,唯一的例外就是我們知道的撒杜塞人,他們仍忠於聖經古老的觀念。

接近西元前一世紀末葉,《智慧書》的作者得以寫道:「因為天主並未造死亡,也不樂意生靈滅亡。他造了萬物,為叫它們生存;世上的生物都有生命力,本身都沒有致命的毒藥。陰府(Ade,sceòl 的希臘文,至此已經是死亡的化身)在地上也沒有權勢,因為正義是不死不滅的。」(智一 13-15)

第七章

耶穌的倫理教導

1.主要思路

　　耶穌對於倫理生活的宣講，特徵就是因人施教。許多人來向耶穌請教生活中具體的倫理抉擇，耶穌的回覆因人而異：進一步要求，或退一步要求。耶穌有要求人完全斷離自己的社會關係，意味著他得改變自己的社會價值觀。有人來向耶穌通報他的家人來找他時，耶穌說：「『誰是我的母親和我的弟兄？』遂環視他周圍坐著的人說：『看，我的母親和我的弟兄！因為誰奉行天主的旨意，他就是我的兄弟、姊妹和母親。』」（谷三32-35）

　　就連被耶穌邀請成為門徒的人，也可能被勸告出離家門、放下與原生家庭的種種連結。伯多祿即使在被選為門徒之後，仍與家庭有所聯繫，瑪竇和路加記載的那位不知名的門徒，則是完全不同的狀況。耶穌要求這位不知名的門徒立即放下一切跟隨他，即使當時這位門徒正經歷喪親之慟，他提出一個再合乎常理不過的心願：「請許我先去埋葬我的父

親」。耶穌卻給了難以順應的答覆:「任憑死人去埋葬他們的死人」(瑪八 21-22;路九 59-60)。這類要求讓接受的人意識到不是單純地離開家庭,而是還有高於家庭價值的其他價值,作為耶穌的門徒高於所有社會價值,但並不否定這些價值的意義。

然而更多時候,耶穌沒有太多要求。對於犯姦淫的婦女(若八 1-11),耶穌只是要求她別再犯罪了;耶穌也對門徒說,所有僅是給他的跟隨者一杯水喝的人,都要獲得他們應得的賞報,因為「你們是屬於基督的」(谷九 41;瑪十 42)。耶穌雖然要求一些人離開家,卻談婚姻中的倫理,這是他既不反對婚姻,也不反對家庭的記號。

2.山中言論與新倫理標準(瑪五 5-7)

耶穌在加里肋亞各個村莊行走、宣講天主的國臨近的消息時,他講比喻好使群眾易於了解天主的國,同時他也行奇蹟。有宣講者巡迴宣講,在當時不是罕見現象,但是耶穌的巡迴宣講卻是獨特的,因為他伴隨奇蹟。人們深受他的吸引,認定他是個先知,無論如何一定具有某種特別神恩,肯定是「天主的人」。如果耶穌不只能說天主國的奧妙,他還能治病、驅魔,那麼專程去看他就更有理由了。人們懷著信心或好奇心圍繞著耶穌,思忖著:他就是那要來的默西亞,或許他即將從羅馬人手中解救以色列人。

耶穌不時會從群眾間邀請某人跟隨他,成為他狹義上的門徒。受邀請者降服在耶穌的魅力之下,通常都會加入他

的追隨者之列。接受的人只知道他們所追隨的那一位與眾不同，他以權威教導、醫治疾病，而且驅趕魔鬼。他們被揀選，但不清楚要走向哪裡、哪個目的地。可能有人會燃起希望的亮光，認為自己找到那將拯救以色列、實現偉大事蹟的默西亞；他們當中可能還有人期待在君王默西亞的幕僚中有個好位置。各人究竟懷著什麼心思，旁人無從得知，但是從當時瀰漫巴勒斯坦的氛圍看來，也不難猜想。

耶穌的聲名日增。某日傍晚，他在山上發現自己跟前圍繞著一大群民眾：這是他的宣講成果。來自四面八方的民眾想要目睹他、聽見他、觸摸他（路六12-19）。看到那麼多人聚集在一起，總是跟隨他的門徒也達到一定數目，耶穌心想或許是時候，為完成他的計劃邁出具體的第一步：即使不能馬上勾勒宏圖結構，最少該給群眾一些可依循的行為指南；讓他們透過身體力行認同自己的身分，旁人也得以從中辨識出他們的身分。耶穌做的是一般倫理行為的教導，所有人都準備好聽從這位不同凡響、吸引他們的人說的話。

某天晚上，耶穌上了山，在那裡徹夜祈禱。當人必須迎接和面對重大任務時，他會緊緊抓住天主，尋求祂的支持，將自己託付給祂。黎明之後，耶穌開始從門徒中選出十二人，他們將與耶穌建立特別緊密的關係，耶穌稱他們為「宗徒」，意即「受派遣者」。他們的名字是：「西滿，又被叫作伯多祿（彼得），和他的弟兄安德肋（安得烈）、雅各伯（雅各）、若望（約翰）、斐理伯（腓力）、巴爾多祿茂（巴多羅買）、瑪竇（馬太）、多默（多馬）、阿耳斐（亞勒腓）的兒子雅各伯（雅各）、號稱『熱誠者』（激進黨）的西滿、雅各

伯（雅各）的兄弟猶達（猶大）和猶達斯依斯加略（加略人猶大），他成了負賣者。」（路六13-16）耶穌死亡、復活之後，猶達斯的位置由瑪弟亞（馬提亞）替任。

「十二」這個數字，是黃道帶上均等的區域數、曆法單位一年的月份數，也是以色列的支派數；這數字的意義獨特，以至於耶穌揀選的門徒數目不做他想。古木蘭也存在一個由三位司鐸和十二位無神職的信徒組成的領導小組，這應當是沿襲猶太文化中的某個習慣作法。《團體規章》第八欄一開始就能讀到：「在團體的聚會中，（必須有）對妥拉所揭示的[1]一切（誡命）完美（恪守）的十二位信徒和三位司祭在場，使所有人以真理、正義、公平、慈愛、謙遜彼此相待。必須在地上（以色列），以堅定的靈魂和懺悔的精神信實（於天主）。」

之後耶穌開始向群眾說話，但是離他最近的是宗徒們和其他門徒。耶穌雖然是公開對所有人說話，但是只有離他最近的人聽得清楚。就連瑪竇和路加的見證都難免給人一個印象：他們似乎也不確定耶穌是不是對所有人說話，或者不只對宗徒與門徒說話。瑪竇為耶穌言論的開場白這樣說：「耶穌一見群眾，就上了山，坐下；他的門徒上他跟前來」（瑪五1）。如果耶穌是坐著說話，不太可能眾人都聽得清楚。另一方面，瑪竇在敘事結束前說：「因為他教訓他們，正像有權威的人，不像他們的經師。」（瑪七29）這似乎是說，眾人都聽見了耶穌說的話；但也可能，瑪竇如此結語，指的不只是在

---

1. 被揭示的誡命，即那些法律中明文記載的規定。但是這些顯然不足以涵蓋人類所有活動，因此應當還有被隱藏的誡命，需要補充啟示。法利塞人試圖藉著辯論和演繹推論來填補這部分法律的空白。

山上聽耶穌說話的人，也包括他四處行走宣講時，曾經聽他說話的人。

《瑪竇福音》出現的耶穌「山中聖訓」，《路加福音》也有，不過是「平地聖訓」。這兩個平行經文的敘事都有山為背景，馬爾谷也知道這個傳統，因為「十二人」是在此座山上被揀選的（谷三13），路加也如此記載。為路加而言，山標記著耶穌生平事件的特殊時刻。耶穌這段綱領性的言論，路加記載的結構比瑪竇的簡短；再者，路加記載耶穌言論後有個語氣轉折，轉為強調社會性的教導，瑪竇則維持倫理與精神教導的一貫語氣。一般聖經評注者都認為路加的記載比瑪竇更接近耶穌實際上說的話，但是我認為依照瑪竇更加合理。

《瑪竇福音》記載的耶穌這段言論，結構與用詞都有明顯的希伯來特徵，合理推測對傳統文字應該較少更動。例如瑪竇說「精神貧窮的人」，對照路加只說「貧窮的人」。曾經，瑪竇被視為是路加之後的著作，因為表達看似較為委婉：路加對「貧窮」觀念的表達更為積極，瑪竇則似乎是為初期教會的處境提供因應之道。但是，我們從古木蘭居民中看到「精神貧窮的人」同樣的表達，意思是人在天主面前深摯地謙卑自下。它早已是個宗教意識，才接著發展到物質經濟層面（見後文）。

瑪竇和路加兩部福音都證實當時有兩類人在場：群眾與十二人。群眾在後方，耶穌主要是對十二人說話，也告訴他們如今他們已經代表一個特別的團體。耶穌給這個團體一些特別誡命，他們必須實行作為表樣，建立一個未明文訂定的生活規則。這些誡命不是要人必須做某件事，與古木蘭團體

編纂生活規章，規定成員必須依照一定方式集會、依照層級
說話不同。耶穌的教導旨在創生一種不需明文規定，而能成
為行動動力的自發精神。他的跟隨者應心悅誠服這非成文規
定，自然地奉為日常生活的原則。

　　馬爾谷既然知道耶穌的山中講道無疑是歷史性的重要時
刻，就不可能只為了精簡篇幅而省略講道內容。在耶穌公開
生活初期，山的特殊意義，馬爾谷也是了然於心，所以他記
述了耶穌在山上揀選十二宗徒：「他上了山，把自己想要的
人召來……他就選定了十二人，為同他常在一起」（谷三13-
14）。馬爾谷將耶穌的山上講道內容安排在他全程公開生活
中，隨著他漸次教導與漸次行動，耶穌的話取得了僅在山上
未能達到的實質且圓滿的意義。山中言論確實出自耶穌，雖
然不能確定言論的詳細內容，但確實是耶穌為實現他對人的
計劃發軔的首作。

　　這段言論的語法結構很簡單，耶穌按照希伯來人的標準
表達方式，不先直陳一般原則，而是講述一個情況接著宣布
誡命，同時對它在天主整個歷史救恩計劃中的一些肯定。指
出耶穌這段言論的倫理特徵和一般意義，能夠觸動有感於相
同需要的西方讀者。

　　耶穌的山中言論關係許多面向，但是首先且最重要的是
它建立了第一個基督徒團體。馬爾谷直接言簡意賅地說：就
是那時候，耶穌選立了十二宗徒，所有人都在一起，彷彿
教會核心的誕生。耶穌給了這個團體一些足以標誌其身分特
徵的誡命，但是由於耶穌的死亡與復活，他們還欠缺一些要
素，需要更深遠的啟發方能領悟這些關乎行為的誡命。

　　當時誰聽了並接受耶穌的話，便知道自己屬於一個特定團體，即使尚無名稱，卻已是以色列社會的事實；他知道這份伴隨著必須力行倫理誡命的歸屬感，使這個團體成為地上的鹽、世界的光。為耶穌而言，這個團體並非以色列眾多團體中的一個，而是必須在以色列這塊麵團中成為酵母的團體，而以色列要成為世界麵糰的酵母。這是使人心振奮、燃起責任熱忱的情況，但是在這種情況中，一切似乎總歸於必須「做」些什麼不同以往的事。或許馬爾谷為此傾向不宣布基督徒團體的誕生，並在事實上只宣布了基督徒的行動方針。它是基督宗教在世上可見的一面，但不是全部，一如馬爾谷在經歷耶穌死亡與復活事件後的看法。

　　耶穌的山中言論是一種普世性的教導，為所有人都有實行的價值意義，即使明顯是嫁接在希伯來的傳統之上。基督信仰不單是教義，本質上是一種生活，只有與耶穌的生命的一切舉動和發生的事件連結、相關，才有意義。基督信仰不單是行動方式，也是最後晚餐及其代表的一切奧義，也是耶穌的死亡與復活。

　　所以耶穌山中言論的對象與其說是將來的基督徒，更好說是世世代代所有的人。這些話以阿拉美文向耶穌同時代的希伯來人宣布，雖然是聽眾已知、主要是舊約的倫理觀念，而且並無產生太多新的誡命附加在既有的之後，卻是對人類行為、倫理道德觀念新的理解方式。

　　以色列人已經聽說過，依照舊約的誡命規定「不可殺人」；耶穌卻對他們說，誰若冒犯別人就已經犯了罪。這不是另外一條不同的誡命，接受「不可殺人」的誡命不只是嚴守它

的字面意義，而是連這條誡命的法源精神與目標，都一併接受並實行。新的倫理觀念在舊約的根基上發展。當時人們也為了一些問題彼此爭論，卻因此匯聚成新的倫理原則——即使對希伯來文化一無所知之人，都能理解的倫理觀。甘地（Gandhi）不就是很欣賞四部福音書，即使他不曾讀過舊約聖經。

凡是聽耶穌說話的人莫不感到驚奇，不是為了他說了什麼，而是他說話的方式。因為希伯來人——或至少他們當中的大部分人——都很清楚法律、妥拉不容動搖的地位。但是普遍也認為妥拉和每一條法律一樣，為了個案適用都需要法律解釋；法利塞人特別歡迎這種法律解釋的辯論。與成文法律並存的還有口傳律法——哈拉卡（halakah），口傳律法是法律解釋辯論下的產物，因此形式仍在發展中，對所有人是一個暫時的法律規範；所以對一些希伯來人而言，每一條哈拉卡都是可以辯論的對象，至少在耶穌的時代是如此。聽耶穌說話的人不是為了他的新解釋感到驚奇（雖然當中有許多被口耳相傳），人們驚奇的是耶穌沒有辯論空間的教導方式。「他以權威教導，不像經師們一樣」（谷一22），經師們對辯論已是司空見慣。

2.1 基督徒的倫理基礎

耶穌不是以新的誡命開始他的山中言論，而是祝福：指出幸福的狀態，而非具體行為。正確的行為源自這種內在的幸福狀態，而非遵守外在行為的明文規定。耶穌宣布有福者——真正幸福的人——他們屬於或處於天主國的狀態

中。有人可能已經處於天主的國內卻不自知。耶穌似乎是對那些對法律所知不多的人說話，但是無論如何，此時他公開宣講的第一階段，他並沒有廢除任何誡命；他甚至沒有推崇義人，像哈諾客派與厄色尼派的文獻顯示的那樣。這兩個派別的文獻顯示他們可能無視梅瑟法律，僅藉他們的規範傳統看待人，而且嚴守總是在善行與惡行清楚分野的基礎上所定的規範。耶穌進入不同層面，提出內化法律規範的邀請，使法律成為人內在的一部分，同時以更徹底且全面的方式理解它，如同「不可殺人」的法律涵蓋「不可冒犯他人」。

耶穌的話直指內化的精神層面。「眼睛就是身體的燈。所以你的眼睛若是康健的，你的全身就都光明。但是，如果你的眼睛有了病，你的全身就都黑暗。那麼，你身上的光明如果成了黑暗，那該是多麼黑暗！」（瑪六22-23）

「神貧（ptochòi）的人是有福的，因為天國是他們的。」

耶穌的話在聽眾耳裡聽來，並非前所未聞那樣的新穎。不論他們是否知道所有以前的文獻，而且不知道比知道的可能性更大，某些價值觀一定存在希伯來的文化精神中，耶穌所做的只是肯定並活化它們。

例如我們在一首已知的古木蘭讚歌詩句（《頌謝詞》6〔之前14〕，2-4）中可見：

——（有福的）真理的人
——和正（義）的選民
——尋求（那）智慧的人

　　——和那些尋求知識的人

　　——他們建（立……愛）憐憫（rahamìm）

　　——和神貧

　　——已經因苦難得到昇華，因試煉得到淨化

　　《路加福音》的平行經文只簡單地說「貧窮」（連用來表達「貧窮」的字pénetes都不同），為西方人釐清了概念，但簡化了說法。瑪竇的說法應是原文表達，因為「精神的貧窮」是當時代的專用語，死海卷軸[2]已有記載，但是西方語言很難找到適當的翻譯詞彙。這個詞彙應當傳達人完全接受天主的旨意，完全謙遜地接納所有他必須面對、來自苦難和被漠視的試煉。這個詞彙應當能夠同時指出它的具體與精神幅度，任何情況下都極具宗教意涵。貧窮向來都是缺乏的一個記號。在天主面前，人是貧窮的；但是意識到這個貧窮為人有其必要：因為貧窮，意即感到缺乏的痛苦，以及被漠視的經驗，皆有助於人增長此一精神。

　　聽眾對此「神貧者有福」會如何理解？今日對於神貧的解釋亦是在擺脫世俗財物，或是執著世俗價值間擺盪。我們則傾向以我們今日對「貧窮」和「精神」二字的用法去分析與理解這個概念，那麼「精神性的貧窮，即是從世間的事物自我抽離」，而不多想「精神的貧窮」一詞源自希伯來文化，和它在希伯來用語中的獨特意義。

2.「精神的貧窮」一詞除了《頌謝詞》之外，《戰爭卷軸》亦有記載（1QM6, 7脫漏的一節前寫著「藉著神貧……（b'nyy rwh…）」。根據前文或後文說什麼，介詞b有不同意義；但是這些精神貧窮的人總是反對權勢者的。

何謂「精神貧窮」並不十分明確，在詞意上的解釋空間便有了彈性。我們先前從古木蘭文件上得知，至少有一點是清楚的：「精神貧窮」這個表達具有強烈的宗教意涵，如果神貧者即是「那些愛的渴慕者」，那麼他們就是經由精神淬鍊帶領他們逐漸接近最高者的人。

《團體規則》（4,3）記載了古木蘭派這段神修歷程的所有階段，包含三個實踐與三個思想美德，必須知行合一才稱為「永恆的善」。三個實踐德行是謙卑、耐心、豐富的憐憫；三個思維德性是理解、智慧、上智：六個德行與德性同時運用使人臻於永恆的善。在此「永恆」並不如同我們的文化所認為的那樣與時間衝突，而是指廣容一切的整合。

耶穌將「精神貧窮者」放在蒙祝福的首先位置，因為神貧者，能在天主面前全然虛空自己的是理想的人，他深知自己在天主面前的身分、地位，也安然地生活。對於這樣的人，耶穌沒有宣告任何未來的獎賞，因為天國已經臨在他身上。在真正的謙卑中亦有真正生命的喜樂；這是我感到最真實、同時也最難做到的耶穌的教導之一。

「哀慟的人是有福的，因為他們要受安慰。」（瑪五4）

耶穌將痛苦的議題提到聽眾耳際，當下他沒有說痛苦對生命的意義何在。耶穌只說痛苦是生命中存在的事實，不是必要的、但確實存在。聽眾知道受苦終有一天會得到安慰。這種思想與幾乎同時代的《寓言之書》相符合，書中將人生具體的窮困與痛苦，視為對權勢的渴望扭曲後的產物，起於天使犯的罪，也是腐敗蔓延的根源。耶穌沒有教導如何忍受痛

苦，如何減少或免除痛苦；這不是他的目的，因為痛苦是個事實，屬於天主的計劃。必須看看耶穌在世生活最後階段發生的事件，方能理解痛苦的意義。耶穌來，不是為拯救人於痛苦的水火中，而是教導人如何忍受乃至減少苦難。在他的社會裡，痛苦是罪的後果。耶穌不排除這個可能，正視痛苦的存在，就像人和事物、疾病和死亡的存在一樣的真實。當時耶穌除了說痛苦將受到安慰，其他不再多說。耶穌的這個教導是對所有人，而不只是對當時關注他的希伯來人說的。痛苦是個事實，所有受苦的人將得到安慰也是事實。

你們不要以為我來是廢除法律或先知（即聖經）；我來不是為廢除，而是為成全。我實在告訴你們，即使天地過去了，一撇一畫也絕不會從法律上過去，必待一切完成了。所以，誰若廢除這些誡命中最小的一條，也這樣教訓人，在天國裡，他將稱為最小的。（瑪五 17-19）

耶穌在山中講道中間插入這段話，給人留下疑問：或許有人聽了這些話會以為他是要廢除法律？耶穌在山中言論的教導裡，沒有一條針對法律的誡命，而是為了深入解釋法律的核心精神。聽眾聽了這些話，沒有理由反感，因為大家對於哈拉卡（口傳律法）的辯論屢見不鮮。如果耶穌的教導令聽眾漾起特別興味，應該是他教導中所說的話，他不是提出建議，而是肯定。耶穌的山中言論沒有更動絲毫法律；對於潔與不潔的問題，當時也一字未提。

然而有人以為耶穌要做些改變，產生這種印象也不是

毫無根據的臆測，所以耶穌安撫在場的聽眾們：他來不是為
廢除，而是為成全。耶穌說的字句得在當時的文化背景中理
解。當時人們普遍活在一種期待的氛圍中，期待舊約聖經描
繪與先知預言接下來要發生的事；這種期待尤其在古木蘭的
著作中得到證實，並為古代教會所接納。古木蘭人發明了一
種專為評註舊約聖經段落的文學方法，信實可靠，而且被沿
用至今。耶穌對此讀經方法也不陌生，從《路加福音》四章
14等節的敘述看得出來：

　　耶穌按他的習慣，就在安息日那天進了會堂，並站起來
要誦讀。有人把依撒意亞先知書遞給他；他遂展開書卷，找到
了一處，上邊寫說：「上主的神臨於我身上，因為他給我傳了
油，派遣我向貧窮人傳報喜訊，向俘虜宣告釋放，向盲者宣告
復明，使受壓迫者獲得自由，宣布上主恩慈之年。」（依六一1
等節。這段經文屬於西元前五○○年左右的第三依撒意亞）你
們剛才聽過的這段聖經，今天應驗了。

　　這段聖經經文完成了，當耶穌說：上主的神臨在「我」
身上。

　　整部聖經內容皆可說是為未來歷史的準備與預言。耶穌
說明自己來不是為廢除法律、而是為成全的同時，等於也聲
明了他並不在聖經啟示的救恩之外：耶穌也在天主對時間歷
史、對宇宙塵寰的計劃之列，他是那期待的實現。沒有人會
認為耶穌來是為了在天主的計劃以外，給事物建立一個新的
次序。耶穌的宣講可能讓聽眾覺得新穎，因為和人們──直

到當時——習慣聽到的宣講不同。

　　但是這新穎的內容，必須在「圓滿的時間」裡才會發生。無法以這段經文來證明耶穌沒有改變任何事情的意圖，以及他像同時代最完善地遵守法律的人一樣。耶穌肯定自己在天主神聖的計劃內，那個聖經的預言所描繪與預示的計劃，而且現在正在實現中。《瑪竇福音》五章19節：「誰若廢除這些誡命中最小的一條，也這樣教訓人，在天國裡，他將稱為最小的」，便應在上述的背景下理解。區別誡律之間的重要性程度是當時人們關切的問題，因為他們想知道哪些是基本、要的誡命。對於這個問題，法利塞人會說：所有一切誡命同等重要。不過這是後人的說法，當時這還是個開放的問題，有討論、辯論的空間，因為誡命之間或許存在不同重要程度的差別，在當時還算是滿普遍的觀念，就像經師問耶穌，他認為哪一條誡命更大（谷十二28；瑪廿二36）[3]。

　　耶穌說的「這些誡命」（瑪五19），並非指前述的那些事，甚至不包括任何一條法律誡命 —— 他只肯定誰跟隨、屬於這些蒙祝福情況的人，就是世界的光、地上的鹽；但應被視為是出自聖經的誡律，出自聖經的整體觀念和它是對未來的預言，所以也是未來可循的規範。耶穌對天主的經世救恩計劃有強烈的認同感，一切都在時間內發生，連法律也是在演進、發展中。一些法律的規定是出於人的心硬（瑪十九8）。「為了你們的心硬」，多少等於說「為了你們難以了解」。所以聖經，即法律書和先知書，是對未來的預言，其中

---

3. 《十二聖祖遺訓》也出現統一或至少簡化法律的訴求，法律簡化成的誡命就是愛天主與愛近人。參閱《本雅明遺訓》。

也包含和已經寫下的不同的法律規範；而聖經真正的深意是為了那些有最強大的領悟力，或是由天主特別啟發的人所準備的。這種新解釋的可信度由耶穌親作擔保，他說：「你們一向聽人說……我卻對你們說」。聽人說的，而非寫下來的。寫下來的文字依舊保存著，而是解釋會改變，並誕生新的道德規範。

耶穌藉此表達對法律和先知——也就是對聖經——的肯定，與所有不承認梅瑟法律權威的團體保持了距離。另一方面，耶穌宣布自己為滿全聖經的預言而來，與那些極為尊重法律和先知，拒絕相信耶穌是實現聖經之人產生牴觸、裂痕。他們在任何情況下都不願考慮聖經的規範有改變的可能；為了跟隨耶穌，他們要求至少有個預兆。這已經是個讓步，耶穌卻不同意（谷八11-13；瑪十二38-39）[4]。當時教育程度最高的法利塞人拒絕承認耶穌也就可想而知了。

在作法上，耶穌希望他的門徒實踐一種「超越經師和法利塞人」的義德（瑪五20）。光是不違背法律誡命還不夠，而是對遵守法律誡命有更深入、更廣泛、更徹底的意識——而非增加其他誡命。「不可殺人」的誡命需要更廣泛的理解，即不可冒犯他人，否則已是犯罪。法律上寫了不可犯姦淫，但是連貪想他人妻了已是犯姦淫。確實，連舊約聖經也禁止人貪想他人妻子。然而為耶穌而言，需要深入理解耶穌的倫理核

4.《瑪竇福音》文本，耶穌可能加上「除了約納先知的徵兆外」，但是《馬爾谷福音》的文本似乎更受青睞。不只因為馬爾谷的經節更簡短，也因為更容易解釋：這是在耶穌死後不久寫成的版本。瑪竇的文本像是對馬爾谷的遺漏後加的補述。參閱《瑪竇福音》十二章38-39節。

心，貪想他人妻子並非是可以被判刑的罪，和既遂行為的姦淫罪不同，而是一種姦淫罪的形式。罪並不源於行為本身，而是行為之前的意念。罪行是與同一類型的罪，結合很明顯違反法律的行為的後果；罪行將這罪揭露開來。所謂倫理道德，內化於人心。

　　關於愛的言論，是耶穌山中教導主要部分的總結（瑪五43-47）。愛朋友是理所當然之事，所有人都能毫無困難地接受，這成為聽眾的一個參考標準。「你們一向聽說過：『你應愛你的近人，恨你的仇人！』我卻對你們說：你們當愛你們的仇人，當為迫害你們的人祈禱，好使你們成為你們在天之父的子女，因為他使太陽上升，光照惡人也光照善人；降雨給義人，也給不義的人……」（瑪五43-45）這是一個邀請，邀請人效法天主，像祂一樣成全。

　　這段經文令人有些困惑，耶穌（的意思似乎）說在聖經中不只寫了「應愛人如己」（肋十九18），還寫了「恨你的仇人」，但是後者在聖經中找不到痕跡。這應該是在民眾間普遍流傳的觀念，古木蘭的文獻就看得到跡象，文獻上寫著應愛所有光明之子，也就是所有古木蘭派別的成員；並恨所有黑暗之子，也就是所有在他們派別之外的人：「……為了愛所有光明之子，每個在天主的計劃中恰如其位者，並且恨所有黑暗之子，每位得其應得的罪愆。」（1QS 1, 9-10）

　　如同我們之後將看到，隨著那在天上存在、如今也在地上存在的天主的國的延伸，耶穌的教導範圍越來越廣泛。同時間我們也發現，「寬恕」與「不判斷」這兩則密切相關的道理越來越深化。「你們不要判斷人，免得你們受判斷。

因為你們用什麼判斷來判斷，你們也要受什麼判斷；你們用什麼尺度量給人，也要用什麼尺度量給你們。」（瑪七1）人沒有能力去判斷他人。判斷他人意味著不只評論行為本身，還包括無數相互影響、只有天主知道的動機因素。人們已經注意到，不僅是對人，對許多事也難以作判斷。《阿協爾遺訓》（*Testamento di Aser*）的作者表示，他深深感受到：要判斷一個人整體而言是正義或不正義有多麼困難，不僅如此，有時候就連一個行為是否正義都很難判斷（1-2章）。《阿協爾遺訓》的作者試著舉例說明這種難處[5]。耶穌則超越該不該判斷的難題，表示審判是天主的事，所以吩咐人不可判斷他人。不僅如此，耶穌還肯定天主會以人判斷他人的尺度去審判他。

寬恕，因此成為不判斷人者唯一可能實行的行動。凡是聽從這個教導，不判斷人者唯一可能的具體行動，就是寬恕。

誰若聽了耶穌這個教導，並自發地身體力行，他「就好像一個聰明人，把自己的房屋建在磐石上」（瑪七24）。

只要閱讀任何一本對觀福音，就會明白耶穌的教導就是一位以色列大師的教導，將以前許多文字法律視為珍寶，並將這些倫理規範窮其至理，發展出獨一無二的系統，這套系統在人們問耶穌哪一條誡命最大的章節中得到說明（谷十二28-30。參閱瑪廿二34-40；路十25-28）。

在這段章節中，馬爾谷捨下耶穌的山中言論，聚焦在耶

---

5. 《阿協爾遺訓》二章1-2舉出例子：「有人以中聽的話掩蓋逆耳的話，卻導向惡的行為；有人對向自己作惡的人毫不留情。這都是兩面的事，但是整體看來就是壞事。」

穌「人如何對待近人」的教導上。一位與耶穌的教導觀念契合的法學士問他說，所有誡命中哪一條最大，那堪為其他所有誡命的基礎，又能概括所有誡命的那一條。耶穌引用歷代以來希伯來人共同的祈禱，所謂的「舍瑪」（shemà'）[6]說：「『以色列！你要聽：我們的上主天主是唯一的天主。你當全心、全靈、全力，愛上主你的天主。』第二條是：『你當愛近人如你自己。』（肋十九18）再沒有別的誡命比這兩條更大的了。」（谷十二28-29）

在我看來，馬爾谷比瑪竇和路加更接近原始資料，在馬爾谷的記載裡，耶穌從第一句話就引用舍瑪：「以色列！你要聽」，一如在會堂的祈禱禮儀，雖然對於回答法學士的問題似乎沒有幫助。顯然耶穌希望提起所有人都會使用、而且不只在會堂裡使用的祈禱文，他的用意更是喚起人們腦海中對這則禱文的記憶，而不只是引用聖經的字句。這是所有人開啟口唇都能複誦的禱文，如此答覆法學士的問題，毋須高深的博議引證。瑪竇和路加省略了看似與當時對話情境無關的「以色列！你要聽」這句話，因為在他們的敘事間如果清楚地寫出它來，將會失焦。

我們在路加的福音裡看到更大範圍的聖經段落。法學士問耶穌：誰是我的近人？他了解聖經，但也跟隨耶穌的教導。耶穌引用《肋未紀》十九章18節不完整的經文。法學士沒有忽略耶穌引用的經文，與原文意義不同。他之前應該聽過幾次耶穌說話，在耶穌略而不提的部分，讓他注意到可能

---

6. 參閱《申命紀》六章4-5節：「以色列！你要聽：上主我們的天主，是唯一的天主。你當全心、全靈、全力，愛上主你的天主。」

有新的教導，因此忍不住追問。確實《肋未紀》完整的經文段落是這樣說的：「不可復仇，對你本國人，不可心懷怨恨，但應愛人如己」。此「人」在希伯來文裡，明顯是指君王的同胞，亦即「你的子民」。

在慈善撒瑪黎雅人的比喻裡，也包含了耶穌的回覆。有個人被強盜打劫、擊傷，流著血躺在路邊。經過了兩個人，雙雙都是為聖所服務，一個是司祭，另一個是肋未人，卻沒有人對傷者伸出援手。後來有個撒瑪黎雅人經過，他是個外邦人——至少相當於外邦人、異教徒——是他照顧了傷者。誰懂得超越國籍、超越宗教照顧受傷的人？答案很明顯，而且法學士可能已經意料到。耶穌包含答覆的比喻，可被視為對墨守法律反而違反誡命精神的批評：那二位服務聖所的人是希伯來人，傷者可能也是。他們之所以不接近傷者，可能不是因為他們冷漠心硬，而是因為他們要遵守梅瑟法律——包含耶穌取消的潔淨規定。血是不潔的源頭，或許那司祭和肋未人那天必須保持潔淨；不過這只是推測而已，雖然這是很基本的認知。在此，耶穌的「近人」指的是任何一個人。

不可發誓、寬恕和愛，是耶穌對眾人基本的教導宣講，為所有世代、所有人類，放之皆準。這是一個全面進化的宣告，打破所有用來管理人類的規定。至今這條意義重大的誡命，一直被認為只約束個人行為，而無關乎整個社會。

耶穌說的雖然是普世性的理想，但是我相信耶穌思量的是：一個個人的罪不靠伸張正義，而是靠寬恕得到補償的未來社會。看起來好像是對所有暴力與犯罪形式打開自由通

道，不過這只是我對耶穌說的話的推測，並非他親自的詮釋。我的體悟是「耶穌的所有主要教導，並非都是清晰無惑的」；歷史上許多事都成為過往，在它們的歷史目的開始現出端倪時，就已成過眼雲煙。

保祿要求他建立的教會團體，信友要服從上級有權柄、負責審判，以及判罪；因為他們的責任是維護義人（羅十三1和4節；弟三1）。而我則是認為，耶穌並沒有定立非暴力作為底線，反而更相信耶穌拒絕將「施行正義」作為潔淨的宏旨，以及作為所有罪行暴力後的次序重整。保護人免受暴力傷害而非事後伸張正義，是耶穌對重整社會結構提出的邀請——這個社會結構是天主的國。天主的國好像麵糰中的酵母，為了讓它發酵需要時間。不論如何，人就算播撒種子，每日或者休憩睡眠，或者起身勞作，都不知道種子如何生長，但是種子終將生長、結成果實（瑪四26-29）。

2.2 一個法令中的特例：休妻

又說過：「誰若休妻，就該給她休書。」我卻給你們說：除了姘居（pornéia）[7]外，凡休自己妻子的，便是叫她受姦污；並且誰若娶被休的婦人，就是犯姦淫。（瑪五31-32）

耶穌反對休妻，以及任何情況下，休妻的人或被休妻的婦女的新婚姻。

耶穌對不可拆散婚姻的言論，在《瑪竇福音》（十九

---

7. 姘居（pornéia）：希臘文字義指嚴重不潔，確切內容不清楚，包含許多情況。

1-9）、《馬爾谷福音》（十 1-9）和《路加福音》（十六 18）皆
有完整記載。我們在此跟隨馬爾谷的記載，因為更接近實際
原況。

幾年前，在義大利特別熱中的離婚爭論，在耶穌的時代
也沒少過。這無關乎許多心理因素的探討，爭論焦點在於：
離婚究竟合不合法。當然這問題被提出的方式與今日大不相
同。當時的人不會問離婚合不合法，只單方面地問男人可否
休妻？而且，如果男人休妻合法，是否需要特別理由才能休
妻，或者只要丈夫有意就能休妻？

法利塞人認為休妻是合法的，法源根據是《申命紀》。
《申命紀》（廿四 1）寫道：「如果一人娶了妻，占有她之後，
在她身上發現什麼難堪的事，因而不喜悅她，便給她寫了休
書，交在她手中，叫她離開他的家。」這條法令可能誕生於西
元前第七世紀，目的是為了保護婦女的權利，讓婦女不會無
緣無故、單憑一家之主絕對的權威就被趕出家門；她至少有
權利得到一份文件，日後說明她不是處子之身的原因。娶一
位處女是男人的權利；如果一位女子被發現不是處女，她可
能在婚禮之後馬上被趕出家門。

這條法令也是在一夫多妻制合法的時候出現，因此或許
是為保障婦女在可能情況下失去童貞之後，避免再受到丈夫
的濫權，而能夠以非正妻的身分繼續留在丈夫的家。

一夫多妻制在耶穌的時代也是被接受的，希伯來人直到
西元一〇〇〇年才正式廢除這個制度；不過事實上，當時也
是有權勢者才能採取一夫多妻制。尋常人家一夫一妻制是唯
一正常的情況，如此一來，一夫多妻的問題便不復存在。耶

穌在講十童女的比喻時,毫不費力地就創造出一個丈夫同時娶了十個童女的特殊婚姻畫面;這是為了說明另一個道理的想像故事,但是人們須先接受這個怪異的想像故事,才能了解耶穌的教導。

以色列在出離埃及之後,雖然沒有法令明文規定,但是習慣一夫一妻制。古木蘭人不僅規定一夫一妻制,也不可拆散婚姻。我們有一篇文獻,清楚說明君王的婚姻規範。《聖殿卷軸》中讀到:「(王)不可娶任何外邦人之女為妻,必須娶他父親家族中的一名女子為妻。不可娶另外的女子為妻,一生中的每一天只由她一人相伴。如果她死了,就由他父親家族中、從他的家中,娶另一女子為妻。」(RT 57, 15-19。譯自 A. Vivian, *Il rotolo del Tempio*, Brescia: Paideia, 1990)文獻中規定君王一夫一妻制,同時禁止休妻;但是准許第二次婚姻。不過,一夫多妻與休妻的禁令是只針對君王,或是所有人通行適用?鰥夫可以再娶是君王的特權,或是普遍所有人的權利?

另有一篇論及相同婚姻觀的文獻,而且明顯是為所有人皆準,不只規範君王。在《大馬士革文件》(4, 20-21)讀到:「那些(即違反者,犯錯的人)在他們的一生中(「他們」顯然是指所有男人),娶了兩個女人為妻的;然而受造物的原則是:『天主創造了一男一女』。」這段文字的意義已經躍然紙上,引用的聖經經文更強調了:人應當配合受造物的原則。婚姻的原則是:「天主創造了一男一女」。因此,男人在他的一生中,只能有一個妻子;每個男人必須依附一個女人——他的女人。《大馬士革文件》除了引用聖經原則之外,

繼續提出大洪水的證據，當時所有進入方舟的動物都是雌雄成雙成對。

這段記載沒有談到鰥夫的第二次婚姻，由它引用聖經經文如此決定性地肯定一男一女，以及對大洪水的描述看來，似乎是排除第二次婚姻的可能性。該述段落的意思是：「那些人的過犯，在於他們在自己的一生中，有過兩個妻子。」生命是個整體，這段話同時解決了一夫多妻和第二次婚姻的爭議。禁止一夫多妻和第二次婚姻的根據相同：每一個男人只有一個女人，他的女人。

因此，耶穌時代的以色列對婚姻及婚姻的不可拆散性，有著多種見解立場。

法利塞人認為離婚，或更清楚地說是休妻，根據《申命紀》法律是合法的。能夠討論的是合法休妻的理由動機，而不是法律原則。顯然與之相對的是其他人反對休妻合法。《馬爾谷福音》（十2-12）說：「有些法利塞人前來問耶穌：許不許丈夫休妻？意思是要試探他。」問題很清楚：有人問耶穌對一件事的意見看法，這件事的爭議早已有之。與法利塞人同樣的問題，但不是向耶穌、而是對初生教會提出，因為婚姻不可拆散性是個新觀念，在耶穌之前聞所未聞，在前述的《聖殿卷軸》與《大馬士革文件》兩份文獻中才出現。法利塞人用一個嚴重且爭議已久的問題試探耶穌，他們想知道他的意見立場。

《瑪竇福音》（十九2-9）中的法利塞人問的問題有些不同，他們問是否任何理由休妻都是合法的。法利塞人已經假設耶穌認同休妻合法，他們只想知道耶穌是支持辣彼希

列（Hillel），還是辣彼沙買（Shammai）。前者贊成任何理由休妻都合法，後者認為只有重大理由才能合法休妻。在這種情況下，耶穌的「休妻從來都不合法」的答覆，實在是新穎。瑪竇依照古代教會的作法，加上在妻子若有猥褻情事（pornéia，難以具體解釋）的個案中，丈夫能夠驅逐她，但是終身不得再娶。瑪竇的版本並不比馬爾谷的版本更佳。

2.3 因人施教的倫理要求

　　三部對觀福音在耶穌的教導言論中皆有一段對話，涇渭分明地區隔此前與此後他不同的教導重心。這個橋接涇渭的對話就是耶穌問門徒：人們以為他是誰？以及門徒們認為他是誰。從這個時刻開始，耶穌的教導範圍變得廣泛，對倫理道德的教導亦然。人言行舉止的價值不再由他與社會的關係衡量，而是在具有永恆意義的背景中。基督徒的倫理生活因此自成一家。如果耶穌此前的宣講是以具體事例闡釋觀念為主，他現在的言論則是放諸四海皆平的普遍觀念。人們生活行動的背後不再是人類社會，而是天主的國；體現在永恆中已經實現、在地上臨在於「精神貧窮者」心中的天國。在這種觀念的啟發下，耶穌的邀請越發強烈，似乎是對人全面的要求；但是同時又顯示它是一個天主不再對人事事要求的倫理邀請，邀請人完全空虛自己為了跟隨祂。順行天主的意願，讓自己融入祂對歷史的計劃，意味著每一個人在天主計劃的錦繡中都占有一席之地；意味著天主對每一個人能有不同的要求。耶穌的倫理教導顯示因人而異的特徵。每個人都依其能力被要求，不僅指實行倫理道德的能力，而是一般意義的

人的能力。如同耶穌在比喻中的教導，耶穌的邀請是每個人按照自己領受的塔冷通：知道自己所能，依自己所能行事。

　　屬於天國比喻第二系列的塔冷通比喻（瑪廿五14-30）相當重要。以下大部分是我自己對塔冷通比喻的概述，部分引用瑪竇的話。

　　「有一個人在準備動身遠行的時候，把自己的僕人叫來，把財產託付給他們。他按照他們的才能，給了一個僕人五個塔冷通，另一個二個，第三個一個，便動身走了。」當他回家之後，詢問僕人如何處理託付給他們的錢財。那領了五個塔冷通的僕人交回給主人十個；那領了二個的，交回四個；可是那領了一個的，原封不動地交回一個，完全不知道要運用它增值。這些錢財的主人做了裁決：「把這個塔冷通從他手中奪過來，給那有十個的。因為凡那有的，還要給他，使他富裕；那沒有的，連他所有的，也要由他手中奪去。」

　　絕對跟隨的要求，就像如今以最單純的態度依恃天主正義的要求。「要變賣你們所有的來施捨，為你們自己備下經久不朽的錢囊，在天上備下取用不盡的寶藏；那裡盜賊不能走近，蠹蟲也不能損壞。」（路十二33）同樣是《路加福音》：「如果誰來就我，而不惱恨自己的父親、母親[8]⋯⋯不能做我的門徒」（十四26）。還有「你們中不論誰，如不捨棄他的一切所有，不能做我的門徒」（路十四33）。這些都是不容轉圜的要求，耶穌隨後總結的話說明箇中道理：「給誰的多，向誰要的也多；交託誰的多，向誰索取的也格外多」（路十二48）。

---

8. 耶穌這句話的意思，不像我們翻譯成西方語言時的字面意義那般冷峻。古希伯來文沒有比較級，程度的差別都是藉著對照的方式表達。

耶穌對當下人類社會的評價難以置信地嚴厲，這是個死亡社會。前文已經引用過聖經章節記載，一日耶穌對他一個門徒說：「來跟隨我」；他看到一個有意願的靈魂，並向其提出邀請。但是那人正處於喪親之慟，向耶穌說：「請許我先去埋葬我的父親」。耶穌的回覆是他的典型想法：「任憑死人去埋葬自己的死人吧！」（路九59-60）

除了這些需要個人完全自我空虛為前提的極端要求之外，比喻的風格也殊異。我們已經看過塔冷通的比喻，人可以從兩方面理解。一方面，邀請所有人重視自己的能力與可能性；另一方面，肯定天主是依照每個人的能力，判斷他在每種情況中應有的作為。

耶穌否定那個人想去埋葬父親的權利，邀請他跟隨自己（瑪八22和路九60）；卻拒絕另一個附魔被釋放、想跟隨自己的人。耶穌吩咐他度不同生活方式：「你回家，到你的親屬那裡，給他們傳述上主為你做了何等大事，怎樣憐憫了你。」（谷五18和路八39）被釋放的人傳述天主的仁慈，但是他回到自己結婚、生兒育女，為明日勞心勞力的社會生活。

根據法利塞派別的綱領，男人有義務遵守法律的規定，但是在不違反這些規定的情況下，他有權利選擇自己認為更適合的生活。耶穌說的話與之不同：人必須跟隨天主以任何方式對他的召叫，不論是內在心火的推動，或是非比尋常的啟示。人必須選擇，但不是依照他自己的意願，而是依照天主的意願。耶穌在格責瑪尼莊園血汗併下地祈求順行天主的意願，而非依照他自己的意願。

任何遵守法律和倫理規範的選擇，並不等於善。法利塞

派認為實現天主的意願、使祂的名被尊為聖的方式，就是確實地遵守法律，這給男人的行為留下非常大的自由空間。但是早有一段時間，以色列中已經響起人的生活要求不是凡事依照法律的警訊，而是選擇另一條路；這兩條路皆合法律，但另一條路是依照天主對歷史的計劃行事，在重大選擇上更顯價值。這也是標準作法，在日常生活中選擇走更符合天主意願的道路。

　　循此思想路線的是《禧年之書》的作者。聖經記載亞巴郎為了抵達應許之地，離開他的故鄉烏爾（吾珥）城。《禧年之書》（12, 13-24）的作者對這個故事做了些調整。根據《禧年之書》的說法，亞巴郎必須逃離烏爾，因為受到偶像崇拜者的迫害。當他抵達哈蘭時，從哈蘭來的大使找到了他，要求他安靜地回故鄉去。亞巴郎陷入不確定的兩難：是有理由回去故鄉，但是哪個是天主的意願？少了《創世紀》（十二1-4）天主命令一個人離開故鄉的記載，多了一個不依倫理行為做抉擇，而是探詢天主的意願。回頭或是向前走，兩個不同的倫理行動。但是亞巴郎希望依照天主的意願去做，因為他知道回故鄉或留在哈蘭是兩件不同的事，當時巴勒斯坦為亞巴郎還是未識之地。「喔！上主，我請問祢，我應該回去加色丁（迦勒底）的烏爾……還是留在哈蘭？」亞巴郎希望融入天主的計劃中，對他來說這是善；沒有任何地方記載這樣的善，但是亞巴郎感悟它們彼此相關。當亞巴郎處於這樣的祈禱精神中，天主告訴他繼續向前，走向巴勒斯坦。

第八章

使命的完成

　　三部對觀福音關於耶穌對自我身分的表達和信念教導的記載，都呈現一個發展的過程；這個過程有前、後階段，分水嶺是耶穌宣告自己的苦難。在此之前，主要記述耶穌對門徒的倫理教導，他對其他人的態度；在此之後，耶穌的教導放眼一個更宏觀的背景，人生活言行的價值不在於社會意義，而是具有永恆意義。正義、審判、首字母大寫的「人子」的本質，即將來臨的大災難，都是屬於這個階段的主題，也因此與耶穌的苦難和必須受苦難的宣告相互關連。

　　耶穌在這個時間點之前，都像個以色列的導師：他教導了倫理的核心要義，闡釋了天主審判的標準。但是除了他教導時的權威，並沒有任何屬於默西亞的行動。耶穌直到此刻的教導：他說過許多觸動人心的話，行了許多奇蹟，卻未曾做過任何人們期待默西亞帶來的世界的變革。他不曾說過有任何必須且只能由他完成的任務。他像良善的導師發明了一個倫理的理想藍圖，或像術士或驅魔者治癒病人、驅趕魔鬼，凡他所願皆能實現，不過全是人力可及。確實，耶穌說

過自己是人子，吩咐那些人不要說出自己由他經歷的事，這些事是一種默西亞的記號，但是他們又了解多少？而且只有在場的人知道他做了什麼。但是默西亞啟示的時刻應當來臨，屆時他應當「做」些什麼。

1.預言苦難

耶穌與若翰見面之後，意識到自己有個身分等待發現，有個使命等待完成。在與若翰的相遇中，耶穌顯示自己是「愛子」，具有「人子」的權威。但是耶穌對自己的使命有完整的認識，是當他在斐理伯的凱撒勒雅間的村莊行走宣講時；依照福音聖史的記載，耶穌並非預先知道之後要發生的事。

當耶穌與門徒在路上，看起來是比較輕鬆的時候，大家望著沿途景色，或者恬靜地默想沉思；耶穌突然向門徒提出一個根本的問題。我們解讀《馬爾谷福音》對這段戲劇性事件的敘事（八27-33），瑪竇（十六13-23）與路加（九18-22）的平行經文與馬爾谷有些微差異。

「耶穌和他的門徒起身，往斐理伯的凱撒勒雅附近的村莊去；在路上問自己的門徒說：『人們說我是誰？』他們回答說：『是洗者若翰；也有些人說是厄里亞；還有些人說是先知中的一位。』」（谷八27-28）答覆中的這些人物，都是耶穌時代的希伯來人普遍認為未經過死亡、而在諸天某個地方生活的人。而且，根據《列王紀下》（二11）的記載，厄里亞是突然被接到天上去的。先是瑪拉基亞先知說，有一天上主會再派遣厄里亞到世上來施行一個救恩行動（拉三23）。就連今

日，希伯來人在舉行逾越節晚餐時，還會在主桌為厄里亞如古老應許再來時保留一把空椅。人們都知道，就連哈諾客也是在死亡之前被上主提到天上某個地方（創五24，與1H〔LV〕12, 1）。這些依照古老傳統生而未死、虔敬上主的人，應當生活在天上，為了再被派遣到世界上來執行救恩行動。這樣的觀念到了耶穌的時代，人們相信也有其他受敬重的人，即使沒被上主提到天上，也領有在世上施行救恩的使命。因此人們對耶穌的身分有多種說法，但是都有一個共同點：耶穌肯定是這些在天上，又被天主派遣到世上的人物之一。

耶穌並沒有顯現給所有人一致的身分形象，人們對他的身分最大的共識是厄里亞，但是耶穌卻說洗者若翰是厄里亞，照這意思，厄里亞已經再來了（瑪十一14）。耶穌知道了人們將他看作天主為了救恩派遣來的人。

耶穌接著轉向與他一起相處更久時間的門徒，問了相同的問題：「你們說我是誰呢？」（谷八29），這個問題的目的是為了判斷門徒對耶穌身分的認知程度。至少門徒們要知道耶穌是誰，才能起步步向使命的圓滿。人們顯然認為耶穌是天主特別的派遣者：一位再生的先知；但是他的門徒應當有更深一層的認識。當在葛法翁會堂，一個附邪魔的人對著耶穌喊叫說：「你是天主的聖者！」當耶穌赦免一個癱子的罪後，他便痊癒了。當耶穌顯示他的身分是那被隱藏者的時候（谷一23-45），這些在場見證一切的門徒作何感想？得到什麼啟發？

只有伯多祿回答了，其他門徒在那些時刻有什麼想法，沒有傳統的記錄流傳下來。

「你是默西亞。」（谷八 29）伯多祿回答。再一次，耶穌禁止他們向任何人談起他。「耶穌便開始教訓他們：人子必須受許多苦……且要被殺害；但三日以後必要復活。」（谷八 31）

我們姑且不論耶穌是否清楚明白地肯定自己要復活，一如福音的記載給人的印象。但是普遍的意見皆同意，耶穌對於自己要復活的說法，是福音聖史將已經知道的事提早記述的筆法。但是耶穌對於自己必須經歷苦難的肯定卻不容質疑，不只因為多處文獻重複記載，最重要的是，耶穌的言行必然招致苦難的後果，他了然於心而予以肯定。耶穌的教導越來越廣泛也越來越深入；為了以明確的方式自我陳明，耶穌說了惡園戶的比喻。

耶穌明確地談論自己必受苦難。當時伯多祿把他拉到一旁，勸阻他不可如此。但是耶穌卻轉身看著其他門徒，喝止伯多祿，對他說：「撒殫，退到我後面去！因為你所體會的，不是天主的事，而是人的事。」（谷八 33）

所以耶穌曾向門徒們說過他必須死。至於耶穌如何說明他必須死的理由，我們不得而知，可能因為耶穌的說明沒有被理解，所以沒有傳統流傳下來。伯多祿直白地表達了他的意見：如果耶穌正如他現在明認的是默西亞，那麼耶穌的結局就不可以是苦難和死亡。如此，耶穌從伯多祿的話中看出了撒殫最後的誘惑：放棄接受天父的使命，交換活下去的機會。

2. 惡園戶的比喻：耶穌對自我身分的至高表達

耶穌的惡園戶比喻，或許是他對自我身分說得最多的一

段經文。當然在這個比喻中，耶穌是天主子的含意，並不必然與尼西亞大公會議（西元三二五年）和君士坦丁堡大公會議（西元四五一年）對耶穌是天主子的詮釋相同。因為所有的比喻都允許多種不同詮釋的空間，而耶穌的聽眾沒有能力想像與理解永世的奧祕。因此我們閱讀福音記載的惡園戶的比喻，試著以當時聽眾對這比喻可能的幾種詮釋方式去解讀。

馬爾谷、瑪竇和路加都將耶穌所說的這個比喻，置於以色列的宗教領袖質問耶穌行事說話的權柄同一脈絡中。顯然惡園戶的比喻是在這樣的背景中被流傳下來，三部福音的敘述有些微差異。我們在此採用《馬爾谷福音》（十二1-11）的記載（參瑪廿一33-44；路二十9-18）。

有一個人培植了一個葡萄園，周圍圍上籬笆，掘了一個搾酒池，築了一座守望台，把它租給園戶，就離開了本國。到了時節，他便打發一個僕人到園戶那裡，向園戶收取園中的果實；園戶卻抓住他，打了他，放他空手回去。主人又打發別的一個僕人到他們那裡去；他們打傷了他的頭，並且凌辱了他。主人又打發另一個，他們把他殺了；後又打發好些僕人去：有的他們打了，有的他們殺了。主人還有一個，即他的愛子[1]；最後就打發他到他們那裡去，說：「他們必會敬重我的兒子。」那些園戶卻彼此說：「這是繼承人，來！我們殺掉他，將來產

---

1. 義文文本「我的愛子」所含的定冠詞il，希臘文文本並無，直譯是「一個愛子」；但是從上下文的敘述就能理解，希臘文文本的一個愛子無疑是指含定冠詞的特定的愛子。在僕人們接連被傷害、殺害之後，園主僅剩一個可以派遣，這個人不屬於僕人之類，而是兒子。從整段言論的敘述看得出來是唯一的兒子，因此這愛子可含定冠詞il，可以說是園主「他的愛子」。

業就歸我們了！」於是，抓住他殺了，把他拋在葡萄園外。

　　那麼，葡萄園的主人要怎樣處置呢？他必來除滅這些園戶，將葡萄園另租給別人。你們沒有讀過這段經文嗎？「匠人棄而不用的石頭，反而成了屋角的基石。那是上主的所作所為，在我們眼中神妙莫測。」

　　比喻中的一些元素很容易被理解：葡萄園園主是天主；被培植照料的葡萄園是以色列。耶穌的角色在這個比喻裡，和當時在民眾間盛行的一種信念有關，即是希伯來人因為迫害且殺害先知而有罪。任誰聽了這個比喻都可能生氣，但是他們深知其中寓意。正因為希伯來人殺了先知，天主只能將祂的最後代表——也就是耶穌——派遣到世界上來。耶穌將自己置於與天主的關係，表達他極高的地位。如果為那些聽到「天主之子」的人意義不大（參第二章），耶穌在這比喻中闡明他是天主子，不僅如一般人所知的被賦予重要任務的人而已，還有更獨特之處。這個子還是繼承人，所以在比喻裡，已經是園主所有產業的指定繼承人。巴勒斯坦社會對家庭統一性的觀念比我們的社會堅固許多，兒子自出生以來已經有分於父親的財產。想想蕩子回頭的比喻中，父親對常在身邊的兒子說的話：「孩子！你常同我在一起，凡我所有的，都是你的……」（路十五31）兒子，特別是獨生子，可說已經擁有父親的產業，某種意義上已經全是他的了。

　　這個比喻與馬爾谷在他福音之初、為了證明耶穌是誰的敘述明顯有別。這個比喻確實釋放更多訊息，卻沒有證明什麼：它只對已經接受耶穌是默西亞的人有意義。罪得赦免的

癩子立即得到治癒的奇蹟,證明了耶穌具有神聖的能力(谷二2-12);附在人身的邪魔例子,則是由精神體肯定耶穌是誰(谷一23-28);癩瘋病人的例子(谷一40-43),具有能夠識別耶穌身分的標記。但是一個像惡園戶這樣的比喻,整個以色列歷史都將被殺害的繼承人解釋為默西亞,如今耶穌說自己就是比喻中的繼承人,因為他已經完整意識到自己的身分,不需要再找其他主題為自我說明。如今耶穌已經確知他的門徒知道他就是默西亞。現在我們將園戶的比喻和其隨後發生的事件作對照。

耶穌說了這個比喻,答覆那些質問他憑什麼權柄說話與行奇蹟的人。也就是說,藉著這個比喻,耶穌也答覆那些質問的人他說話與行奇蹟的權柄來源。然而一如時常發生的,耶穌的回答遠超乎問題本身的深度。向耶穌提出質問的人,對聖經知之甚詳,耶穌的回答以《聖詠》一一八首的觀念為基礎,這首聖詠中談到一塊被丟棄的石頭,在上主的直接介入下,反而成為一座建築物的基石。這首聖詠的作者可能是為了克勝內部的敵人而感謝上主:

在義人居住的帳幕中,響起了勝利的歡呼聲:上主的右手大顯威能,上主的右手將我舉揚,上主的右手大顯威能。我不至於死,必要生存,我要宣揚上主的工程。上主懲罰我雖嚴屬非常,但卻沒有把我交於死亡。請給我敞開正義的門,我要進去向上主謝恩;正義的門就是上主的門,唯獨義人才能進入此門。

我感謝你,因為你應允了我,你也將你的救恩賜給了我。匠人棄而不用的廢石,反而成了屋角的基石:這就是上主的所

行所為。（詠一一八15-22）

　　福音中的這個比喻，很可能是耶穌留給我們對他非凡使命說明得最清楚的文本。在這個比喻中，耶穌不僅表達他對自己與天主之間特別關係的認知——這也是他的權威基礎，並且也談到耶穌的使命結局的意義：死亡是必須，為使天主的國被宣講。為了天主的國來臨，必須有一塊石頭被拋棄，這塊棄石才能成為「屋角的基石」。聖經被視為預言，耶穌將這首聖詠引用在自己身上同時，也曾在他使命之初，在納匝肋的會堂引用《依撒意亞先知書》的一段話（四16-24）自我說明。如果耶穌說自己應驗《聖詠》一一八首，表示他就是那塊棄石。要成為屋角的基石必須被拋棄，「拋棄」意味著被殺，證明了耶穌是被殺的愛子身分。

3.耶穌使命的意義

　　當耶穌向門徒們解釋他之所以必須受苦難的理由時，伯多祿因為無法理解而反對，或許因此傳統缺少耶穌的解釋。在希伯來人對默西亞的諸多想像中，顯然缺少耶穌啟發的那一種。正由於伯多祿相信耶穌就是默西亞，所以他無法接受耶穌的解釋。瑪竇亦是如此。瑪竇熱中詮釋耶穌的一生符應聖經的部分，因此沒有添加其他內容。但是他當然也提到了耶穌對同一主題的相關言論，因此聲明耶穌來不是為廢除，而是為了成全聖經（瑪五17-19）。為此才說苦難和死亡是必須。

　　我們所知的是耶穌似乎只簡單地說了他必須受苦，而且他只在門徒們知道並相信他——耶穌——就是默西亞之後，才聲明這一點。耶穌在充滿默西亞意識下，肯定自己必須經受苦難。伯多祿不明白，我們也有理解上的困難，因為缺少當事人在宣布自己的使命願景時的解釋。能夠幫助我們理解的，只有耶穌在宣布之後的所言所行。

　　耶穌時代的人們對默西亞（或默西亞們）有多種期待，像是從羅馬人和以色列國獲得自由；期待以色列的悔改和從罪惡中得到釋放也是可能的，一如《默基瑟德文獻》[2]或《肋未遺訓》[3]的作者所知那般。透過洗者若翰，我們已經看到以色列的罪正是它獲得救恩的阻礙。包括比洗者若翰稍早之前，寫了《撒羅滿聖詠》的佚名的作者，也持相同意見[4]。我們看到為洗者若翰，悔改尚且不足夠，因為罪留下罪污，使人無法接近天主，天主也無法接近人。罪阻礙人與天主的關係，許多人都深感其嚴重性。耶穌的生平事蹟，正是在此世間切盼來自永恆救恩的背景中展開。

　　耶穌直到此刻只教導了一個理想社會的建立基礎；宣講了天主在歷史中播下一顆種子，這顆種子將要長成大樹，天主將來接近人。耶穌說了這顆種子不論人們是否察覺，它都必然生長。這顆種子意指耶穌的天國宣講，但是長成的大樹

---

2. 根據古木蘭的神學觀，這份文獻表示默基瑟德是光明天使班的首領、總領天使。在第2欄5-6寫道：「他們是（默基）瑟德（的後裔），他將使他們重返自我原樣。為他們宣告自由，使他們擺脫所有罪惡（的重擔）。」

3. 《肋未遺訓》的作者期待兩個默西亞。司祭默西亞最為重要，他主要且最終的任務就是「綑綁撒殫」（TLevi 18, 21）。

4. 參 PsSal 17, 5。

是何模樣？耶穌的聽眾不知道，我們也不知道，因為耶穌沒有說，大樹也尚未完成生長。如今耶穌已經完全意識到要完成使命還需要實現一件事 —— 被記錄下來的，即是 —— 他的苦難。前往耶路撒冷是耶穌使命的一部分，在那裡，他將以王者默西亞的身分受難；只是他是王這個部分尚未顯露出來。耶穌表示自己是人子，不過當時以色列人所理解的人子不是君王，即使可能高於君王，就是不屬於任何形式的以色列國王；然而古老的先知預言說默西亞是以色列的一位國王。默西亞是受傅油的君王，所以耶穌必須證明他確實是君王默西亞。或許當耶穌宣告他將受難時，曾就此向伯多祿解釋過什麼，只是記錄這段對話的傳統缺少這主題的細節描述。

顯然清楚的是耶穌知道他必須受苦，為此他不逃避痛苦，正是因為苦難、他的苦難，是他使命的一部分。事實上，與耶穌的使命相關地，他還補充說過：誰若願意跟隨他，必須棄絕自己，最終迎向痛苦和（或許是）死亡。（谷八34）這段話似乎是在說，世界上的苦難和痛苦並不會隨著他的受難而減少或消失，但是將因為他，它們持續具有價值。耶穌的苦難和死亡並未終止痛苦、不義，也不會終止造成它們的起因。

為什麼默西亞 —— 君王及人子 —— 必須承受痛苦和死亡，才能作為人類的「贖價」（谷十45）？又要從哪裡把人類贖回？動詞「贖回」是指為釋放一個奴隸或囚徒必須支付的贖金。當時的希伯來人聽到這樣的話，一定會把人類想像成在一個暴君的箝制之下，這暴君一定是撒殫！（參谷三20-27；本書第五章關於天主的國）當時人們相信，撒殫和天主一樣擁

有牠掌權的國，依據是《創世紀》中與光明相對的黑暗；或是天主依其高深莫測的意志，使人類一部分歸善的大天使統治，另一部分歸惡的大天使統治（1QS 3, 25 - 4, 2）。《禧年之書》描述撒殫派遣牠的使者去向天主要求讓一部分的惡靈留在牠治下（10, 8-10）：一個彼此對立的二國畫面清晰無比。

　　存在善惡二國的觀念，在耶穌的時代十分普遍。耶穌要藉著自己的苦難，將人類從撒殫權下贖回；耶穌在顯聖容下山後，日漸深入談論這個主題。

4. 顯聖容

　　三部對觀福音都將耶穌顯聖容的段落安排在耶穌宣告他的苦難——也就是他的默西亞計劃——之後；以此作為耶穌光榮復活的預顯。「耶穌帶著伯多祿、雅各伯和若望，單獨帶領他們上了一座高山，在他們面前變了容貌：他的衣服發光，那樣潔白，世上沒有一個漂布的能夠漂得那樣白。厄里亞和梅瑟也顯現給他們，正在同耶穌談論。」（谷九2-4）顯聖容事件向門徒們證明了人的耶穌是天上的默西亞——他所說的默西亞；正由於他是天上的默西亞，因此必須承受苦難。顯聖容也是對幾位門徒未來將經受相同光榮的保證。（谷九2-10；瑪十七1-13；路九28-36）

　　不久之後，當他們一起下山的時候，三位門徒問耶穌說：

　　「為什麼經師們說厄里亞應該先來？」耶穌對他們說：「厄里亞固然要先來重整一切，但是經上關於人子應受許多痛苦，

被人輕慢,是怎樣記載的呢?可是,我告訴你們!厄里亞已經
來了,人們任意對待了他,正如經上關於他所記載的。」(谷
九11-13)

　　自從顯聖容以來,耶穌越加強調他必須受苦難,而且他
的苦難就某種意義而言已經開始。因為明知自己將要受苦和
真正經受死亡的苦難期間,必須承受不斷累積的焦慮,已經
是在受苦。不同於耶穌與伯多祿的對話,這次福音傳統為我
們記錄了耶穌的宣告,宣告的內容大致是:「人子將要受苦
難」。這句話在舊約聖經中闕如,一如不見於默示文學,亦不
見於古木蘭文獻裡。

　　耶穌這段言論始於門徒的提問,他們知道有個關於厄里
亞要回到世上來的預言,因為他們曾聽人說過,但不知道聖
經上是否有記載。耶穌肯定確實有這樣的預言,而且不是簡
單的泛泛之說,或是學者的見解。它顯然是指《瑪拉基亞先
知書》最後一部分所寫的:「看,在上主偉大及可怕的日子來
臨以前,我必派遣先知厄里亞到你們這裡來;他將使父親的心
轉向兒子,使兒子的心轉向父親,免得我來臨時,以毀滅律打
擊這地。」(拉三23-24)所以按照古老的先知預言,厄里亞要
回到世界上來。厄里亞要回來弭平以色列的紛爭,重建以色
列的和平,為天主藉著默西亞親近祂的人民預備道路。「藉著
默西亞」這些文字沒有出現,但是耶穌的說明顯然是此意思。
耶穌認為厄里亞回到世上的先知預言已經實現,回到世上的
厄里亞顯然是洗者若翰,他正是由於忠於自己的使命落難而
亡。一如默西亞的先知因人的罪惡而死,默西亞也會因相同

原因而死。正如厄里亞——洗者若翰——被派遣來到天主的人民當中，他的死亡原本不是天主的計劃，那麼到來的默西亞結局可能不同，如果他遇到的是截然不同的天主的人民。《馬爾谷福音》沒有出現的一些話，已經隱射了耶穌靈魂深處的想法：「耶路撒冷！耶路撒冷！你常殘殺先知，用石頭砸死那些派遣到你這裡來的人。我多少次願意聚集你的子女，有如母雞把自己的幼雛聚集在翅膀底下，但你卻不願意！」（瑪廿三37；參路十三37）應許與應許的實現之間存在著鴻溝，其間的落差從默西亞的命運顯示出來。因世人的罪惡，默西亞必須來；也因為世人的罪惡，他必須受苦難。這段話是直觀的真理，理性難以解釋，因為它牽涉天主的行動和高瞻的遠見：歷史中有個特殊人物，他轉變了天主的神聖計劃，就連他的終局全能者都無法視若無睹。

耶穌將聖經上對默西亞的說法焦點轉移到自己身上，宣布：「他（也就是人子）必須受許多苦難」。他說的是「受苦」，而非「死亡」。默西亞的死亡並不在聖經的預料中。默西亞的死亡是源於人們心硬，人出於心硬已經殺害了洗者若翰。另一方面，聖經也記寫了諸多義人受迫害與受苦難的章節，例如多首聖詠。特別是《聖詠》八九首，耶穌可能想起這首聖詠：一位受傅油的君王抱怨天主曾經承諾永遠保護他的後裔，也就是保護他；但是如今他卻深陷絕望處境。因此他呼號：「但是你已經拒絕和擯棄（君王），對你的受傅者（即你的默西亞）憤怒大起。」（詠八九39）耶穌自覺身陷這首聖詠所言被拒絕的默西亞處境中。一切都在告訴他，聖經已經預見、並且意欲他在痛苦中完成使命。

耶穌和門徒或是和群眾談論的議題內容越廣越深，他對自己的默西亞意識即使悲慘，卻也越來越有完全、強大的信心。所以他能肯定地說：「誰若因你們屬於基督，而給你們一杯水喝，我實在告訴你們：他絕不會失掉他的賞報。」（谷九41）

門徒們也在新的氛圍中生活，雖然以他們認知的方式，但是在這新氛圍的生活中，他們越來越認識人的耶穌非凡的面貌。戴伯德的兩個兒子不就來向耶穌要求說：當默西亞受光榮後，讓他們一人坐在他的右邊，一人坐在他的左邊。耶穌回答他們，他們必須經受與他同樣的苦難；但是這樣還不足夠，因為將來在天國，誰坐在他的右邊或左邊，不是由他決定。耶穌利用這次門徒之間小小的齟齬，作了一個基本的信念教導：「誰若願意在你們中間為首，就當作眾人的奴僕。」以耶穌為典型：「人子不是來受服事，而是來服事人，並交出自己的性命，為大眾作贖價」。（谷十45-46）

耶穌的死亡為了贖回「許多人」。當時巴勒斯坦地區對「許多人」一詞的觀念，等同於「眾人」、「所有人」。

耶穌自己以最後一個時辰來的僱工比喻說明天國（瑪二十1-16）。在天上的國已經圓滿實現的意義下，天主的國不會因為個人一生為天國做了多少事或待的時間長短而有不同的獎賞。那些在一天的早晨回應葡萄園園主召喚的僱工，與在一天最後一刻回應園主召喚的僱工，獲得的報酬同等相當。在天堂沒有前排或上層的貴賓座席。祝福不是靠交換正義取得，而是天主依照祂的正義所給的。天主的正義即是天主的仁慈，事實上既非人心想望、亦非人的邏輯所能企及。重要

的是人在天國內，或在天國外。

　　耶穌也談到默西亞的尊威（谷十二35-37；瑪廿二41-45；路二十41-44），這一次是他自己主動發言。這是一個在他心裡，希望澄清的問題。耶穌問說：經師們為何能說默西亞是達味之子，如果達味在他自己的聖詠裡寫道：「上主（即天主）對吾主（即君王，默西亞）說：『你坐在我右邊，等我把你的仇人放在你的腳下』」？達味既稱默西亞為「吾主」，默西亞又如何會是他的兒子？默西亞也是達味的主。耶穌如此肯定，當然是可信的；今日則是對耶穌此番肯定應在絕對意義或是相對意義下理解存在的爭議。歧異點在於耶穌是否排除他是達味血脈，或者他只是想談他高於達味的尊威？教會傳統向來接受第二種說法，但是至少就經文本身卻是模稜兩可。如果不是瑪竇和路加記載了耶穌的族譜，我們或許必須接受第一種說法。

　　不論如何，默西亞的尊威遠高於達味之上。

第九章

人類命運的啟示

1.信德

　　耶穌確定他的門徒知道他是默西亞。門徒們不知道他是
怎樣的默西亞，但是對於他是默西亞已經不再存疑——顯聖
容事件消除了他們心裡的最後一絲猶豫，也證實了耶穌與高
天之間非比尋常的關連。

　　自那時起，馬爾谷和瑪竇凸顯了一個印象——如我多次
說的——耶穌的教導主題範圍越來越廣闊。耶穌在公開生活
第一階段的宣講主題，如今有了嶄新的深度。天主的國是一
個擁抱地上與天上的現實。人的善惡評價非取決於他和他人
的社群關係，而在於他必須直接面對天主和祂的審判：人佇
立在自己永恆命運的抉擇點上。

　　為耶穌而言，天主的國是個現實，同時屬天也屬地，天
人的關係在地上，同時也在變化中。俗世塵寰變化之多，以
至於人不得再以任何事物起誓。在天人的關係中，雙方的位
置也改變了，因為天主不再要求人嚴守法律，而是依個別情

況有更多或較少的要求。天主要求人遵守法律的精神，這法律的精神是融通整部聖經的精髓，一如對默西亞的先知預言也含括在整部聖經中。耶穌如今揭示這一切，因為人能夠知曉的時機已經成熟。有必要向人們指出：為了進入與生活在天主的國裡，人必須有所改變；天主國的建制不囿於傳統文字——雖然以其為基礎。

耶穌帶來的社會觀念於焉而生，這個社會超脫法律黑白分明的邏輯。在社會裡，法律有著絕對不容動搖的地位，卻無法掌握人類在現實生活中的行為，那是因為人的行為是無數社會、經濟與精神環境等背後因素複合的結果。是的，也包括精神環境，因為無人能自外於他生長與受教養的時代：一個人唯有從他身處的世界內部，與所有同在一起的人協力合作，才有可能調整、變化這個世界。天主的國，至少在這個世界上仍在形成過程中，注定要實現，但總不會完成。人只有相信天主，才能在這不斷變遷的社會結構與價值體系中，不至於迷失自我。對天主的信心成為人心裡定向、穩固的錨，助人迎對歷史翻騰的風浪。（參雅一6）

Pístis這個主題多次出現在耶穌的言論中，我們一般將它翻譯作「信德」。例如《馬爾谷福音》五章34與36節，耶穌對那想摸他的衣裳得到治癒的婦女說：「女兒，妳的信德救了妳」。類似的話在下一段敘事再度出現，當會堂長請求耶穌治癒他的兒子時，耶穌對他說：「不要怕，只管信。」

耶穌在此所說的信德，顯然和今日基督徒對信德的認識不同，今日基督徒所認識的信德，是透過保祿宗徒建立的神學與詮釋。對保祿而言，「信德」一詞多少意味著基督徒面對

天主與祂的默西亞的靈修核心。沒有任何希伯來人會對「信德」一詞有如此廣泛的概念理解；耶穌口中的信德，一定不離他同時代人賦予這詞彙的意義。

在希伯來文中，與我們所說的「信德」更相近的字是emunàh，這個字主要是指「信心」或「信實」。舊約聖經中指「信實」的意義占大多數，因為與人的信心（emunàh）對應的還有天主的信實（emunàh）。這個字動詞型的字根，主要意義是「相信、信任」，一如眾所周知的那句名言：「亞巴郎相信了上主，上主就以此算為他的正義」（創十五6）。說到人與天主的關係時，emunàh表達人信任天主的保護庇佑。而當耶穌教導時，他在特定情況下使用的「信心、信德」這個詞彙另具深意。

相信天主的這個行為，必然包括相信的主體（人），與被相信的對象（天主）。但是人的信心可以過多或者不足，這「或多或少」主要取決於主體堅定不移的程度。「信任」是人類可被丈量的心態之一，因為可強可弱。希伯來文的文法能夠表達等級程度的很有限，典型的例子就是那毫無商議空間的鐵律格言：「誰若不惱恨自己的父親和母親，不能作我的門徒」。「你只管信」的邀請和「你的信德救了你」的肯定，都是極端強烈的語氣。此等信德在耶穌的教導中相當重要，但是在任何當代聖經版本中都無法呈現。

耶穌極為重視人如何表達信任，亦即相信的主體在有特別需求的時刻，渴望被應允的強度。耶穌的話都明確地凸顯相信的主體——人（「你只管信」、「你的信德救了你」），卻未提及被相信的神聖對象。不僅如此，耶穌一般被譯作「你只

管信」、「你的信德救了你」的說法，都發生在人為了自己或自己關心的人的健康，向天主祈求奇蹟的情境中。但是唯有當祈求者的信任夠強時，奇蹟才可能實現。

如此看來，耶穌腦海中對信德的觀念，更加接近聖經舊約的意義，而非教會所持的保祿賦予信德的意義——相信的前提是接受某項真理，這是知性先於行動的態度。耶穌所說的信德建基於人心中堅定地相信天主，一種毫無疑懼、絕不動搖的信任，催迫人立即付諸行動。

耶穌意識到至少他的門徒知道他是默西亞之後，信德主題鳴響新的震幅，重新回到我們耳際。有一日，耶穌看見一群人圍繞著他的門徒，彼此正在辯論。有個男人把他從幼時就被啞巴魔鬼附身的兒子，帶到耶穌的門徒前，希望他們為他驅逐魔鬼。但是他們沒有成功。這次的失敗引起基督某種憤慨，他說：「無信的世代！……我容忍你們要到幾時呢？」（谷九19）這次失敗在耶穌第一時間看來就是缺乏信心的跡象：門徒與群眾信心不足。兒子被附魔的父親隨之要求耶穌親自介入：「你若能做什麼，你就憐憫我們，幫助我們吧！」這位父親的反應極為人性化，他有最後一線希望，但是沒有任何把握，所以他說：「我信！請你補足我的無信吧！」（谷九24）耶穌的回答讓我們有些不知所措，因為無法分辨他是含怒或是含笑的語氣。耶穌回答說：「『你若能』是什麼意思？為信的人，一切都是可能的。」

那被附魔的兒子得到了釋放，但是我們無從得知他的父親在兒子被釋放後的反應如何，只知道門徒們有機會與耶穌單獨在一起時，便迫不及待詢問他們驅魔失敗的原因。門徒

們認為自己並不缺乏信德，為什麼會驅魔失敗？耶穌的回答拉寬了問題的視角，耶穌說：面對某一類的魔鬼，信德並不足夠，還需要祈禱（谷九29）。祈禱基於信德，因此需要加強信德。需要扎實地根植於同時屬天也屬地的天國裡，才能對抗某些純粹的精神力量。

還有一個乞丐祈求能看見，耶穌再一次肯定是乞丐的信德救了他自己。（谷十46）

由於希伯來人喜歡誇張與極端的表達方式，自然對信德實現奇蹟這樣的觀念有所保留。耶穌從來無意說：對天主無條件信任的人就能行法術、隨心所欲地做自己想做的事；而是說：內心有堅定的信德，並且強而有力地相信的人，能使奇蹟實現。正如基督宗教和其他宗教的歷史所證明的，人不會因此落入幻術的圈套。

「為信的人，一切都是可能的」這句話，表達了信心能夠無遠弗屆的概念：天主的國並不侷限在這世界上。這句話暗示了那些相信並身處天主國裡的人，具有無以丈量的潛力。人對天主的真實信任必誠中形外，因為他所信任的是絕對者天主，使他能夠克服日常生活中，因為個人道德上的不足和對自我質疑招致的困難考驗。內心單純地信任天主必然篤定堅實，所以經上肯定：「誰若不像小孩子一樣接受天主的國，絕不能進去」（谷十15）。

2.最終審判

耶穌和他同時代多數的希伯來人，一樣相信人的生命死

後仍然繼續，這生命不論是與靈魂不滅，或是與時間終末復活的肉身繼續存在。只有撒杜塞人不相信，並借題發揮，與耶穌進行一場口頭辯論，耶穌的說法得到法利塞人認同。

撒杜塞人就復活的問題這樣質問耶穌：如果有個女人，按照《肋未紀》的法律（肋廿四5-10），在丈夫死後陸續嫁給他的兄弟，復活那日她該是何人的妻子？耶穌答說：「當人從死者中復活後，也不娶，也不嫁，就像天上的天使一樣。」（谷十二25）人復活時的狀態將如同天使一樣。耶穌就撒杜塞人的問題回答，只關於復活，而無關於人靈魂的宿命。

不過，復活與靈魂不滅是否有別，是我們的時代想要更深入探討的問題；耶穌時代的希伯來人，主要的問題癥結在於：人死後是否還有另一個生命？例如《索福尼亞默示錄》（第一世紀中葉）描述一位天堂的觀看者驚奇地注意到，天堂裡的靈魂甚至被賦予有頭髮的身體。他驚奇地轉向導覽的天使，天使告訴他：「上主照自己心意賜給他們身體和頭髮」（《索福尼亞默示錄》10, 12；參本書第六章）。

瑪寶在他的福音第廿五章，為我們保留了耶穌談論最終審判的一番話。耶穌這番話引起聽眾感興趣的，不是他所說的審判，因為這已經是眾所周知且公認的事實。聽眾感到興趣的是他表達、講述審判的方式。

當人子在自己的光榮中，與眾天使一同降來時，那時，他要坐在光榮的寶座上，一切的民族，都要聚在他面前；他要把他們彼此分開，如同牧人分開綿羊和山羊一樣：把綿羊放在自己的右邊，山羊在左邊。那時，君王要對那些在他右邊的說：

我父所祝福的，你們來吧！承受自創世以來，給你們預備了的國度吧！因為我餓了，你們給了我吃的；我渴了，你們給了我喝的；我作客，你們收留了我：我赤身露體，你們給了我穿的；我患病，你們看顧了我；我在監裡，你們來探望了我。那時，義人回答他說：主啊！我們什麼時候見了你饑餓而供養了你，或口渴而給了你喝的？我們什麼時候見你患病，或在監裡而來探望過你？君王便回答他們說：我實在告訴你們：凡你們對我這些最小兄弟中的一個所做的，就是我做的。

然後他又對那些在左邊的說：可咒罵的，離開我，當那給魔鬼和他的使者預備的永火裡去吧！因為我餓了，你們沒有給我吃得；我渴了，你們沒有給我喝的；我作客，你們沒有收留我；我赤身露體，你們沒有給我穿的；我患病或在監裡，你們沒有來探望我。那時，他們也要回答說：主啊！我幾時見了你饑餓，或口渴，或作客，或赤身露體，或有病，或坐監，而我們沒有給你效勞？那時，君王回答他們說：我實在告訴你們：凡你們沒有給這些最小中的一個做的，便是沒有給我做。這些人進入永罰，而那些義人卻要進入永生。（瑪廿五31-46）

耶穌這番言論只在《瑪竇福音》中看得到，其他福音作者略而木提是因為耶穌這番言論並沒有在他的一般宣講以外，增添新的訊息。審判是普遍觀念，沒有必要以此激烈方式去強調它，人們聽了耶穌的宣講自然會聯想起來。瑪竇記載這段言論意欲綜合耶穌教導的概要，因為讀者在面對自己生命最終與決定性的時刻，他的一生將被重新檢視。耶穌所說的話裡，審判場景中有和人們想像一致的人物角色，而且耶穌

並沒有剪除或改變人們的想像畫面：一個君王，他是人子，坐在他光榮的寶座上，在他的天使班圍繞之下，發出這些語句。

耶穌腦海中的審判，一定不是基於任何記載過錯與懲罰的帳冊。人們的想像卻不盡然，他們認為應該存在這樣的帳冊，雖然模糊不明，但是審判應當包括檢視每個人生命裡負面消極的時刻。罪過應當記載在天主或人子所知的帳冊上，同時註明對應的罪罰。《禧年之書》（5, 13）記載了類似的內容，說到法律被寫在一張神祕的案牘上，它被稱為上天或諸天的案牘，其中逐條詳列人們可能犯下的所有罪項和其應受的懲罰。確實，這條永恆法律在世上等價視之，亦即殺人者必須被判處他造成受害者死亡一樣的極刑（《禧年之書》4, 32）。

法利塞人也相信審判。我們沒有法利塞派的當代文獻，但是有份約於耶穌死後一個世紀成章的文獻資料。在這文獻中，辣彼阿基巴（Aqiba，第二世紀初）有句話表示天主自有審判的尺度：「一切皆可預見。（善與惡）選擇的自由已經被給予。世界依仁慈被審判。一切將隨（善與惡）行為的多寡而來。」（《道德篇》3, 15）

辣彼這句話首先肯定了：未來在天主的掌握之中，但是祂絕不勉強人；人有充分的選擇自由，也因此要為自己的行為負起全部責任。人不需要任何救世主，因為他顯然只要遵守法律就能自救，法律告訴他必須做與禁止做的行為。再者，審判將以仁慈進行。如果天主和世間的審判者一樣，單看人的行為是否違背法律作審判，人恐怕無望得救；但是天主卻因為仁慈，

允許人以自己做過的善行替自己辯解。此等寬容完全是因為天主仁慈才有可能，世間的法庭只審斷人的行為是否違法。永遠的得救或消亡，取決於人的行為在法律天秤上的數量，端看善行與惡行孰輕孰重。

《寓言之書》上說，人子有能力寬恕那些在審判時刻謙卑地祈求寬恕的人；而那些總是心高氣傲，特別是那些僭越天主之位且多行不義的人，則不被寬恕。

據耶穌所言，審判時並不考慮人死後悔改的可能性。不過審判的標準並不基於人負面消極的行為、罪過；而是基於是否存在正面積極的行為。沒有具體的誡命列出這些積極良善的行為，其深意在於，凡是信從天主的默西亞而進入天主愛內，以憐憫之心對待近人的人將得救；仍舊留在陰影中的罪會被寬恕，在天主的慈悲汪洋中消失無蹤。

審判時不會有差別待遇：最後一刻到工的工人，獲得與第一個到工的工人同等的報酬（瑪二十1-16）；只有不心懷憐憫的人會受到懲罰，因為他讓自己自絕於憐憫之外（瑪十八23-25）。一個主人憐憫了欠他一大筆債的僕人，免去了僕人所欠的債務；可是這個僕人卻對另一個欠他少許債務的僕人，做出與主人完全相反的作法，極盡一切可能強迫他還債。天主已經赦免了過犯；若是僕人个效法天主，他便是自絕於天主的憐憫之外。

缺少憐憫或不寬恕，並不違背法律，但是違逆了天主，而且這種循環將落得悲慘的下場。有次在不同機會下，門徒問了耶穌：「這樣，誰還能得救？」就連這次，也聽見耶穌回答說：「在人不可能，在天主卻不然，因為在天主，一切都是

可能的」（谷十26-27）。《若望福音》的作者說法有些不同，
更為奧祕：凡聽從耶穌的話並相信他的人，已經出離死亡進
入生命（五24），並且不受審判（三18）。

3.寬恕與成義

耶穌所啟示的倫理作法與希伯來的最大不同之處，就在
於寬恕。我們已經談過耶穌肯定寬恕是人倫理德行的頂峰（第
七章）：寬恕的同時，愛的能力便顯示出來。與新約聖經幾乎
同時代的一些著作出現對「愛」的訴求，愛是人際關係的基本
指南；但是「寬恕」的主題並沒有出現。這可見於《本雅明遺
訓》（西元前一世紀）和稍晚於耶穌時代的大著《哈諾客書》[1]。
《本雅明遺訓》（3, 4-5）寫道：「敬畏天主並愛近人者，不受貝
里雅耳的精神襲擊，因為敬畏天主使他受到保護。他不會落入
人、也不會落入野獸設下的圈套，因為他對近人的愛，使他受
到上主愛的援助。」對近人的愛被視為抵禦構害陷阱的盾牌，
對近人的愛也與我們對天主的愛一樣。

至於末世，《寓言之書》（約西元前30年）已經思及一場
由人子主持的普世性的審判，屆時在精神與物質生活上貧窮
的人，更可能得到寬恕的機會。神聖的寬恕似乎是天主施救
唯一的方法。耶穌將這末日由人子執行大審判時才會顯明的
救恩原理，帶來曉諭世人。

1.《哈諾客書》斯拉夫譯本有兩種截然不同的修訂版本。較為古老的版本在耶穌
　時代不久之後成書，一般將它稱作B。被稱作A的版本要晚近許多，並且是在
　西方的環境中出現，與前者不同。

面對一個罪惡滿貫的社會，以我們的說法，就是敗壞與暴力充斥的社會，在耶穌看來，第一條救恩之道就是能夠寬恕。寬恕的話，債務會被取消，被破壞的秩序得以重建。耶穌正在尋找可整頓肆虐蔓延的罪的方法：悔改是第一步，但是遂行的惡果仍在。因此唯有寬容大量、具體的寬恕行動，才能克服罪的後果造成的困難。

洗者若翰提倡的救恩效果，帶來的是一個沒有罪人的世界，在耶穌看來就像個烏托邦。唯有愛能制勝惡，在愛的催促下甚至能夠寬恕。這個倡議從歷史的經驗看來也像個烏托邦，儘管這是他為歷史創造的一個極為重要的行為典範，而且歷史尚未終結。瑪竇最為深刻地體會到耶穌這條誡命的核心地位，不過其他福音作者也都做了如是的陳述。

寬恕成了人人手握的得救工具。它的效益利於人類社稷，同時也利於永生的得救：寬恕也促使天主審判時採取同樣的判斷標準。「你們用什麼尺度量給人，也要用什麼尺度量給你們」（谷四24；瑪七2；路六38），亦即誰不判斷近人，也就不受天主判斷。寬恕是不容妥協的責任，至少為瑪竇而言是如此。唯有寬恕人者能得寬恕：「寬免我們的罪債，猶如我們也寬免得罪我們的人」（天主經。瑪六12；路十一4）。誰免除了自己的債權，自己的債務也會被免除。我相信這是這句話的原意，卻可能被利用造成醜聞，以至於有人提議更改這個句子，因為至少在《瑪竇福音》中，不寬恕似乎是個不可原諒的罪。

如果福音傳統保留了這句話，那是因為它原本就出自耶穌的口，也因為這樣的話為希伯來人鮮少聽聞，與今日不

同。在希伯來人的觀念中,出自人與出自天主的寬恕,並非如我們今日所理解的因果關係──人若寬恕就能得到天主的寬恕;一般情況下,希伯來人認知的寬恕是功能性的:人必須依照天主的教導行寬恕,並以此基準受審判;不過教導和榜樣來自天主。寬恕的誡命,一如天主經中那句有爭議的話一樣,都出自耶穌第一階段的公開宣講;此階段的宣講,耶穌主要作倫理教導,未談及默西亞受難犧牲將有何效益。

馬爾谷記載耶穌談寬恕的方式相對緩和許多,沒有瑪竇筆下「法律誡命」的嚴厲語氣。「當你們立著祈禱時,若你們有什麼怨人的事,就寬恕吧!好教你們在天之父,也寬恕你的們過犯」(谷十一25)。馬爾谷將寬恕的誡命安排在耶穌第二階段的宣講生活中:寬恕更是天國的生活風格,不只是共同的倫理規範。但這些是福音作者們的意見。耶穌的教導很清楚:寬恕在共同倫理規範與在天國的範疇裡,肯定有不同的價值意義。

耶穌在醫治癱子之前,先是寬赦了他的罪。人們可能認為耶穌只是隨從民間流行的信念:每一種惡,包括身體上的疾病,都取決於某種罪;罪才是使他成癱的原因。但這卻是耶穌施行有效醫治的唯一特例:他從未在瞬間成功的醫治奇蹟之前先赦免罪過。耶穌的作法別有用意,他要證明人子在世上也有赦罪的權柄,證明他擁有這種人類無法掌握的能力,之後也能夠行治癒的奇蹟。耶穌寬恕癱子的罪,即使無人請求他這麼做:把癱子帶來的人和癱子自己都沒有,他們只求被治癒,但是耶穌仍寬恕了他的罪。

完全無償、甚至不用祈求就得到的寬恕,這可能是洗者

若翰的跟隨者，對一切惡因此得到解決的期待。簡單而且全面的解決方法，何止是那時代人的呼求；然而這卻是耶穌唯一一次的破例作法。耶穌的寬恕真實無偽，但是只為了那位病人。耶穌願意人們知道人子有赦罪的權柄，他的門徒都知道了，並牢記在心。耶穌的使命尚未結束，事實上還在初始階段。耶穌繼續他的使命，經常與「罪人」往來。這裡說的「罪人」，就如我們今日說的公開的罪人——當時經常說的娼婦（然而要犯這種罪總是需要一個「非罪人」的合作），以及稅務員（也就是為羅馬人工作的稅吏）。儘管耶穌可以給予寬恕，像給那連開口要求都沒有的癱子一樣無償的寬恕，但是他從來沒有以同樣方式給予其他人。耶穌仍持續尋找罪人，但是他不會在沒有他們的合作下就行寬恕，即使他會治療他們；而且耶穌首先會邀請罪人悔改。

赦免癱子的罪，是為了證明耶穌是誰，不是人類當循的救恩途徑。

馬爾谷的編輯安排強調了癱子所受的寬赦何其獨特；在癱子受治癒的段落之後，耶穌進到阿耳斐的兒子肋未家中，和「許多稅吏與罪人」同桌吃飯。一些自信思想正統的人在驚愕之餘，質問耶穌的門徒：耶穌為何與罪人一起吃喝？耶穌聽到後回答說：「不是健康的人需要醫生，而是有病的人；我不是來召義人，而是召罪人。」耶穌來是為了召喚罪人，但是這召喚要求回應。（谷二17）路加絕妙地詮釋了馬爾谷這段經文，因此將經文最後一部分譯作：「我不是來召叫義人，而是來召叫罪人悔改」（路五32）。

但是耶穌邀請人做的是什樣的悔改？他沒有具體說明。

耶穌的訊息總是給人的行動、自由、依照個人的理解行事，留下寬廣的空間。為此他以比喻教導。如果我們看福音作者的敘事可能產生一種印象，覺得耶穌傳講的訊息並沒有比洗者若翰的更多。他在人們眼中與洗者若翰相去不遠：一個有能力的宣講者，也是個術士。他去尋找那些為了社會的好處而被刻意排擠的人（當時和現時一樣），這種作法看起來也很可疑，但是應該不是貿然行動，所以有人會理所當然地認為：耶穌或許只是不想錯失任何將人導回按照法律規範正確生活的機會。人們最多只是覺得他破壞了潔淨的規定，沒有再多其他的了。但是更有趣的是，耶穌所找的那些不堪當的人，都是非暴力的民眾——耶穌沒有尋找強盜和劫匪。他只在十字架上對這類人中的一個作過回應，卻從未主動去尋找。

耶穌希望至少為門徒們的記憶做個澄清，他心中所想的悔改並不是簡單地回歸法律、循規蹈矩的生活，正如耶穌答覆他的門徒為何不像若翰的門徒一樣禁食時說的：「沒有人將未漂過的布補在舊衣服上的；不然，補上的那塊新布要扯裂了舊的，破綻就更加壞了。也沒有人把新酒裝在舊皮囊裡的；不然，酒漲破了皮囊，酒和皮囊都喪失了；而是新酒應裝在新皮囊裡。」（谷二21-22）所以，罪人該做的，不只是回歸遵守良善習俗及法律，也必須成為一件新衣或是全新的酒皮囊。

耶穌這些話明顯暗示他的宣講還有個當時尚不存在的任務。為耶穌的使命，仍然缺少某個東西。值得玩味的是，耶穌這番有關補丁與酒囊的話，說話的對象既不是罪人也不是門徒，而是法利塞人。耶穌這番言論的目標不是為使人更了解法律，法律已經是法利塞人習常思辯的主題；他的目標

是一個全新的人。全新的人可能還沒誕生，這會讓人氣餒！但是為了了解耶穌這番話的含意，需要同時對照他對天主國的說法。新人是天國完美的成員，可比作芥菜樹，從最小的種子長成連鳥群都能得到庇護的大樹。天國是撒在人內的種子，它會獨自生長、發展，與人的作為無關：「他黑夜白天，或睡或起，那種子發芽生長，至於怎樣，他卻不知道」（谷四26-27）。新人，那可比新衣和新酒囊的新人，將是在歷史中擴展的天國的小環節，及至成為完美都是在歷史中。

　　天國的擴展對人來說是個奧祕。天主的國已經向耶穌的首批聽眾宣講，但是肯定沒有實現。我自問：耶穌的人世生活中，是否有個時間上的分水嶺，或許是離世前的最後一刻，能夠二分舊的與新的世界秩序？

　　耶穌每次話都只說到一半。他宣講一個只在比喻中描繪的天國：它會成長，而且世世代代無窮盡地持續成長，它的內容比能夠被定義的更加豐富。同樣地，與其說死亡和復活是個分水嶺，更好說是新世界秩序的標記。天國的來臨早已經開始，甚至也沒有隨著復活結束。救贖正在進行，但尚未完成。

　　耶穌對人的邀請是一個全然的改變，正因為是徹頭徹尾的翻轉，完全超乎人的理解，他邀請人度一種截然不同的生活風格，即使我們活在默西亞已經完成使命的時代，也很難以領略。但是耶穌也說過義人不需要醫生（他當時說的「義人」所指為何，是另一個難題），也就是不需要他（谷二17）。這看起來似乎有些矛盾。耶穌對「義人」的理解是什麼？或者更好說，「義人」在天主的救恩計劃中有何作用？

　　或許大多數來尋找耶穌、並被他的話感動的人，只是以為他們應當回歸當時所知的道德上的正直生活。但是至少有一個人領悟到耶穌要求的是更進一步的改變。他是一個善良而且正義的人，如同我們所能想像的善良與正義。他已經在生活中遵守法律，仍請教耶穌自己該做什麼才能承受永生（谷十17）。他對於「遵守法律已經足夠」產生了質疑，正因為他聽過耶穌講道。這一點無庸置疑，否則他不會以善師稱呼耶穌。那個人提出的問題顯示他預設了自己已經明白耶穌有比倫理規範更進一步的要求。耶穌在第一時間回答他要遵守誡命，多是聖經上的倫理誡命：不可殺人，不可奸淫，不可偷盜，不可作假見證，孝敬父母。此外還加上不可欺詐，這條誡命不屬於十誡，但是深刻烙印在希伯來傳統中。看來耶穌似乎認為，作為成為義人與獲得永生的條件，這樣應該已經足夠。

　　但是這一切是那個人向來就知道且遵行不悖的事。正因為如此他才來向耶穌討教，期待耶穌指明他所感受到的不足之處。必須再進一步。但是他以為的這一步，仍舊固守著舊世界的秩序邏輯。耶穌當時要求他放下舊世界的一切來跟隨自己，開始融入新世界的秩序裡。那人沒能懂耶穌，因為新世界對他繁星般的資產，有不同的價值觀。耶穌沒有告訴他為得永生他缺少什麼，因為他什麼也不缺；但是耶穌指給他一條進入天國的路，一條開始深入新世界——天主國的途徑。耶穌注意到要進入天主的國，他所宣講的國，對於那些尚且不知道要超越舊世界的驅使、持續相信舊世界的結構與價值觀的人，何其不易。

　　舊世界的一切不是為了讓人爭取、占有，而是為了讓人超越、釋放。對於應該做什麼才能得到永生的提問，耶穌的回答是按照舊世界的標準：「做個好人」。確信天國的漸進式過程與人對天國的理解同步；人只能趨近理解，卻不理解。新世界的秩序唯獨在地上與天上、此生與永生合而為一時才能被理解。不過這只是一個概念：努力實現自己對天國的理解，就已經在參與天國。

　　門徒們對耶穌的回答感到難過，因為雖然門徒已經放下一切跟隨耶穌，可是就連他們也不能自信自己完全超然於俗事塵務。他們自覺自己要穿過針孔仍太臃腫；當然他們不是說自己是駱駝，但是他們知道，不僅是他們，任何活著的人都不可能穿過針孔。那是一個他們無法想像的新的存在。於是一個令人驚懼的深淵出現在他們腦海中，全人類都注定要墮入這無底深淵，沒有人能夠得到永生……

　　耶穌安慰他們，既沒有說舊的世界也沒說新的世界秩序，要做的事或要發生的事，他什麼也沒說。耶穌避免任何概念化的說法，這是當時希伯來文化習以為常的方式。他藉以安慰門徒的話，甚乎新秩序與舊秩序之間的關係，超乎富人被拒於門外，一如超乎門徒們的理解等問題。耶穌說：「在人不可能，在天主卻不然。因為在天主，一切都是可能的。」（谷十27）

　　換個角度來看，又回到義人不需要醫生的主題。依照舊世界的秩序，義人和超脫俗塵之人肯定都會獲得報酬，這是容易理解的；但是人的正義和超脫俗塵並非進入永生的藩籬屏障。耶穌總是以符合當下情境與當時聽眾能夠理解的方式

說話。超脫（究竟是何種超脫？是不役於物，或離家出塵，還是其他？）將得到報酬，也是根據舊事物的邏輯思想，但是來自天主的救恩與此毫不相關，完全是出於恩惠。為此，來自天主的救恩沒能輕易地被編纂成固定規律。之後基督信仰傳統肯定人因信得救，亦不否認善行。教會歷史中，有些人側重信德，一如有些人側重善行一樣。天主的正義與仁慈，這兩個觀念為人而言彼此對立，它們的對立在天主無限的大能與良善中消失無蹤，因為「在人不可能的，在天主卻可能」。

要梳理邏輯脈絡的話，一個不排除善行而能因信德得救的救恩，需要太多段落來解釋。事情也許更簡單。耶穌沒有揭示天主正義的奧祕，其實就是因為天主仁慈。「正義」與「仁慈」在人的理性層面是難以調和的兩個觀念。耶穌將極欲窮究對天主的知識卻難以獲得滿足的任務，留給了人的驕傲；卻以人的模式說祂的正義與祂的仁慈。[2]

藉此我們進入耶穌公開生活的第二階段，他的教導已經是默西亞的教導，雖然他的默西亞行動尚未完成。

---

2. 譯註：天主的正義與仁慈是同義詞；但是在人看來，正義與仁慈是兩回事。人因為不接受而不理解，以為是對天主認識不夠，其實是想證明天主如自己對正義與仁慈的理解。

第十章

進入耶路撒冷

1.騎驢進城

　　耶穌鄰近了耶路撒冷。他在那裡做了一些象徵性行動，顯示他應驗了聖經對未來之事的預告。另一方面，他在實現聖經個別預告事件之餘，進一步地完成新穎之事；這些新事成為由他而生的宗教的基礎。耶穌藉著一些實際作法實現了聖經的預言，這些預言又在耶穌的詮釋之後取得圓滿的真義：聖經上說默西亞是以色列的君王，但是關於他——耶穌，又蘊含著他是天地宇宙的君王；並且，正因為他是這樣的君王，他必須與天主訂定（新的）盟約。與天主訂立（新）盟約是默西亞的首要任務之一，這種觀念可見於古木蘭文獻1Q28b第五欄21行：「他（君王默西亞，末世時期將在司祭默西亞身旁）要重新訂立團體的盟約」。

　　接近西元前六二○年的時候，約史雅王（約西亞）與天主訂立盟約（列下廿三3）。在他之後，西元前第六世紀末葉，則魯巴貝耳王（所羅巴伯）[1]也由第二依撒意亞先知宣布自

己是與天主的盟約訂定者（依四二6）。西元前第五世紀下半葉，乃赫米雅（尼希米）雖然不是君王，但是確實統治耶路撒冷的希伯來人，也是他們的領導者，聯合了猶太人中的耆老，一起在與天主的書面盟約上蓋印（厄下十2）。就連第一盟約，那西乃山的盟約，訂立者也是一位領導者——梅瑟。

根據一些聖經章節，默西亞應當是達味的後裔，因此他是耶路撒冷合法的君王（依十一1；耶廿三5）。耶穌如同君王，和他的跟隨者為了逾越節進入耶路撒冷，還有一個朝聖團體加入了他們的行列。各部福音皆未提及這個團體與跟隨耶穌的團體有何共同之處，從隨後的敘事看來應該是有某種同質性，肯定不是三兩成群的民眾。這群人應該聽過耶穌的宣講，而且要在他身影之後亦步亦趨沒有困難。或許他們也希望自己眼前這位非凡人物真是眾所期待的默西亞，要將他的人民從羅馬人手中解救出來的君王，為他們帶來和平。這個團體與兵強馬壯的羅馬人相較之下，欠缺軍備又勢單力薄，希望成功應該需要一次震古鑠今的奇蹟。

耶穌一行人來到耶京附近，突然吩咐兩個門徒到附近村莊去帶來一頭驢子，他要完成另一個預言，即是匝加利亞先知所說的：

熙雍的女兒，你應盡量喜樂！耶路撒冷的女兒，歡欣鼓舞吧！看，你的君王為你而來。他是正義的，「勝利的」，「謙

1.《依撒意亞先知書》的文本描述整段對話的主詞是天主，祂向一個人說話；這個人有個具體稱謂：「僕人」，希伯來文中極為崇高的頭銜。文本寫成時間顯然可以則魯巴貝耳王作為判別依據，儘管並不常見。

遜的」，騎著一頭驢，一頭驢駒，驢子的幼子。他要由厄弗辣因剷除戰車，從耶路撒冷除掉戰馬，作戰的弓箭也要被折斷；他要向萬民宣布和平，他（王）的權柄由這海到那海，從大河直到地極。」（《匝加利亞》九9-10，根據希伯來傳統的文本）

　　這段經文在希臘文文本（即《七十賢士譯本》）中有些微不同，但是默西亞的色彩更加強烈：

　　熙雍的女兒，你應盡量喜樂！耶路撒冷的女兒，你應該傳報它！看，你的君王為你而來。他是正義的，是「救主」，「謙遜的」，騎坐著一頭年輕的馱獸。他要由厄弗辣因剷除戰車，從耶路撒冷除掉戰馬，作戰的弓箭也要被折斷……

　　不論這兩種版本中的任何一種說法，耶穌和朝聖者們都知道匝加利亞的先知預言，他總是預言一位君王默西亞。這位君王默西亞有著非暴力的特徵，事實上是謙卑，更可說是溫馴，他必要將和平帶給耶路撒冷和萬民，亦即也給外邦人。這是一個普世性的訊息，與第二依撒意亞的訊息類似，他看見君王如同天主與人民的盟約化身，如同普照萬民的光明（依四二6、四九8）。

　　像個君王一樣，耶穌遣發二位使者──事實上是二位門徒──去取驢子。門徒必須向驢子的主人說：主要用牠。耶穌就在簇擁他的朝聖者如對君王默西亞般，在夾道歡呼致敬之下，坐上驢子進入耶路撒冷。騎著驢子的耶穌，在人們眼中就是古老先知預言的應驗。

賀三納！因上主之名而來的，應受讚頌！那要來的我們祖先達味之國，應受讚頌！賀三納於至高之天！（谷十一9-10）

接受他是君王的人並不多，耶穌也無意真正成為耶路撒冷的王。福音作者若望寫到，儘管場景不同，但是耶穌清楚拒絕人們要立他為王，曾有許多民間武裝分子的首領刻意營造自己是民眾翹首期盼的默西亞[2]。耶穌僅是願意滿全聖經預言，他這次的行動並未如瑪竇所說的那樣轟動全城，隨後的敘事明顯可以看出：沒有任何民眾起義，羅馬士兵照常值勤。耶路撒冷沒有響起任何警報，儘管君王已經蒞臨進城！路加直言群眾是「門徒們」（路十九37），許多跟隨耶穌和專程赴會的人來到耶路撒冷，因為時近逾越節。正是赤誠滿腹的這些人，認出那被天主派遣、先知預言的溫順君王，騎著驢駒進入了耶路撒冷，他要復興達味王國。耶穌為王的國不是達味王國，但是先知的預言必要實現。默西亞更甚於達味，他的國也更偉大，不過這場景使預言應驗，成為記號：這對當時的希伯來人而言，比任何說詞都更強而有力。

朝聖者們與門徒們不得不屏氣凝神靜待將要發生的大事，繼續跟隨耶穌。或許，耶穌如果要求他們起義，他們真會起身反抗；但是他們都毫無武裝，而且再怎麼說，他們根本沒有這種準備。他們期待著奇蹟或類似的事情發生。猶達

---

2. 參閱約瑟夫的《猶太戰記》（17, 217-285）。該處提到三個游擊隊領袖：猶達（Giuda）、安特羅傑斯（Antroges）與西滿（Simone），他們都希望、或直接要被立為王。

斯也等著默西亞登上耶路撒冷的寶座：如果他沒登上那個寶座，那麼這個記號就說明了他要不就是假默西亞，要不就是他背叛了自己的使命。一定有許多人和猶達斯一樣思忖著這些想法。

2. 潔淨聖殿

與朝聖者團體一起進入耶路撒冷之後，耶穌前往聖殿，在那裡完成另一個意義非凡的象徵性行動：「他開始把在殿院裡的買賣人趕出去，把錢莊的桌子和賣鴿子的凳子推翻，也不許人帶著器皿由殿院裡經過」（谷十一15-16）。耶穌的行動被稱作「潔淨聖殿」，這麼說合情合理，因為他沒有絲毫違反聖殿禮儀的規定，只是反對將聖殿作為世俗交易的場所。耶穌接受祭獻的概念，這可能是足以說明他的死亡是個祭獻的要素之一。不過人們奉獻祭品的目的包羅萬象，所以默西亞的祭獻一定有他極為獨特的目的，才得獻上無與倫比的祭品。這一點還有待理解，或許永遠無法被徹底理解，不過祭獻犧牲卻是耶穌腦海中活絡的思想觀念。

矗立在耶穌眼前的耶路撒冷聖殿，黑落德・安提帕正在對舊聖殿建築進行擴大與周邊美化的工程。進入真正的聖殿之前會先經過一個庭院，名為「外邦人庭院」，這個區域向所有人開放，包括非猶太教徒，因此得名「外邦人庭院」。購買祭獻需要的禽畜和外幣與本國幣兌換都在這個區域進行，為所有散居的希伯來人不可或缺。人們在這個庭院裡進行交談、講道，還可以授課。

　　這個聖殿外圍的庭院，有著和羅馬論壇與雅典市集廣場一樣的功能。它是耶路撒冷的文化與商業中心，不僅具有宗教敬禮的功能，對整座城的市民生活也極具重要性。人們在外邦人庭院就能與其他城市做貨品流通，不需要親自出國一趟。再往聖殿前進會來到內院，只有猶太人能夠通行進出。內院的出入口圍牆上張貼禁止外邦人進入的警告標示，違者處死。內院則分作二個部分：第一個部分，男人與女人皆可進入；第二個部分則只許男人進入。之後開始只限司祭通行直到至聖所的區域，只有大司祭才能一年一度在贖罪節那一天進入至聖所。

　　看來耶穌並沒有超過外邦人庭院的範圍，但是他所說的話與所做的事，不禁教人思索他似乎認為這塊狹義聖殿以外的區域也屬於神聖。耶穌言行的確切用意仍然難以理解：作為當時希伯來人無懈可擊的理想中心，耶穌做的當然是對整座聖殿的冒犯。但是事件的具體細節我們不得而知。為什麼耶穌會認為連外邦人都能進出的區域也屬於神聖？耶穌驅趕的不是外邦人，而是那些不為祈禱而來的人；但是外邦人庭院本來就不是為了祈禱和舉行其他宗教儀式的地方。再一次，耶穌的行動背後有著先知的預言：耶肋米亞譴責他那時代的希伯來人：你們偷盜、兇殺、通姦，然後來到這座殿裡，以為自己有了保障。難道這座歸我（天主）名下的殿宇是賊窩嗎？（耶七 8-11）耶穌的行動可與耶肋米亞先知的話相互對照、應證。耶肋米亞談論聖殿的時候，外邦人庭院還不存在；為這位先知而言，聖殿就是天主的家。耶肋米亞反對的是那些相信自己透過敬禮就能得救的人，不論自己的行為如

何，甚至是不義的行為。

　　但是耶穌想完成的是另一回事。他的行動在我們今日看來是象徵性行動，因為他不可能不知道自己無力與整個領導和政治體系抗衡。耶穌這個象徵行動，是為了表達真正的聖殿包括這塊希伯來人不視為神聖的區域。他沒有驅趕外邦人，而是驅趕那些在他看來藉著宗教敬禮以外的活動俗化這個敬禮場所的人。不難看出耶穌的行動表達了對外邦人的開放，同時迫切地邀請人將屬於天主的還給天主（不久前他剛說過：「天主的就應歸還天主」〔谷十二17〕）。

　　如果我們要根據福音描述一一檢視耶穌的具體行動，能說的只有三言兩語。我相信福音作者使用「開始」這個動詞（谷十一15；路十九45），並非單純指其表面字意；而是指一個行動的發軔，而且不終止於物質層面。瑪竇的描述（瑪廿一12）看似耶穌把所有聖殿商人都趕了出去，其實不然。要將聖殿庭院裡的商人全趕出去，需要一隊為數可觀的人馬才辦得到，而且勢必掀起喧囂鬧騰，權管當局不可能坐視不管。但是從福音的描述看來，耶穌的行動雖然引來一些人對他強烈仇視，隨即平靜、無事發生。耶穌之後還能繼續在聖殿裡與人辯論、宣講。可想而知，他當時應該只有掀翻幾張桌子。

　　包括阻止攜帶器皿的人經過聖殿庭院的舉動也可以同理視之：耶穌無意反對所有的商人，他只是希望人們尊重天主的權利。

3.權柄之問

　　當時的小紛爭還不到聖殿管理當局必須插手的地步；人群眾多，權管當局只有在出現真正的危險時才會介入處理。但是不論如何，耶穌的行徑確實使猶太實權者心生警戒，他們不是擔心已經發生的事，而是擔心可能會發生的事。耶路撒冷的權威人士觀察耶穌已經有段時間（谷七1）。事實上，有次跟著耶穌的法利塞人就示警他到別的地方去，因為殺了若翰的黑落德・安提帕忌憚耶穌會繼續若翰的志業，可能也想取他的性命（路十三31）。

　　即使是知識份子和司祭們不曾做過的教導——像是拒絕否認或解釋那如此新穎、關鍵到足以撼動思想體系的潔淨觀念——耶穌傳講的道理從來都不令人擔心。耶穌的教導不是問題所在，因為猶太人習慣辯論，也沒有一個辨別何者是、何者不是異端的中心機構。而且聖殿庭院發生的微抗議活動，並非直接針對聖殿的組織架構；事實上，至少就意向而言，耶穌還是維護它的呢！

　　所以猶太實權者，尤其是撒杜塞人，他們擔心的是耶穌被理解為人們也能如數家珍的默西亞的行動。一個默西亞人物背後，經常潛伏暴動的勢力，這些勢力必然迫使羅馬人採取行動，這才是需要竭盡所能避免發生的事。

　　羅馬執政當局的不作為，也證實了耶穌的舉動不被視為緊急事件。羅馬人傾向就事論事，這種態度讓他們輕易就能避開眼前事件背後可能引發大事的所有遠慮。猶太世界對羅馬人來說是個陌生的世界，我不相信他們真的知道希伯來人

期待默西亞意味著什麼。他們很難理解希伯來人做的怪事，但也已經司空見慣，所以他們會刻意遮蓋徽章上的鷹，免得惹惱希伯來人。他們很樂意這麼做，因為在老鷹標記上蓋條紗巾不是危險舉動，當然這得是在情勢穩定、輪值長官不太強調帝國榮耀的前提下才可行。總歸一句，只要羅馬士兵沒插手，在他們看來就沒有任何危險。

　　猶太實權者對耶穌的行動蘊含的深義，卻了然於胸：耶穌不是反對聖殿作為祈禱場所，他反對的是讓聖殿集合政商功能，化身猶太教信仰某種理型中心，而這種情形說明了當時猶大的狀況。

　　如果羅馬人認為沒有發生什麼嚴重到必須出手介入的大事，猶太實權者卻認為發生的事具有危險，那是因為希伯來人知道默西亞代表的意義；司祭們知道不論以哪個形象來的默西亞，必然擁有比他們更大的權柄，而且將開啟一段奮戰與不安的時期。然而，如果這人真是默西亞，最好服膺他，因為默西亞注定要獲得最終勝利。不過，他更可能是個冒牌貨，只會興風作浪、煽動戰亂。所以採取行動之前，必須確定耶穌不是期待中的默西亞。畢竟所有人都期待著默西亞來臨，儘管似乎不可能，也不能完全排除耶穌就是。在這種情況下，有必要詳探耶穌的計劃：要謹慎不被迷惑，但是也要保持接觸。如果沒意外，他們就能拆穿他的假面具。

　　於是耶路撒冷的權威人士派出幾位代表去找耶穌，問他憑什麼權柄做那些事。他們認為耶穌至少因為他的理念，正使當時的以色列執政結構——也就是他們的權力——分裂崩解。但是萬一耶穌真是默西亞，那就必須與他建立關係，只

要他能證明自己是默西亞，而不只是模仿默西亞會做的事。

為此他們向耶穌提出這個確切問題：「你憑什麼權柄做這些事？」耶穌沒有回答而是反問另一個問題，問題源自他聽說傳言他要步武洗者若翰的足跡、繼續若翰做的事。耶穌說：「我也問你們一個問題，你們回答我，我就告訴你們：我憑什麼權柄做這些事。若翰的洗禮是從天上（即從天主）來的，還是從人來的？」（谷十一28-33）這幾位代表拒絕回答耶穌，因為他們如果回答「從天上」，耶穌就會反詰：「那麼你們為什麼不相信他和他作證傳講過的我呢？」如果他們回答「從人來的」，他們又害怕激怒那些曾經相信若翰，如今帶著急切、盼望的心情圍繞在耶穌身邊的人群。所以耶穌沒有回答他們的問題，毅然遠離眼前被舉揚的危險；之所以說是危險，因為舉揚的人居心巨測。

就這一點，蓋法說過：「叫一個人替百姓死，是有利的」（若十八17）。他事不關己說出的這句斷言有了充足理由，而且完美總結希伯來掌權者對當時局勢的評估。他們面對的不是武裝游擊隊的威脅，只是一個人，他散播可能導致危險的思想。只要在追隨人數擴大，或者他們開始武裝自己之前，除掉耶穌就好了。必須趁耶穌不在城裡的時候迅速採取行動捉住他，否則人們可能感到被挑釁，進而造成羅馬統治的問題。現在他們認定這是一個冒牌貨事件。

當耶穌拒絕再與聖殿代表對話，以毫無隱晦、清晰無比的方式向門徒說明自己身分的時刻也到了。耶穌接著說了我們之前討論過的園戶的比喻，那是他對自己身分最卓越的表達。

4.「聖殿將被拆毀」

到目前為止，耶穌完成的象徵性行動表達的是默西亞依照並實現聖經上的話；但是在這些記號之後，耶穌說了一個預言，可被視為所有記號中最大的一個，因為這預言在未來注定成真。當預言成真時，有關耶穌是默西亞的一切記號，全都得到驗證。這個預言是聖殿被毀：是聖殿，不是聖城。預言內容不只直涉要發生的確切事件，也有對事件的說明。要能理解整個事件，得根據耶穌在以色列中的行動及其效應影響。聖殿毀滅意味著原本依附聖殿建立的秩序終結，新秩序依附的基礎將取而代之。

一個門徒正對聖殿的宏偉嘆為觀止，耶穌在這機會上預言了它的毀滅：「將來這裡絕沒有一塊石頭留在另一塊石頭上，而不被拆毀的」（谷十三2。參閱瑪廿四2；路廿一6）。以色列上至權威階級下至黎民百姓，無人不曉反對聖殿和聖殿司祭的運動早就存在。這些反抗運動因為龐雜眾多，無法具體羅列，但是肯定存在。聖殿管理當局，尤其是撒杜塞人被示警監視耶穌，並且盡快了結他的行動。一個人，被難以估算的群眾視為默西亞，被敵視等同猶太執政當局的聖殿和聖殿司祭的人尊為首領，這人的威脅實在太大了！

在馬爾谷和對觀福音的敘事中，耶穌似乎說了一個出人意料的預言，打亂聽到的人原本的想法。事實上耶穌說的是一個流傳已久的預言。

公元前最後兩個世紀，就有來自不同地方的聲音傳告著聖殿（不是城市！）的毀滅。《聖殿卷軸》是古木蘭一份成書

日期不明，但是肯定相當古老的文獻，裡頭寫道：「他們要作我的子民，我永遠與他們同在：我要給他們一個永恆的住所。我要以我的光榮聖化我的聖所，使我的光榮居住其上，直到被祝福的那一天，我要建立我的聖所，它將因為我在往後的日子屹立不搖……」（29, 7-10）

西元前第二世紀末葉的《禧年之書》（1, 15-17）寫道：「之後他們要轉向我……我要在他們當中建立我的聖所，與他們同住一起。我是他們的天主，他們要在真理與正義中作我的子民。」

耶路撒冷聖殿的命運如何，這兩份文獻並未清楚說明，但是二者皆勾勒了一個未來畫面；在那畫面裡，現在的聖殿將被天主親手造的聖殿取代。

這一類的預言也糾責聖殿司祭，《肋未遺訓》就宣告它將要終結。《肋未遺訓》的寫作形式屬於我們所知的西元前第一世紀的猶太宗教文學，至於是哪個派別仍有待辨識，能夠肯定的是：既非法利塞派，亦非撒杜塞派。《肋未遺訓》（17, 11-18, 12）中寫道：

……拜偶像的、好戰的[3]、貪婪的、驕傲的、違犯法律的、褻聖的、荒淫的、狂熱的司祭將會來到。當主打擊報復他們的時候，司祭職就要消亡。

主將升起另一位新的司祭，將主的一切話都啟示給他。

他要在許多時日裡，在世上作真理的審判。

---

3. 暗指在撒杜塞人支持下的阿斯摩乃專制王朝。

這些時日將如世上的太陽熠熠閃耀，使天空下的一切黑暗消失無影；

四境大地將要和平……

他作司祭時，萬民要在智慧中生長，他們將因主的恩寵受啟發。

在他的司祭職下，他要消弭罪愆，違犯法律的人停止作惡。

他要打開天堂的大門。

並將劍指向亞當。

他要以生命樹的果實餵養聖徒……

貝里雅耳（魔鬼眾多名字之一）要被他綑綁……

不過關於此類預言，寫得最清楚的是西元前一六〇年左右成書，一位哈諾客派的旅行者在神視中目睹耶路撒冷聖殿墮入火獄的烈焰中消失殆盡。「我看見大地裂開出現一個火焰四起的深淵（火獄，即地獄）。他們把那些瞎眼的羊（即與作者所屬教派作對的猶太人，尤指耶路撒冷的撒杜塞人）帶來，全數都要受審判，被宣告有罪，投入那充滿烈火的深淵裡焚燒。這個深淵位於那座房子（耶路撒冷聖殿）的右邊（南方）。我看見火燒著那些羊，他們的骨頭也在燃燒。我一直看著直到火燒到那間舊房子（耶路撒冷聖殿）……他們把它拋掉大地的右邊（火獄，地獄）。我接著看見羊群（那些善良的人，即反對耶路撒冷的猶太人）的主，直到他帶來一座新房子……」（1H〔LS〕90, 26-29）

在此神視中看見的聖殿毀滅，是猶太教中撒杜塞派覆滅

的預象，另一個派別注定要取而代之，顯然是作者所屬的派別，亦即哈諾客派，作者期望所有信仰猶太教的希伯來人同屬這個派別。

耶穌的預言亦有相似之處：一方面，他具體說到聖殿（不是聖城）將要毀滅；另一方面，他將預言時間擴及末世。正是在此脈絡下，耶穌說出若望筆下這句話，一如確實由他親自宣布：「你們拆毀這座聖殿，三天之內，我要把它重建起來。」（若二19）；對觀福音則是讓這句話出自對耶穌作假見證的人口中：「我們曾聽他說：我要拆毀這座用手建造的聖殿，三天內要另建一座不用手建造的」（谷十四58；瑪廿六61）。這無疑是對以聖殿為基礎、為祈禱中心、權力集中象徵的希伯來主義發起全面攻擊。我相信當馬爾谷和瑪竇寫下一些法利塞人在公議會誣告耶穌、偽證說他們聽他說過「我要拆毀這座用手建造的聖殿，三天內要另建一座不用手建造的」，他們說的多少是事實。如果公議會法庭沒有採納他們證詞，應該只是因為審判長正直地依據一個證詞只能在眾人口徑一致的前提下，才足以採信的原則。

證人的證詞確實可能因為細節自相矛盾而失去採信價值。藉著「人手建造」的聖殿注定要毀滅，以及「非人手建造」的聖殿將取而代之的圖像，耶穌清楚暗示自己就是這非人手建造的聖殿。然而這是不只羅馬人，連包括門徒們的希伯來人，都不想面對的事。反對聖殿就是反對當時整個希伯來權力中心！耶穌自知將受到譴責，也知道自己甚至不被門徒理解，他卻沒有迴避如此之後的命運；這是經上隱含的奧祕，是天主父的意願。

　　到了晚上，耶穌離開耶路撒冷，在城裡邊郊找到住宿的地方。或許在逾越節那週，城中心很難找到留宿之處，但也有其他因素促使耶穌不好留宿耶路撒冷。耶穌知道自己處於危險之中，也知道自己必須完成使命。非得盡可能隱密地捉住耶穌的猶太當局，顯然不知道他住在哪裡，所以需要一個叛徒。

　　從這一刻開始，耶穌對死亡的意識不再只是因為經上這麼說，而是被整個情勢氛圍籠罩的切身感受。這種情勢是耶穌自己造成的，但是他也還有轉圜的餘地。不論原因為何，猶太當局至今尚未對他採取任何措施，如果耶穌此時放棄繼續行動，應該也能獲得一條生路，因為他的追隨者看起來心平氣和，與所有暴動叛亂扞格不入。正是這種情況讓猶達斯失去他對耶穌是默西亞的所有希望：耶穌終將一事無成，他的所作所為不過是場騙局；人們需要其他領導者帶領他們實現擺脫羅馬人和國內擁羅馬派──尤其是撒杜塞人──的壓迫。

　　耶穌明白他的時候到了。他不再是說和做象徵性的言行，他所言所為本身就是且真實是默西亞的行動；即使這是獨特的默西亞觀念，但是當時所有人，包括門徒，對此都沒有頭緒。如果門徒中除了一人，其他所有人仍然忠實追隨耶穌，那也只是因為他們對他們的辣彼懷著濃厚的愛與信任；隨後發生的事叫人看出他們的愛與信任是有限度的，門徒也需要知道他們距離真正屬於耶穌的獨特默西亞觀念有多遠。對於聖經預言默西亞必須死的全面詮釋，一如耶穌多次所說，為他們仍隱晦不明[4]。

4.教會將苦難死亡的耶穌與第二依撒意亞先知的「上主僕人」連結對照。

第十一章

最後晚餐

1.痳瘋病人西滿家裡

　　當耶穌在伯達尼癩病人西滿家裡，正坐席的時候，來了一個女人，拿著一玉瓶珍貴的純拿爾多香液。她打破玉瓶，就倒在耶穌頭上。有些人頗不滿意，就彼此說：「為什麼要這樣浪費香液？這香液原可賣三百多塊銀錢，施捨給窮人！」他們對那女人很生氣。（谷十四 3-5）

　　有些門徒不認同那女人的作法。他們跟隨耶穌也依照他的教導周濟窮人：以濟貧美名反對那女人的作法，並期待耶穌嘉許他們。但是耶穌的回應與他們的期待截然相反：耶穌接受那女人的奉獻並讚美她。不只因為窮人有尊嚴，也因為耶穌極為人性的渴望，它們本身就具有價值，尤其是當人已經意識到生命末刻迫在眉睫之際，更是別具意義。

　　大部分門徒都不動聲色，他們或許不明所以，但是基於對師傅的愛戴，沒有出聲抗議。但是他們肯定感到困惑：耶

穌的反應為他們陌生又異樣，難以理解。他們因為困惑無法決定作法，但是對師傅的愛戴使他們仍然團結一心，除了一個人——猶達斯。猶達斯自認已經認清一切：耶穌要麼不是默西亞，要麼就是他背棄了天主交付他的使命。只是遠離那欺世盜名的騙子，不足以平息猶達斯心中的怒火，猶達斯曾將所有希望寄託在耶穌身上，結果卻幻滅夢碎。耶穌必須受到懲罰。「於是，猶達斯依斯加略就去見了司祭長，要把耶穌交與他們。」（谷十四10）

猶達斯一定與那些曾經支持將商販趕出聖殿的人心有同感，或許更加憤懣、悽然。他很失望，就像那些支持耶穌將商販趕出聖殿，卻未能馬上見到後果足以使當權者警惕收斂的人一樣。猶達斯曾經追隨耶穌，因為他是默西亞，而伯多祿對默西亞絕不會被打敗的主張仍烙印在猶達斯心中，深刻程度超過耶穌說的話。默西亞或許會在戰役中死亡，天主的國卻不可能不經默西亞行動的效果，在以色列中顯現出來。現在，猶達斯眼見耶穌讚許那浪費錢的婦女，除非他改變先前的定見，不然選擇放棄耶穌，是可想而知的決定。耶穌騎在驢背上進入耶路撒冷，猶達斯和眾人齊口稱他為王，夾道喝采歡迎他；但是耶穌卻沒善加利用機會。所以猶達斯決定向猶太掌權當局（他絕對不會去找羅馬人！）告密耶穌住宿的地方。

第二天，門徒問耶穌他希望在哪裡吃逾越節晚餐。耶穌又說了一個和他吩咐門徒去取驢駒讓他乘坐進耶路撒冷類似的小預言。「你們往城裡去，必有一個拿著水罐的人迎面而來，你們就跟著他去；他無論進入哪裡，你們就對那家主說：

師傅問：『我同我的門徒吃逾越節晚餐的客廳在哪裡？』他必指給你們一間鋪設好了的寬大樓廳，你們就在那裡為我們預備吧！」（谷十四12-15）

2.希伯來人的兩種曆法

耶穌人世生活最後一週所做的事，在時間順序上是個特殊問題，因為當時在以色列使用兩種不同年曆，根據不同年曆產生兩個慶祝逾越節的日子。耶穌是依照哪個年曆過逾越節？福音作者們想的又是哪個年曆？今日已經十分確定耶穌同期的希伯來人仍然使用兩種年曆，其中一種是帝國通行的世俗年曆，也被聖殿禮儀曆接受使用了七十多年。除此之外，猶大邊緣地帶還存在一個比前述更古老的年曆，可說是厄色尼人依循的曆法，但是我們缺少這個曆法確實概廓和詳細紋理的史料。

先知道當時同時存在兩種年曆，比較容易說明把耶穌帶到十字架上的事件在時間上的問題。最主要的困難是根據對觀福音的敘述，耶穌先慶祝了逾越節，之後被捉；而福音作者若望和整個基督信仰傳統則表示耶穌是在逾越節前夕——星期五——死亡，已空的墓穴是在隨後的星期日早晨被人發現。時間上的出入顯而易見，卻從來沒有人、甚至在最初幾個世紀，都沒有人嘗試去調整福音記載，使兩種文本和諧一致。近期的調查發現以一種令本人和各方學者滿意的方式解釋了這種情況。

我稱之為的世俗的年曆，在以色列已經行之有年，是為

達行政管理的目的，從希臘開始至美索不達米亞整個廣袤地中海盆地，皆通行的強勢曆法。世俗年曆一年有三五四天，分作十二個月，每個月輪流接替為廿九與三十天。每月首日對應新月，第十五日便逢滿月。換句話說，世俗曆各個月份與太陰曆相符。由於世俗曆的天數每年會比太陽回歸年少十一天，所以每二或三年就會置入一個閏月；每個月的名稱採用巴比倫曆的月份名稱。第一個月是尼散月（nisan），逾越節就在尼散月的月圓日：大約是春分之後的第一個月圓日。為我們現在西元曆則是落在三或四月份。希伯來人至今仍使用這個根據月亮與太陽運行周期的陰陽曆。

　　另一個年曆——那更古老的年曆——則是完全依照太陽周期制定。這個厄色尼人的太陽曆一年有三六四天，不清楚他們如何得知太陽的運行週期，每年也會比太陽回歸年少一天左右，為此每五或六年就會再置入一個閏週。除了置入閏週之外應該別無他法，因為這個曆法的特色就是週間日期與年間日期必須一致。一年的首日總是星期三，顯然是為了對應天主以六天時間創世的工程：第四日，也就是星期三，是天空中的光體受造的日子，時間自此才能被丈量。在首個週三之前無法估計時間，如此每年重溫世界奇妙的受造。這個曆法的月份以序數表示。第一月（大約對應陰陽曆的尼散月）的第一日必定是星期三。如此的話，逾越節也總是在第一月的第十五日，也是星期三。此年曆頗為巧妙，因為每年重複固定的日期表，月間的日期序號和週間的每日序號都固定不變。一年三六四天分作四季，每季各有九十一天。每一季有十三週，分作三個月，前兩個月三十天，當季最後一個月卅

一天。四個序號標示卅一的日子分別在三月、六月、九月與十二月的最後一天，對應兩個至點日與兩個分點日。

　　耶穌的門徒去尋找預備主的逾越節晚餐廳的日子，應該是依照厄色尼曆，是在第一月的十四日；或者依照聖殿年曆，是在尼散月的十四日。因為對希伯來人而言，一天是從傍晚的日落開始，所以按照我們的算法，逾越節即是從前一日的傍晚，也就是該月的第十四日傍晚起算。既然確定耶穌死亡的時間是星期五下午，至少可以知道不合理之處：耶穌不會在星期五晚上吃逾越節晚餐，因為那時他早已經死了。如此可以合理認為，如果耶穌想舉行他的逾越節晚餐，應該是依照那更古老的年曆。如此的話，他吃的逾越節晚餐應該是在星期二晚上，與耶路撒冷星期六舉行的逾越節在同一週，在耶路撒冷慶祝逾越節的前三天。

3.最後晚餐[1]

　　耶穌在耶路撒冷邊郊地區落腳，決定只和十二位門徒一起慶祝逾越節。如果前述兩種年曆的假設成立的話，時間是在星期二下午：「到了晚上，耶穌同那十二人來了」（谷十四17）。星期二日落之後，星期三啟開序幕：對那些依照古老年曆的人來說，逾越節開始了。正是在舉行逾越節晚餐的過程中，耶穌首度以默西亞身分完成他的第一個默西亞行動，並曉諭自己的使命意義。希伯來人久候默西亞，但是他們只知

---

1. P. Sacchi, *Il Patto di Gesù in Marco 14, 22-24*, in "Henoch" 40, 2018, pp. 318-328.

道他要帶來救恩；至於以何種身分或者會發生什麼事，他們只能臆測，就像他們無法確定默西亞的本質一樣。耶穌曾經行過奇蹟，教導過新的倫理觀念，但是行奇蹟並非默西亞獨具的特權，新的倫理觀念也可能出自任何大師的口。他還需要實現默西亞行動，唯獨默西亞才能做、清楚顯明他是默西亞的行動，才能啟迪開蒙他所行的奇蹟和新的倫理教導。

逾越節的慶祝包括至今仍遵循的、有著特殊用餐儀式的晚餐（seder pasquale），由一家人，或是一家的族人、朋友一起饗食的餐宴。逾越節晚餐是個紀念儀式，在今日尤其如此；此外，它還是個穩固團體共融和凝聚向心力的儀式。不確定耶穌時代舉行儀式的方式是否與今日相同，但是基本要素沒有改變。耶穌祝福餅和酒時所說的話，在基督信仰傳統的記念保存下，可與希伯來人舉行的儀式完美嵌合，今昔依舊。

四部福音作者對於耶穌臨別晚餐的解釋意見不一。在對觀福音中，耶穌舉行的是逾越節晚餐，餐間耶穌向門徒摯情告別。但是福音作者將焦點集中在耶穌對餅和酒的祝福，幾乎一字不動地保留耶穌的話：耶穌鄭重宣布他祈禱後祝福的餅是他的身體、他祈禱後祝福的酒是他的血。福音作者若望記載的耶穌臨別晚餐與逾越節慶祝無關，也沒有耶穌祝福餅酒的話，但是瀰漫著告別的氛圍，真情流露，殷殷勸導。在若望的理解中，耶穌自己就是在地上的、從天降下的餅。若望無疑相信聖體奧蹟，所以他記載耶穌說過：「你們若不吃人子的肉，不喝他的血，在你們內便沒有生命」（若六53-54）；只是若望並沒有將這些話安排在最後晚餐的章節裡。

我們根據馬爾谷對耶穌最後晚餐雖然文詞乏味但是至關

重要的記載來說明：

> 他們正吃的時候，耶穌拿起餅來，祝福了，擘開，遞給他
> 們說：「你們拿去吃吧！這是我的身體。」又拿起杯來，祝謝
> 了，遞給他們，他們都從中喝了。耶穌對他們說：「這是我的
> 血，新約的血，為大眾流出來的。我實在告訴你們：我決不再
> 喝這葡萄汁了，直到我在天主的國裡喝新酒的那天。」（谷十
> 四22-25）

　　瑪竇在耶穌祝福酒所說的話中加上一句「為赦免罪
過」（瑪廿六28）。路加當然會在盟約之前加上「新的」一詞，
耶穌開始新盟約的傳統已經可見於大部分《瑪竇福音》與部
分《馬爾谷福音》的手抄本。路加進一步將著重點自血轉移至
杯，這杯是以血維繫的新盟約，沒有改變根本信念：「這杯是
用我為你們流出的血而立的新約」（路廿二20）。

　　這段經文記載的正是耶穌生平最令人震驚的事件，因為
它像行前燈，在隨後發生的所有困難事件上照耀引領人曉悟
理解，又自成一篇。耶穌的死亡或許可說是他在聖殿庭院挑
釁行為的正當後果，復活可以歸咎是集體的幻覺；但是耶穌
說的：「這是我的身體」和「這是我的血」，卻不能不與十字
架的犧牲與復活緊密連結、互為表裡。它們是獨立於傳統的
語言要素，耶穌從自己的視角所作的解釋。

　　耶穌的逾越節晚餐自然有許多可以探討的面向，除了他
對自己使命內容的說明和對使命的解釋，那也是他和自己的
門徒最後一次相聚，門徒們心裡一定感到困惑和沮喪。如果

猶達斯心存背叛耶穌之意，應該是因為再也無法理解他，而這種不確定的心情，不見得其他人不會有。耶穌明說了他的使命最終的意義，但是門徒能夠如何理解？猶達斯顯然不理解。默西亞的主要任務包括與天主訂立盟約，但是盟約的目標和內容條款是什麼？

以色列自古以來就有與天主立約的觀念。從梅瑟代表訂立的西乃山盟約開始，其他希伯來人的領袖和主政者也會更新與天主訂立的第一個盟約（參見本書第十章）。《出谷紀》如此描述梅瑟訂立的盟約：「第二天清早，梅瑟在山（西乃山）下立了一座祭壇，又按以色列十二支派立了十二根石柱，又派了以色列子民的一些青年人去奉獻全燔祭，宰殺了牛犢作為獻給上主的和平祭。梅瑟取了一半血，盛在盆中，取了另一半血，灑在祭壇上。然後拿過約書（即構成約定的內容條款）來，念給百姓聽。以後百姓回答說：『凡上主所吩咐的話，我們必聽從奉行。』梅瑟遂拿血來灑在百姓身上說：『看，這是盟約的血，是上主本著這一切話同你們訂立的約。』」（廿四4-8）希伯來傳統視此為天主與希伯來人訂立的第一個盟約，無與倫比，往後只要提到盟約，往往都是意指這個盟約。血液在立約儀式中極具重要性。血液是污染的元素，接觸血液者將因此不潔。梅瑟將一部分的血灑在祭壇上，那是不可見的上主雅威所在之處，將另一部分的血灑在百姓身上。這使立約雙方受污染的灑血儀式有個特別的「起始」的意義：污染不會即刻發生，只有當其中一個立約方違背約定條款時才會產生作用。這個以血作為關鍵立約要素的盟約，在以色列歷史上不再有過新典型，直到耶穌說自己的血要作為盟約之血

的死亡完成那一刻。

　　我們先前已經看過，約史雅王（約西元前七世紀末。參列下廿三1-3）也與天主立約，而且也在全體臣民面前宣讀名為《約書》的一卷書，書中應含約定的一切有效條款，實際上即是整個希伯來必須遵守的誡命。如同在西乃山一樣，全體百姓都成了立約的一方。然而所有這些約定的下場皆如出一轍：遭到違犯。

　　耶肋米亞（約西元前六○○年）曾經談到天主將和以色列訂立新的盟約，一個與西乃山的盟約不同，特質是永不受違犯的新盟約。西乃山的盟約，如約史雅王立的約，都是在法律規定框設的條件下，天主有履行承諾的義務。只要希伯來人遵守條約內容，亦即遵守法律誡命，盟約就有保護他們的功能。然而如此條件卻是空中樓閣難以實現，耶肋米亞意識到人永遠做不到。為了人能停止犯罪違犯天主，與天主訂立一個永不受違犯的「新盟約」必不可缺。耶肋米亞寫到：

　　看，時日將到，我必與以色列家和猶大家訂立新約。不像我昔日——握住他們的手，引他們出離埃及時——與他們的祖先訂立的盟約；雖然我是他們的夫君，他們已自行破壞了我這盟約——上主的斷語。我願在那些時日後（亦即未定的未來），與以色列家訂立的盟約——上主的斷語——就是：我要將我的法律放在他們的肺腑裡，寫在他們的心頭上。（耶卅一31-33）

　　「那些時日之後」的時刻到來時，人的本性將要更新，更

新成自然而然就能遵守天主的法律。而新約的本質也將與前不同，因為人本身已經更新。改變的不是盟約，而是立約一方人的本性。

乃赫米亞（西元前五世紀下半葉）也曾經寫下一個合約條款，希伯來人中的實權者和平民百姓都應承認並遵守。事實上這種新形式的合約，首先應當直接由乃赫米亞首長署名蓋章，之後是其他達官顯要（厄下十1等節）。這種合約的內容條款並無新穎之處，全與先前的盟約條款相同，但是由於《厄斯德拉下》九章詳細羅列的以色列的背信，才決定將「恆常的義務」付諸文字。

「新的盟約」是古木蘭派神學的基本觀念。此派別中的成員都是已經與天主訂立新盟約的人。不論無能違背天主法律的世代存在與否，新盟約仍然持續發展。古木蘭派在未來的默西亞任務中看見他將更新盟約（1QSb 5, 21）。

如果我們比較這一系列聖經時代人與天主訂立的約，梅瑟的、若蘇厄的，以及乃赫米亞的，我們會發現具體、對應的條件交換是這些約的共同特色：在符合條件的情況下，天主會保護以色列；所謂的條件就是法律誡命。所以，違背誡命等同違背盟約。耶肋米亞意識到這樣的約定無法常存，因為希伯來人，也就是人類，總是會犯罪，也就是違背法律、背信盟約。為此，需要天主一個新的創造行動，創造新人類。但是這只有在末世時期才可能發生，不論如何都是在耶肋米亞先知生活的年代之後。

以色列因「立約」這種具體連結的方式與天主建立關係的觀念，普遍存在希伯來人心中。例如第二依撒意亞（西元

前第六世紀中葉），這位先知為了擁護達味王權不要敗在則魯巴貝耳手上，認為與天主立約的是君王，而非法律。立約是人類語言，表達天主與希伯來人之間的緊密關係：能夠是由法律構成的關係，但也關於立約一方是人，如則魯巴貝耳。「我，上主……召叫了你（僕人，即君王），我必提攜你，保護你，立你作人民的盟約，萬民的光明。」（依四二6）第二依撒意亞如是寫道：與天主建立穩固關係的約定者不是法律，而是君王，達味的子孫，他已經獲得王位永遠長存的保證（撒下七13和編上十七12-14）。希伯來人只要有達味家族的後裔為王，與天主的約定就永遠有效。如此一來，天主為祂的子民保留的特別恩惠就不受限於法律和守法與否，關鍵在於統領猶大的王位上坐的是達味後裔。至於猶大王擁有的是獨立王權或是附庸國王權不是那麼重要。則魯巴貝耳從政治舞台消失後，猶大從國家淪為地方政府，第二依撒意亞認為，所有預許達味後裔為王的特權，移轉給了全體百姓（依五五3）。但是這樣的思想並沒有在以色列中扎根立基，端看一個世紀之後的乃赫米亞必須依照古代形式重新立約就知道了。

　　耶穌肯定是有意將自己的身體和血供作十二門徒飲食，這是他與其他共餐者最極致的共融，他的愛最極致的表達。耶穌的舉動和他親自的解釋說明了這一切。耶穌將酒分給其他人時，又加上說這是他的血，盟約之血。從手抄本文獻看來，「新的」一語應是後人的添加，它明顯是後來補充上的，為了與梅瑟以牛犢血立的盟約作對照（出廿四3-8），也因為已經有位先知預言天主要與希伯來人訂立新約（參耶卅一31）。依照耶穌的解釋，整部聖經都是對默西亞的預言。梅瑟代表訂立的盟約是

新盟約的預像，旨在表達那唯一、真正的盟約，天主已經預許給人，但是還沒有訂立，因為天主要以祂的默西亞的血作為立約儀式。天主與人訂立的盟約效力直到永遠。「直到永遠」一語雖然不在耶穌所說的話中，但是如果省略「新的」一語，耶穌說的話卻是這個意思。

耶穌的約與他之前一系列的約有個根本不同之處，就是耶穌的約沒有約束條款。沒有任何「你們如果做……」的條件句。如此一來就不再是立約，而是以天主之名與人宣告聯盟。與天主聯盟的人是哪些人並未定義：門徒和門徒的門徒（參路廿二20「為你們」）？猶太人或至少他們中的一些人（谷十四24和瑪廿六27「為眾人」）？或者是全人類？

聯盟是參與聯盟的各方為了共同目標團結合一，運作思維與實際行動皆由共同目標牽引；立約則是立約各方難免時時處於約束條款的模糊陰影之下。有了耶穌與天主立的約成了為達共同目標結合的聯盟：天主一方並未設下任何條件限制。舊盟約對一個民族許諾救恩的基本條件是他們遵守條約，一旦違背其中任何一條，盟約效力就化為烏有。耶穌的聯盟無條件限制，對於要達成的目標也沒有確切說明。天主親自進入歷史時間裡，像朋友一樣和相信他的人生活在一起。那些跟隨耶穌的門徒團體，他們的步履朝向一個抵達時間未知、實況也不明的目的地。

瑪竇在耶穌祝福酒的杯言中加上一句「為赦免罪過」。這句話是瑪竇自己的詮釋，卻是耶穌以實際行動作了證明，福音作者相信而加上的肯定詮釋。《哥羅森書》（哥羅西）的作者會說，耶穌藉著自己的死亡「塗抹了那相反我們，告發我們

對誡命（即那些天主與人建立關係必須遵守的法律條款）負債的債券」（哥二14）。這段書信經文也顯示了瑪竇安排由耶穌口中說出的這句話：「為赦免罪過」，在教會傳統中如何普及並被接受，即使它是基督徒的領悟詮釋而不是耶穌說的話。

如果我們再回頭檢視耶穌公開生活之初的福音敘事，我們會看見耶穌已經從洗者若翰遇害的事件，以及許多人認同的以色列的罪導致以色列覆亡的觀念，分析發表過他對社會惡的看法。他的施洗是「為得罪赦」（谷一4）。根據福音作者若望的註解，耶穌將世界的罪背負在自己身上（若一29）。不過對這註解也還需要加以釐清，因為罪在耶穌死後勢力猶存，若望日後著述時對此了然於胸。耶穌背負世界的罪並非意謂他消除了罪；而是罪仍一如往昔挑釁、造成顛覆，卻再也無能使人與天主分離。

耶穌在宣講中為人提出一個社會理型，不僅完美無瑕，又不依賴罪上加罪的懲戒，而是以寬恕之道，就能重整罪所顛覆的一切秩序。但是他所宣講的理型社會不會在他的時代出現，因為聖殿的危險迫在眉睫，可能更嚴重的後果近在咫尺。馬爾谷寫下耶穌談到聖殿但是帶著災難性的口吻說：「將來這裡絕沒有一塊石頭留在另一塊石頭上，而不被拆毀的。」（谷十三2）不論是耶穌的宣講或是死亡，都不曾終止惡在歷史洪流中占據一席之地；但是為了實現共同目標──天主的國，「聯盟」改變了天主與人的關係。

我認為耶穌的生平有兩塊試金石足以辨識他是默西亞。第一塊試金石是耶穌肯定天主的國已經開始行動，在世上朝著目標發展，即使人們沒有察覺（谷四26-27），天國也已經

在我們當中並在我們內（路十七21）。另一塊試金石是耶穌為
人與天主立的約，不再基於人的行為，而是基於他自己「一次
而永遠」（希七27）傾流的鮮血，為了攜手一起實現天主國的
聯盟[2]。

2. 幾年前我曾在一篇文章中發表過類似觀點，見 "Gesù nel suo tempo: i concetti di peccato, espiazione e sacrificio," in *Archivio Teologico Torinese* 5, 1999, pp. 20-29。
這篇文章經過修改，確切地說是我擴充了內容，見我的著作 *Storia del Secondo Tempio*, Torino: SEI, 1994 (2002 2ed)，第471頁。我越來越覺得「罪過的赦免」
是浩瀚真理的一個面向、一個結果，即使人無法全然理解。

第十二章

耶穌受審

逾越節晚餐過後，耶穌和門徒們離開，「他們來到一個名叫革責瑪尼的莊園；耶穌對門徒說：『你們坐在這裡，等我去祈禱。』遂帶著伯多祿、雅各伯和若望與他同去。他開始驚懼恐怖，便對他們說：『我的心靈悲傷得要死；你們留在這裡，且要醒寤。』耶穌往前走了不遠，俯伏在地祈求，如果可能，使這時辰離他而去，說：『阿爸！父啊！一切為你都可能：請給我免去這杯吧！但是不要照我所願意的，而要照你所願意的。』」（谷十四42）

耶穌已經在逾越節餐桌上，以自己的血約定了聯盟，聯盟必須簽署的時刻如今逼近了。為天主一切都可能，祂能選擇一條有別於耶穌眼見越來越清晰的前路。耶穌結束他極為恐懼與痛苦的祈禱之後，越加堅定自己還有最後一哩路要完成：「起來！我們去吧！看，那負賣我的來近了。」（谷十四42）

之後的事件如何發展並不清楚，但是主要重點卻是確定的：耶穌被希伯來掌權人士捉住，他們把他交給羅馬總督，

由羅馬總督判了他死刑。耶穌曾經攻擊希伯來政權的組織形式（至少看起來是如此）──由羅馬人設置，也由羅馬人保障與維護的組織形式。

1.面對公議會

　　是否確實在公議會前對耶穌進行過一場審問，或者僅有那場羅馬當局對耶穌做的審判，都不是清楚明白的事。不論如何，耶穌受的審判經過兩個步驟：他先是面對希伯來掌權者，再是面對羅馬政府。可以肯定的是，公議會所舉行的是否是一場例行會議並不重要，總之是場希伯來掌權人士為了杜絕任何可能的波瀾──引起羅馬維安鎮暴而集聚群謀的會議。在任何情況下，四部福音一致同意一點：耶穌被帶到大司祭府邸，那裡已經雲集一群社會顯要，摩拳擦掌準備決定耶穌的命運。

　　我將依照馬爾谷的記載繼續本文說明，同時梳理這段經文的敘事脈絡，如果其中有任何隱晦不明之處，很可能是事件本身所導致。不論如何，對馬爾谷而言，耶穌遭受的正是那場所謂的公議會審問。

　　造成隱晦不明的根本原因在於：希伯來的管理高層已經認定耶穌的思想危險，決意在不節外生枝、尤其不觸犯法律的情況下，除掉他。有人聲稱他們聽到耶穌說過褻瀆的話。這些人肯定不是同情耶穌之輩，正好可以順著他們的指控興師問罪。對耶穌的審問就從他被控告犯了褻瀆罪開始，如果證據確鑿，就判他死刑。

　　在此最好做個說明，人們普遍認為希伯來人的法庭無權發布死刑判決，這是羅馬當局的權力。「我們是不許處死任何人的！」（若十八31）司祭對比拉多說的話證實了這一點。但是羅馬和耶路撒冷當局對於如何處置耶穌究竟達成什麼協議，我們無從得知；因此我們只能在福音書極少而且極概略的記述基礎上，重建這些協議內容。如果我們把司祭要將耶穌交給比拉多的話放大來看，弦外之音就像是希伯來人的法庭不能判處任何形式的死刑，他們別無選擇，只能交由羅馬當局審判。

　　然而事情並非必然如此。如果是比拉多審判耶穌，必須先確認羅馬人並非被動接受希伯來人的要求；但是羅馬人卻是在希伯來人審問後接手審判，而且甚至不能算是先審後判，只是按照希伯來人法庭的意思，宣判耶穌的死刑。另一方面，雖然褻瀆神聖、通姦、違法進入聖殿門限和其他類似違法情事，在希伯來社會具有特殊重要性，但是要羅馬人對這些情勢的違法者追究責任，簡直無法想像。

　　我們再回到將耶穌解往比拉多的司祭們與比拉多之間的對話。比拉多問：「你們對這人提出什麼控告？」可見比拉多拒絕成為聽話行事的工具人，他很清楚如果有人被帶到他面前，就得接受羅馬法庭的審判，這屬於他的權限。司祭們答說：「如果這人不是作惡的（顯然，罪該萬死），我們便不會把他交給你。」但是這種說法不足以說服比拉多開庭審判罪犯：光是向他強調被指控的人罪大惡極並不足夠，他必須了解究竟指控那人犯了什麼罪。

　　事實是一個被視為罪犯的希伯來人，不論他犯的罪有

多嚴重，在比拉多眼裡都不構成移送羅馬法庭審理的正當條件。所以比拉多就告訴他們：「你們自己把他帶去，按照你們的法律審判他吧！」比拉多這話的意思就是：如果那人真是個罪犯（或許按照希伯來人的法律應該處死），你們就審判他。比拉多對「罪犯」的理解是「一般的罪犯」，所以要希伯來法官們自行處理，即使按照他們的法律應判死刑。福音作者若望所寫的比拉多這番言論就是這樣的意思。

司祭們就此攤開真正意圖：「我們是不許處死任何人的！」司祭們可能直到那一刻才意識到，能把耶穌送交羅馬法庭審判的理由是什麼，所以他們指控耶穌曾經聲稱自己是王。這樣的控告讓比拉多不得不受理審判耶穌。這是造反，企圖顛覆羅馬想要的秩序，審判權當然在羅馬當局手中。我們必須循線了解為何最初控告的褻瀆罪，之後會變成政治性的指控，從而成了羅馬人接手的案件。

我們再回到希伯來法庭前的審問。當時耶穌被控告褻瀆罪，因為他曾說過要拆毀人手建造的聖殿，重建另一座非人手建造的聖殿。光是這些話就足以讓法官認定耶穌對聖殿的敵意；從政治角度來看，危及希伯來人的社會，此外也褻瀆神聖，因為他膽敢僭越天主的大能、宣稱自己可以在三日之內重建聖殿。或許耶穌確實說過類似的話，但是可能有不同的含意：它是對默西亞的證詞，暗示末世的聖殿，在猶大存在已久的議題。就連古老的《聖殿卷軸》都已經談到天主要摧毀耶路撒冷聖殿，重建一座——沒錯！正是如此！——非人手建造的聖殿。[1]

但是很難證明耶穌確實說過這些話，尤其是他說這些話

的用意是什麼？在缺乏完整事件的原委情況下，證人所言只是片面之詞。可想而知證人們對現場還原的陳述一定互有出入，審判團要如何採信他們的證詞？希伯來人的法律規定「證人必須經過個別詰問、所有證人的證詞不得有出入」這兩個條件具備才行。在證人證詞顯然有矛盾的情況下，已經組成的審判團為了維持公正無私，自然不能在法律之外行動和判耶穌的罪。所有證人都應被視作偽證。

　　直到這一刻，控告耶穌的罪名都還是褻瀆神聖，與羅馬當局無關。而是之後的控訴，即使仍不脫褻瀆神聖的範圍，羅馬的審判者卻不能對耶穌被控的罪名等閒視之。

　　從馬爾谷簡約的文字敘述中，我們看到大司祭對耶穌提出足以作為罪證的問題：「你是默西亞，天主之子嗎？」耶穌回答：「我是。」乍看之下，問題本身的完整意義並不清楚。一個第一世紀的希伯來人，特別是撒杜塞人，他所說的「默西亞，天主子」所指為何？誰在那時候能被稱作「默西亞，天主子」？而大司祭又是懷著何種心思提出這個問題？如果我們根據這句話在舊約聖經中能夠有的意義，而且直到當時仍被完整保存、撒杜塞司祭唯一能夠想到的意義，那麼把大司祭的提問換作我們所能理解的話就是：「你是那古老預言將要來的、被稱作天主子的君王嗎？」耶穌說過三日內要重建聖殿，重建新聖殿是一個默西亞標記，大司祭這麼問完全合情合理。照此解釋方式，耶穌的答覆清楚明確、毫不含糊：耶穌肯定了他的王權。但是審判的方向在此轉了彎。審判一個自

---

1. 參閱RT 29, 8-10。亦可見1H (LS) 90, 28。不過這個預言多次出現。

稱是默西亞，也就是君王的希伯來人，他要掌握他的君權，這就不再是希伯來法庭的問題了，此等罪行得由羅馬總督出面處理。

　　但是耶穌接著說：「你們要看見人子，坐在天主的右邊，乘著天上的雲彩降來。」（谷十四62）耶穌這番新的自白如果說的是他自己，也被聽者接受的話，那麼耶穌的案件就與羅馬總督無關，又回到褻瀆罪的審判桌上，因為耶穌自命非凡，說自己的本質不是人。還有耶穌的話表示人子也是默西亞，亦即君王，就像他自己承認過的那樣；那麼「默西亞」一詞，在耶穌的時代也能指示一個以天主之名行事的天上人物，不會成為現實戴上王冠的以色列君王。幾乎同時期的《寓言之書》裡，可見兩次以「默西亞」稱呼天主在時間之前創造的人子（1H〔LP〕48, 10和52, 4）[2]。

　　耶穌在宣布人子將乘著天上的雲彩降來時，已經承認自己的本質不完全只是人或只是天上的掌權者，他直接訴諸聖經（達七13）為自己作證。耶穌如此承認了自己的王權並擴大他的本質範圍，以至於在人耳裡聽來，他是個本質屬於天上的人物。

　　耶穌的自白從希伯來人的角度看來屬於褻瀆罪，但是也可以轉折作政治性的解讀，因為默西亞也是君王。如果司祭們和公議會有耶穌是默西亞的證據，審判團就會成為默西亞的法庭，但是事實的跡象顯示耶穌不是默西亞。司祭們和公議會在耶穌受到君王般的歡迎進入耶路撒冷之後，以及在耶

---

2. 亦可見11QMelch。

穌驅趕聖殿商販之後，曾經派遣代表團詢問耶穌他憑什麼權
柄做這些事。但是耶穌拒絕回答，這些代表於是認定耶穌不
是默西亞。而且沒有人來聲援他，或許他無法自行擺脫身上
的枷鎖也能算作他不是默西亞的另一個證明。

　　福音作者若望深知這種情況在希伯來人看來有多荒謬，
所以他強調耶穌這種軟弱無能是因為他完全服從天主父的旨
意。在拘拿耶穌的時候，門徒們曾經反抗，但是他反而制止
他們、對伯多祿說：「把劍收入鞘內！父賜給我的杯，我必須
喝」（若十八11）。但是法官們對此一無所知，也無法理解。

　　耶穌的自白包含承認違犯羅馬的罪（他自稱是王），以
及違犯希伯來宗教的罪（他宣稱自己是人子）。不過這個褻
瀆罪要成立不是那麼清楚。我刻意這麼說——如果這麼說可
以的話——因為我排除撒杜塞人和法利塞人真的在乎人子的
本質和存在。唯一清楚的只有耶穌曾經說過自己是王。審問
在此暫停，但是所有人都相信耶穌有罪。「眾人都判定他該
死。」（谷十四64）可以肯定一點：被審問的不是以色列的默
西亞。

2.面對比拉多

　　第二天早上，審判團開會討論耶穌案件的審理如何進行
下去。這案件如果繼續由公議會審理，勢必得直面「人子議
題」，但是異議恐怕無法避免，法官們會竭盡全力阻止這種情
況發生。唯一最保險的可能就是讓羅馬當局繼續耶穌案件的
審理，有個再明顯不過的理由，只要集中火力控告耶穌宣布

稱王這個事實。

　　大司祭要求耶穌對一個唯獨對希伯來人才有意義的詞彙表達立場。比拉多對耶穌提出和大司祭相同的質疑，而且措詞十分明確：「你是希伯來人的君王嗎？」換句話說，大司祭質問耶穌的問題看似與比拉多一樣，但是大司祭是從希伯來人的角度發問，他知道關於默西亞屬人和屬天的一切可能；比拉多卻是從羅馬人的角度發問，對希伯來文化一無所知，別人對他絕對隻字不提「默西亞」一詞，這詞也可譯作「基督」（Christòs）或「受傅者」（Unctus）。

　　耶穌回答大司祭自己確實是默西亞，天主子：「我是」，馬爾谷如是記載；瑪竇的版本顯得模稜兩可：「是你說的」，但是從上下文看來，二者意義肯定相同。因為耶穌的回答第二部分說明了當他承認自己是默西亞天主子時，這是他充分的自我認知：他就是那要乘著天上的雲彩降來的人子，達尼爾先知預言的那位屬天的人物（達七13）。耶穌引用這段經文，表示它說的正是自己。耶穌對希伯來法官說的，大致上重複他對伯多祿說過的：「我的國不屬於這個世界」。耶穌不是希伯來歷史性的君王，但他是王，他的國是末世性的、不屬於這個世界，比拉多對這個國一無所知。只有希伯來人知道這位屬於另個世界的君王對這個世界也掌有權利，即使在歷史終末之際。末世君王不同於泛泛人類，在一切事上以天主之名行動——耶穌無疑是個褻瀆者，比他只是自稱為王更加嚴重的罪。

　　耶穌在公議會前受審的事件，在我們看來有些不明所以，但是我認為當時參與事件的人並不會做如此想。捉拿耶

穌有兩個理由，一個為了宗教，另一個為了政治。對我們來說，宗教與政治是兩個壁壘分明的不同範疇，但是在耶穌的同胞的認知裡，卻是無法分割的一體兩面。耶穌被行奇事者的名聲包圍著，意味著他是以獨特的方式屬於天主的人。他做了不利聖殿管理的事，亦即不利當時的社會秩序，但是希伯來管理高層卻能接受這一切，只要他說出並證明他憑什麼權柄行事（谷十一28）。所以他們去了聖殿庭院會晤他，準備聽他說明。如果對耶穌是不是默西亞的質問，在質問代表的想像裡沒有像重大政治問題般的份量，他們應該不會如此大費周章專程造訪。可見他們對眼前的耶穌至少帶有一些猶豫（和希望）。

　　在法庭宣判耶穌有罪之後，污辱他的希伯來士兵嘲笑他是一個不會預言的先知；然而最讓群眾惱怒的是，這個人行過那麼多奇蹟，卻不能行個奇蹟救救自己。

　　如果希伯來的法官們堅持以褻瀆罪審理耶穌，我相信他們自己也能判他的罪；若望堅定表示：如果耶穌必須被交給比拉多，那是為了應驗耶穌對自己的死亡說過的話（若十八32），也就是經過十字架的死亡。十字架不是猶太人執行死刑的工具；如此確認了「我們是不許處死任何人的！」這句話，與政治理由和公眾秩序的控告有關，那就唯待羅馬司法審理了。

　　比拉多是否認為耶穌有罪？傳統上口徑一致說他是不確定的，在他看來耶穌不像是危險的幫派首領。根據一個鮮少被引用，但是四部福音全都提及的傳統，羅馬總督有權在逾越節的時候釋放一名犯人，當然得是由他定罪的犯人，也就

是違抗羅馬秩序之類的被告。比拉多就把這個問題提到所有聚集在總督府前的群眾面前，提告的希伯來法官也在受邀選擇特赦者之列。

比拉多不知如何是好：他或許明白釋放耶穌，等於為了一個一無所有的人引來希伯來權勢的眾怒，所以他接受耶穌必須死，但他希望至少不要出賣自己的良心。也或許他想借力使力，他在耶穌身上看到一個擺脫他已經定罪的罪犯巴辣巴的機會。比拉多要人民在巴辣巴和耶穌之間做個選擇，一個在他眼中是強盜，一個在他眼中只是說謊的窮人。在他看來這無疑是個擺脫巴辣巴，同時又能替耶穌解套的絕妙之計。比拉多以為群眾一定不會拒絕特赦一個該死地說自己是君王、底下卻無一兵一卒的窮人——他和所有希伯來人都沒有理由懼怕這樣的人。但這正是比拉多的錯誤所在。

耶穌背叛了眾人對他的期待——不過幾日前的他像個君王，又驅趕聖殿商販而興起的期待。他本來不需要激發群眾的希望之火，結果他們像猶達斯一樣大失所望。

把耶穌擺在群眾面前成為一個選項，比拉多已經承認耶穌自稱為王有罪。耶穌有罪，要釋放他只能靠特赦。但是耶穌不僅沒有得到特赦，在他的十字架上橫釘著他的罪狀牌：「猶太人的君王」。

第十三章

十字架與復活

　　我們對十字架標記已經如此習以為常，即使上頭釘掛著一個人，為我們也不再是恐怖、驚駭的對象。然而十字架確實是種可怕的刑具，卻唯有這種刑具才能照亮耶穌事件的意義，是復活前不可或缺的一步。為此，雖然這段恐怖的事件過程不再使我們的靈魂感到顫慄，但是我相信唯一不靠言說、側重主題、甚於情感地重現它的方式，就是讀取某位福音作者的文字記述。我選擇《馬爾谷福音》十五章16節至十六章8節的記載。

　　於是（羅馬）士兵就把耶穌帶到庭院裡面，即總督府內。給耶穌穿上紫紅袍，編了一個茨冠給他戴上，開始向他致敬說：「猶太人的君王，萬歲！」（谷十五 16-18）

　　希伯來士兵曾經嘲笑耶穌是個不會預言的先知，羅馬士兵譏笑耶穌是個無人擁護也無兵卒的君王。這兩次嚴重打擊耶穌同代人的原因都相同：耶穌自稱的所是與人們所見的

他，存在深淵般的落差。對希伯來人而言，他是個讓所有人失望的騙子；對羅馬人而言，他是個自吹自擂的可憐人。在這兩種情況中，他都只是個相信自己很重要卻一文不名的可悲之人。

他們用一根蘆葦敲他的頭，向他吐唾沫，屈膝朝拜他。他們戲弄了耶穌之後，就給他脫去紫紅袍，給他穿上他自己的衣服，然後帶他出去，把他釘在十字架上。有一個基勒乃人西滿，是亞歷山大和魯富的父親，他從田間來，正路過那裡，他們就強迫他背耶穌的十字架。他們將耶穌帶到哥耳哥達地方，解說「髑髏」的地方，就拿沒藥調和的酒給他喝，耶穌卻沒有接受。（谷十五19-23）

耶穌沒有接受沒藥調和的酒，這個舉動令人印象深刻，而且是絕對可信的細節。因為沒有一處相似的舊約經文可供福音作者引用，藉以表示耶穌做了先知性行動。拒絕這種飲料，無論如何不是舊約的預言，必須視為確實的史事。沒藥被用來止痛，至少能使痛苦中的人昏迷。耶穌的拒絕，因為他想徹底飲盡這世上最殘忍的苦杯，這是唯一可能的解釋。

耶穌並非自尋痛苦，因為他曾向天父祈求：若是可能，讓他免喝這杯。但他決定完成天父旨意的同時，也決定了面對與承受一切可能的痛苦。似乎耶穌只是流血殞命還不夠，還必須是在極端痛苦中進行。他已經對門徒說過：人子必須承受許多痛苦才能完成使命（谷八31），完成與天主訂立盟約和開啟罪人得釋放的天國之使命。暴力的死亡不僅要淌流鮮

血，還要忍受痛苦，其中概括所有人類的情況。

藉著死亡，耶穌不只以血為印訂立了盟約，也將人類的痛苦嵌入盟約中。耶穌將世界的罪與痛苦，背負在自己身上。盟約之血不單是獻祭的血，儘管祭品是人，取代梅瑟之約的牛犢；是被那擔負使命，為了完成使命，完全感受到痛苦並接受的那一位將之沁入盟約的鮮血。我深覺這是一個奧祕，但是這個痛苦——充滿意識並全然接受——卻讓密契者保祿在《哥羅森書》中視為喜樂：「如今我在為你們受苦，反覺高興，因為這樣我可在我的肉身上，為基督的身體——教會，補充基督的苦難所欠缺的」（哥一24）。因著耶穌的十字架苦難，痛苦有了新的意義。我不知道如何定義這新的意義，但是我相信它幫助了、也能夠幫助許多受苦中的人，意識到他們經受的痛苦，不會只是沉默的寰宇這台巨大生命機器運作時，須臾間的嘆息。尋求喜樂不代表拒絕痛苦。

他們就將他釘在十字架上，並把他的衣服分開，拈鬮，看誰得什麼。他們把耶穌釘在十字架上，正是上午九點（第三時辰）。他的罪狀牌上寫的是：「猶太人的君王」。與他一起還釘了兩個強盜：一個在他右邊，一個在他左邊。（谷十五24-27）

牌子上寫著「猶太人的君王」即是耶穌被定罪的原因。對羅馬人而言，耶穌因為希冀一個國而有罪，這是造次反動羅馬的政權。顯然耶穌被定罪是因為他曾宣布自己是王，或者至少他企圖稱王，以羅馬人對這個字的理解。

　　有兩個人被釘在耶穌的右邊和左邊，他們被定罪為強盜，從羅馬人和一些支持羅馬的希伯來人看來，他們真是惡徒。但是為民眾來說，他們卻可能是勇敢與體制對抗的俠盜英雄。那些高喊「把他釘在十字架上」的群眾可能因為被解救的希望破滅，認為耶穌有罪，所以要求釋放巴辣巴。

　　路過的人都侮辱他，搖著頭說：「哇！你這拆毀聖殿，三天內建起來的，你從十字架上下來，救你自己吧！」同樣，司祭長與經師也譏笑他，彼此說：「他救了別人，卻救不了自己！默西亞，以色列的君王！現在從十字架上下來吧，叫我們看了好相信！」連與他一起釘在十字架上的人也辱罵他。

　　到了中午（第六時辰），遍地昏黑，直到下午三點（第九時辰）。在下午三點，耶穌大聲呼號說：「厄羅依，厄羅依，肋瑪，撒巴黑塔尼？」[1]意思是：「我的天主，我的天主，你為什麼捨棄了我？」（谷十五29-34）

　　感覺像是徹底的失敗：使命失敗了，在不堪言狀的痛苦中失敗了。

　　旁邊站著的人中有的聽見了，就說：「看，他呼喚厄里亞呢！」有一個人就跑過去，把海綿浸滿了醋，綁在蘆葦上，遞給他喝，說：「等一等，我們看，是否厄里亞來將他卸下。」但是耶穌大喊一聲，就斷了氣。

---

1. 'Eloi, Eloi, lamma sabachtani?' 這句話是《聖詠》第廿二首，以阿拉美文寫的首句。阿拉美文是耶穌時代的口說語言。

聖所裡的帳幔，從上到下，分裂為二。

對面站著的百夫長，看見耶穌這樣斷了氣，就說：「這人真是天主子！」（谷十五35-39）

希伯來掌權者的臨場觀刑，證實了他們在乎控告耶穌的理由同時是政治性與宗教性的。耶穌不僅為以色列要面對羅馬人是個危險：這是特殊的危險個案，因為耶穌自視為默西亞，人們可能信以為真。對一般希伯來人而言，特別是握有權勢階級，耶穌確實可能是默西亞，也不能先入為主地排除這個可能性。為此他們要求一個來自天上的徵兆（谷八11-13），並具體地問耶穌他在耶路撒冷的行動所憑的權柄為何。耶穌的一切行徑，在西方的人看來肯定不明所以，但是對希伯來人就別具意義，關鍵在於確定他是真是假。

如今他們肯定耶穌不是默西亞，因為他顯然已經瀕臨生命末刻。然而如果還有一些希伯來掌權階級在場，表示仍有疑雲未釋。群眾一定也還懷抱一絲希望，所以他們有人說耶穌臨死前的呼號是在呼喚厄里亞。天主必會拯救祂的默西亞，即使是在最後一刻，或許會是戲劇性的奇蹟轉圜，但是祂一定會救他。這是伯多祿和所有人的想法。但是耶穌不是默西亞，所有人都這麼相信，如果耶穌沒有復活的話。所有希伯來掌權者都心安理得地打道回府，因為什麼也沒發生。

只有率領羅馬士兵的百夫長感到震驚，他在耶穌身上察覺特殊不凡之處，所以有感而發地說：「這人真是天主子！」這也顯示百夫長聽過耶穌是天主子的說法，因為耶穌的事蹟在軍營裡也有所傳聞。但是我不知道百夫長如何理解「天主

子」一詞，是否和基督徒傳統所理解與傳遞的意義相同。當耶
穌呼號：「厄羅依，厄羅依，肋瑪，撒巴黑塔尼？」監看行刑
的百夫長肯定不懂這些話的意思，但是它們的語氣使他直覺
意識到天主在此痛苦刑場中的特別臨在。這是馬爾谷的敘述
裡唯一一次出現的希望訊息，他無意打造聖人行傳的故事背
景，也無意使耶穌被釘十字架的情景看起來有別於其他受同
樣刑罰的人。

　　還有些婦女從遠處觀看，其中有瑪利亞瑪達肋納，次雅各
伯和若瑟的母親瑪利亞及撒羅默。她們當耶穌在加里肋亞時就
跟隨了他，服事他；還有許多別的與耶穌同上耶路撒冷來的婦
女。

　　到了傍晚，因為是預備日，就是週六（安息日）的前一
天，來了一個阿黎瑪特雅人若瑟，他是一位顯貴的議員，也是
期待天國的人。他大膽地進見比拉多，要求耶穌的遺體。比拉
多驚異耶穌已經死了，遂叫百夫長來，問他耶穌是否已死。既
從百夫長口中得知了實情，就把屍體賜給了若瑟。若瑟買了殮
布，把耶穌卸下來，用殮布裹好，把他安放在巖石中鑿成的墳
墓裡；然後把一塊石頭滾到墳墓門口。那時，瑪利亞瑪德肋納
和若瑟的母親瑪利亞，留心觀看安放耶穌的地方。

　　週六（安息日）一過，瑪利亞瑪達肋納、雅各伯的母親
瑪利亞和撒羅默買了香料，要去傅抹耶穌。一週的第一天，大
清早，她們來到墳墓那裡；那時，太陽剛升起。她們彼此說：
「誰給我們從墳墓門口滾開那塊石頭呢？」但舉目一望，看見
那塊很大的石頭已經滾開了。她們進了墳墓，看見一個少年

人，坐在右邊，穿著白衣，就非常驚恐。那少年人向她們說：「不要驚惶！你們尋找那被釘在十字架上的納匝肋人耶穌，他已經復活了，不在這裡了；請看安放過他的地方！但是你們去，告訴他的門徒和伯多祿說：他在你們以先往加里肋亞去，在那裡你們要看見他，就如他告訴你們的。」她們一出來，就從墳墓那裡逃跑了，因為戰慄和恐懼攫住了她們，她們什麼也沒有給人說，因為她們害怕。（谷十五40至十六8）

　　馬爾谷福音在婦女面對空墳墓的場景下結束。如此結局相信歷來一定有許多人和我一樣同感困惑，所以之後有許多手抄本添加書寫，將結局擴充，減少戛然而止的突兀，也使耶穌的行動有個圓滿終場，即使和婦女面對空墳墓的驚恐不太協調。而且果若馬爾谷認為耶穌的生平以復活作結，教會歷史將是另一篇新章，那就無須詳細記寫復活。

　　無須倉促結束耶穌生平記述的方式可見於所有其他福音，包括其他兩部對觀福音，為了解馬爾谷幫助甚多。

　　《瑪竇福音》對於這段平行經文事件的描述，幾乎是在同一時間，婦女們來到安放耶穌的墳墓前，天使打開了墳墓的門。她們幾乎親眼見證復活，但是福音排除這種說法。福音之後描述耶穌出現在加里肋亞。《瑪竇福音》並沒有突然結束記述。耶穌在加里肋亞顯現給門徒，邀請他們往普天下去，向萬民教導他教導他們的一切。福音的結束是教會歷史的開始。

　　路加肯定地說，婦女們到了墳墓那裡，發現門已經開了。她們進去墳墓裡，那時才相信耶穌已經不在那裡了。天

使當場向她們解釋為什麼墳墓是空的，她們聽了便急忙跑去報告那十一人。這不就是馬爾谷的敘述架構，只有些微差異。伯多祿跑到墳墓查看的經節（路廿四12），可能只是傳統上後來的增補，為了讓整起事件的敘述更為完整、可信度更高：特別寫伯多祿奔向空墳，不只因為他是男性，有作證的資格，也因為他是宗徒長。之後的經節敘述也支持這樣的增補。就是厄瑪烏的門徒知道他們當中有些人，在聽到婦女們通報耶穌的身體不在了之後，也跑去墳墓那裡看。不論如何，誠如《若望福音》所證實的，伯多祿急忙奔向空墳是首批基督徒團體中就存在的傳統。

所以《路加福音》也有一些復活後的歷史敘事。耶穌出現，厄瑪烏的兩個門徒與之相遇的時候，他們坦承自己的失望，因為他們原本期待耶穌會拯救以色列（路廿四21）。耶穌解釋了所有發生在他身上的一切事的原因，並重述了瑪竇在他的福音第一部分，耶穌山中講道的話：「諸凡梅瑟、先知和聖詠」——也就是整部聖經——指著他所寫的一切事，都要應驗（路廿四44；參瑪五17）。之後是耶穌應許將遣發聖神，對門徒走向列國萬邦、宣講悔改以得罪赦的邀請。教會歷史於焉展開。

耶穌身體消失的消息在門徒中間傳開之後發生的事，提供最多細節的是若望。如果若望宗徒也是福音作者——因為在我看來這部福音的敘事風格如此生動自然，那麼他的敘事就成了目擊者的證詞，有著完全的特殊價值。聽到消息後，兩位門徒爭相跑向——真真確確言如其實——空墳，伯多祿和「耶穌所愛的那另一個門徒」（若二十20），也就是若望。

在這場競跑中，較年輕的若望率先抵達，看了墳墓一眼，但是沒有入內：他等候伯多祿，部分出於對長者的尊敬，部分是因為恐懼。他俯身從洞口（低於一個成年人的高度）瞥見一眼，看見地上的殮布，但是沒有進去。他希望在伯多祿之後再進去。進去之後他清楚看見殮布所在的地方，直到那時他「一看見就相信了」。現場狀況顯然是耶穌復活了，而不是被帶走。《若望福音》繼續說著很長一段時間耶穌顯現給門徒。

今日的我看兩千年前寫成的《馬爾谷福音》，它的結束像是突然中斷，就像初期基督徒看到的那樣，所以他們再做一些增添。然而當我重讀《馬爾谷福音》原始文本的結尾，卻感受到它不可思議的力量。它在兩個相對的概念中結束：一個是婦女們的驚惶，另一個是天使邀請她們去加里肋亞的聲音，她們會在那裡看見耶穌。這是存在所有人類心裡，面對眼前的空虛，卻又油然生起巨大希望的張力。

第十四章

結語：歷史之外

　　如同我在自序中說過，歷史性不是促使我重新深讀福音的原因。然而我眼前的耶穌再次走過他的人生，躍然於福音紙上的耶穌。我希望在血肉之軀、和尋常人一樣也吃也喝的耶穌身上，尋找神聖的痕跡，那傳承至今日的我的教會傳統對他所肯定的一切。

　　耶穌的獨特性，在耶穌赦免罪同時治癒癱子，以及在葡萄園戶的比喻之後，他對自己身分的說明，顯見耶穌對自己是「獨特的」充滿意識。耶穌生平最令我欽佩他的偉大的時刻，是當他在最後晚餐席間說：「這是我的血，盟約之血」。看到那人像梅瑟一樣與天主立盟，以血為印璽的場面，著實令人震驚；只不過這次作為印璽的血不是牛犢的，是他的。血，生命與死亡的意義，只有在希伯來的傳統與文化光照下才能讀取，因為其意義完全體現在此文化中，不過還應當有超越希伯來文化侷限的價值。耶穌應該也意識到這一點，所以才說自己的血要為「大眾」傾流。他的行動為我們應當也有意義，這使我覺得站立在一個奧祕的門檻前，我有部分把

握，所以不能拒絕它。像是我能夠領悟的奧祕。

　　與天主的盟約是在痛苦與死亡中締結，耶穌也接受了死亡和痛苦。對此我感受到一種發自內心、強烈的抗拒，所以我欽佩他，並沉默。我面對的是生命的奧祕，我自己的生命奧祕。

　　就像是我來到一扇堅實而敞開的窗戶前，窗外是一個遼闊的世界，充滿我無法理解的事與物。與天主立約的耶穌把我放在對現實的理解前，翻轉我理解的方式，不再只依據理性。我的雙腳仍踏在土地上，我的雙眼凝視著痛苦的黑暗之光，痛苦是盟約允許的工具。我不明白，我不了解！我對痛苦的抗拒根深柢固，就像伯多祿對耶穌向自己揭示他的命運時的抗拒一樣。伯多祿不明白，耶穌叫他撒殫，伯多祿仍然不明白。人對痛苦的抗拒是根深柢固的，耶穌在革則瑪尼莊園祈求天主父，放盡一切氣力直到血汗並流，希望免去那苦杯。之後，他接受了。

　　人繼續抗拒，但是耶穌接受了。「接受」，而不是「忍受」，二者的差異其實不小，如同我一個朋友說的。當耶穌接受的時候，他不再處於以理性判斷的層面，痛苦只是個意外，打亂原本幾何般規律的計劃。耶穌接受存在的實況，在這實況中痛苦有其作用，為存在而生（raison d'être）。當聖保祿領悟到自己的痛苦與耶穌的痛苦有近似的價值，他明白了痛苦是有意義的，所以才能積極地面對痛苦，甚至說出「我很高興」的話。但是我仍留在黑暗中，我的理智持續抗拒這種存在的實況，就像伯多祿，就像革則瑪尼莊園裡的耶穌：人受痛苦不是自然的，雖然存在包含痛苦。我可以感受到自己

這句話中的強烈矛盾，但是耶穌因著接受天主父的旨意克服了。痛苦有其作用，但是無法理性條理地解釋，除非把它簡化說成贖罪。雖然這種說法為解釋痛苦的存在更淺顯易懂，卻使得生命成了罪與消罪之間制式衡量的秤台。對此我也反對，因為這不是事實，直覺或理性角度看來都不是事實。

需要一個跳躍：一定還有支持生命的存在，即使超乎理性理解的範疇，因為生命是存在的事實。耶穌的事蹟以清晰的方式教人看見，人的理智運作在此範疇幾乎無用武之地。每一個範疇都需要能夠闡釋自己存在的計劃和所屬的分類。生命也必有其所屬範疇。如果我們輕易就能接受理智作用後提供的安全感，和所有生存所需的力量與支援，那麼我們也應當接受生命有我們不了解但肯定存在之處，因為無法從生命中將其抹滅。這是滲透整個存在範疇的渴望，但是我知道在理性主導之下，必使我們在這門檻前止步，讓我們瞥見門檻後的景象一眼，卻無法予以分辨。然而，渴望不會消失。

需要進入盟約中：綑綁盟約的繩索一端握在耶穌手中，另一端是天主父。在這道繩索中，痛苦極具影響力：耶穌的痛苦，全人類的痛苦。這是身處奧祕裡，在當中有穩定與安全感，即使仍缺少絕對的穩定與安全感：那是另一種可以信賴的穩定，另一種安心毋庸掛慮。就像人能夠在水中暢游，唯有當他無懼於水，無意戀棧堅實陸地的時候。

接受痛苦和死亡是耶穌生平最後一個行動。在他的生命裡，一定存在某個原因，允許他即使血汗並流，終究能夠接受，接受「痛苦」這個詞彙的全部意義。耶穌愛了一生。愛，驅動生命的崇高力量，在耶穌一生中扮演重要角色。唯有愛

無條件地允許其他存在——對此，人難以理解——這些存在之所是，就是他們存在的理由。我開始明白愛敵人不是一條誡命衍生的新命令。愛，也為了敵人的存在；因為是愛，沒有任何附帶條件，即使是仇恨。耶穌的生命至此成為一個完滿的典型。

為此，耶穌得以無條件地與天主立約，為實現最終目的的盟約。耶穌的經歷再次成為生命的典型：他是進入他立的盟約的第一人！耶穌為當時、現在，及未來的所有人類開闢了一條道路。我們沿著這條道路進入、身處之境，闡釋其究竟的不再是理性智識，而是信仰、希望，與愛。我們身處生命的整全之境，言詞的論辯啞然失聲，生命活潑地躍動著。

這一切都可被察覺、被體驗，雖然我們還能意識到距離的存在，但是人能夠緊緊依附那道維繫人類與天主的繩索。

附錄

耶穌時代的經外著作

■ 耶穌前的經外著作

1H (LV)

Libro dei Vigilanti, primo libro di *Enoc Etiopico*

《守衛者之書》，埃塞俄比亞《哈諾客書》卷一

1H (LA)

Libro dell'Astronomia, terzo libro di *Enoc Etiopico*

《天文之書》，埃塞俄比亞《哈諾客書》卷三

1H (LS)

Libro dei Sogni, quarto libro di *Enoc Etiopico*

《夢境之書》，埃塞俄比亞《哈諾客書》卷四

1H (EE)

Epistola di Enoc, quinto libro di *Enoc Etiopico*

《哈諾客書信》，埃塞俄比亞《哈諾客書》卷五

1H (LP)

Libro delle Parabole, secondo libro di *Enoc Etiopico*

《寓言之書》，埃塞俄比亞《哈諾客書》卷二

LAB

Liber Antiquitatum Biblicarum

《聖經古物之書》

PsSal

Salmi di Salomone

《撒羅滿聖詠》

T12P

Testamenti dei Dodici Patriarchi

《十二聖祖遺訓》

TBen

Testamento di Beniamino

《本雅明遺訓》

TRuben

Testamento di Ruben

《勒烏本遺訓》

TLevi

Testamento di Levi

《肋未遺訓》

■ 耶穌後的經外著作

2B

Apocalisse Siriaca di Baruc

《巴路克默示錄》敘利亞譯本

2H/B

Enoc Slavo (nella recensione più antica, detta B)

《哈諾客書》斯拉夫譯本（較古老的修訂為 B）

4E

Quarto libro di *Ezra*

《厄斯德拉》卷四

■ 古木蘭文本

1QpHab

Pesher Abacuc

一號洞穴《哈巴谷解釋》

1QS

Regola della Comunità

一號洞穴《團體規則》

1QSa

Regola annessa

一號洞穴《團體規則附錄》

1QSb

Raccolta di benedizioni

一號洞穴《祝福詞集》

1QM

Rotolo della Guerra

一號洞穴《戰爭卷軸》

1QH

Hodayot (Inni)

一號洞穴《頌謝詞》

4QShirShabb

Cantici del Sabato

四號洞穴《安息日讚美詩》

11Q13

11QMelch (frammento melchisedechiano)

十一號洞穴《默基瑟德文獻殘篇》

DD

Documento di Damasco

《大馬士革文件》

RT

Rotolo del Tempio

《聖殿卷軸》

■ 其他

Ant. Iud.

Antichità Giudaiche di Giuseppe Flavio

約瑟夫‧弗拉維歐的《猶太古史》

Bell. Iud.

Guerra Giudaica di Giuseppe Flavio

約瑟夫‧弗拉維歐的《猶太戰記》

Spec. Leg.

De specialibus legibus di Filone d'Alessandria

亞歷山大里亞的斐羅的《論特殊律法》

國家圖書館出版品預行編目資料

耶穌和他的子民/保祿・薩奇(Paolo Sacchi)著；胡皇仔譯. -- 初版. -- 臺
北市：啟示出版：英屬蓋曼群島商家庭傳媒股份有限公司城邦分公
司發行, 2022.10
面； 公分. -- (Knowledge系列 ; 27)
譯自：Gesù e la sua gente

ISBN 978-626-96311-7-9 (平裝)

1.CST: 耶穌 (Jesus Christ) 2.CST: 基督教史

242.29   111016033

Knowledge系列 ; 27
耶穌和他的子民

作　　　者／保祿・薩奇（Paolo Sacchi）
譯　　　者／胡皇仔
總 編 輯／彭之琬

版　　　權／吳亭儀、江欣瑜
行 銷 業 務／周佑潔、黃崇華、周佳葳、賴正祐
總 經 理／彭之琬
事業群總經理／黃淑貞
發 行 人／何飛鵬
法 律 顧 問／元禾法律事務所 王子文律師
出　　　版／啟示出版
　　　　　　臺北市104民生東路二段141號9樓
　　　　　　電話：(02) 25007008　傳真：(02)25007759
　　　　　　E-mail:bwp.service@cite.com.tw
發　　　行／英屬蓋曼群島商家庭傳媒股份有限公司城邦分公司
　　　　　　台北市中山區民生東路二段141號2樓
　　　　　　書虫客服服務專線：02-25007718；25007719
　　　　　　服務時間：週一至週五上午09:30-12:00；下午13:30-17:00
　　　　　　24小時傳真專線：02-25001990；25001991
　　　　　　劃撥帳號：19863813；戶名：書虫股份有限公司
　　　　　　讀者服務信箱：service@readingclub.com.tw
　　　　　　城邦讀書花園：www.cite.com.tw
香港發行所／城邦（香港）出版集團
　　　　　　香港灣仔駱克道193號東超商業中心1F E-mail: hkcite@biznetvigator.com
　　　　　　電話：(852) 25086231　傳真：(852) 25789337
馬新發行所／城邦（馬新）出版集團【Cite (M) Sdn Bhd】
　　　　　　41, Jalan Radin Anum, Bandar Baru Sri Petaling, 57000 Kuala Lumpur, Malaysia.
　　　　　　電話：(603) 90578822　傳真：(603) 90576622
　　　　　　Email: cite@cite.com.my

封 面 設 計／沈佳德
排　　　版／邵麗如
印　　　刷／韋懋實業有限公司

■2022年10月20日初版   Printed in Taiwan

定價420元

城邦讀書花園
www.cite.com.tw

廣　告　回　函
北區郵政管理登記證
北臺字第000791號
郵資已付，免貼郵票

104　台北市民生東路二段141號9樓

英屬蓋曼群島商家庭傳媒股份有限公司城邦分公司　收

- -

請沿虛線對摺，謝謝！

書號：1MC027　　書名：耶穌和他的子民

讀者回函卡

啟示出版線上回函卡

感謝您購買我們出版的書籍！請費心填寫此回函卡，我們將不定期寄上城邦集團最新的出版訊息。

姓名：＿＿＿＿＿＿＿＿＿＿＿＿＿＿＿＿＿ 性別：□男 □女

生日：西元＿＿＿＿＿＿年＿＿＿＿＿月＿＿＿＿＿日

地址：＿＿＿＿＿＿＿＿＿＿＿＿＿＿＿＿＿＿＿＿＿

聯絡電話：＿＿＿＿＿＿＿＿ 傳真：＿＿＿＿＿＿＿＿

E-mail：

學歷：□ 1. 小學 □ 2. 國中 □ 3. 高中 □ 4. 大學 □ 5. 研究所以上

職業：□ 1. 學生 □ 2. 軍公教 □ 3. 服務 □ 4. 金融 □ 5. 製造 □ 6. 資訊

　　　□ 7. 傳播 □ 8. 自由業 □ 9. 農漁牧 □ 10. 家管 □ 11. 退休

　　　□ 12. 其他＿＿＿＿＿＿＿＿＿＿＿＿

您從何種方式得知本書消息？

　　　□ 1. 書店 □ 2. 網路 □ 3. 報紙 □ 4. 雜誌 □ 5. 廣播 □ 6. 電視

　　　□ 7. 親友推薦 □ 8. 其他＿＿＿＿＿＿＿＿＿＿

您通常以何種方式購書？

　　　□ 1. 書店 □ 2. 網路 □ 3. 傳真訂購 □ 4. 郵局劃撥 □ 5. 其他＿＿＿＿

您喜歡閱讀那些類別的書籍？

　　　□ 1. 財經商業 □ 2. 自然科學 □ 3. 歷史 □ 4. 法律 □ 5. 文學

　　　□ 6. 休閒旅遊 □ 7. 小說 □ 8. 人物傳記 □ 9. 生活、勵志 □ 10. 其他

對我們的建議：＿＿＿＿＿＿＿＿＿＿＿＿＿＿＿＿＿＿＿

＿＿＿＿＿＿＿＿＿＿＿＿＿＿＿＿＿＿＿＿＿＿＿＿＿＿

＿＿＿＿＿＿＿＿＿＿＿＿＿＿＿＿＿＿＿＿＿＿＿＿＿＿